创新的价值

创新的商业价值评估

INNOVATION EQUITY

Assessing and Managing the Monetary Value of New Products and Services

[美]
伊利 · 欧菲克（Elie Ofek）
埃坦 · 穆勒（Eitan Muller）
巴拉克 · 李白（Barak Libai） 著

杨清波 译

中信出版集团 · 北京

图书在版编目（CIP）数据

创新的价值 /（美）伊利·欧菲克，（美）埃坦·穆勒，（美）巴拉克·李白著；杨清波译 . -- 北京：中信出版社，2018.5

书名原文：Innovation Equity: Assessing and Managing the Monetary Value of New Products and Services

ISBN 978-7-5086-8431-4

I. ①创… II. ①伊… ②埃… ③巴… ④杨… III. ①企业创新－研究 IV. ① F273.1

中国版本图书馆 CIP 数据核字（2017）第 294188 号

创新的价值

著　　者：[美] 伊利·欧菲克　[美] 埃坦·穆勒　[美] 巴拉克·李白
译　　者：杨清波
出版发行：中信出版集团股份有限公司
（北京市朝阳区惠新东街甲 4 号富盛大厦 2 座　邮编　100029）
承 印 者：北京楠萍印刷有限公司

开　　本：787mm × 1092mm 1/16　　印　　张：21.75　　字　　数：300 千字
版　　次：2018 年 5 月第 1 版　　印　　次：2018 年 5 月第 1 次印刷
京权图字：01-2017-8363　　广告经营许可证：京朝工商广字第 8087 号
书　　号：ISBN 978-7-5086-8431-4
定　　价：69.00 元

引 言

第 1 章

第 2 章

第 7 章

第 8 章

第 9 章

引　言
理解并量化创新的价值

创新活动具有某种与生俱来的魅力，或者说具有某种近乎魔力的特质。每当人们初次听到某种创新产品或看到某种产品初期原型的演示，他们就会变得全神贯注、耳聪目明。对于那些貌似直接采用科幻影片里面的技术的新产品，人们常常为之着迷。对于那些按下按钮或动动手指就能够降低复杂劳动强度的发明，人们会为之叹服。创新活动有望把超现实的事物——那些人们从没有认为或梦想能够实现的事物——同现实中实实在在的产品或服务项目连接起来，从而更出色地完成任务或者实现比使用之前的产品都要新颖的、更令人满意的工作方式。

我们可以思考一下下面这些创新理念：无人驾驶汽车——这种汽车能够自动进行交通导航，可以在公路上高速行驶，而驾驶员可以放松休息；智能眼镜——这种眼镜可以当作移动电子设备，佩戴者可以一边通过安装在距离眼睛 1 英寸[①] 远的微型屏幕观察眼前的一切事物，一边上网、拍照、发信息；新型运输系统——该系统可以在一端吸纳乘客，然后将其运送到另一端的目的地，用时仅为当前最快列车的 1/10（媒体称其为“超回路列车”）；无人驾驶飞行器，也经常被称作无人机——这种无人机可以把网上订购的货物（甚至比萨饼）送到你家或办公室；时尚腕表——这种腕表不但可以用作高级智能手机，而

---

① 1 英寸 ≈ 2.54 厘米。——编者注

且可以测量生命体征，针对所有即将出现的健康问题向你发出预警，并把信息传递到医务人员那里进行分析。此类理念不胜枚举。这些“稀奇古怪”的想法并非是由我们的想象力臆造出来的。事实上，它们全都处于发展过程的某个阶段：初期的意念阶段，高级测试阶段，或者临近广泛市场的投放阶段。诸位在阅读本书时，或许其中某些产品事实上已经可以从实体店、网店或者你家附近的物流仓库购买到了。我们还应当补充一句，那就是所有这些想法都得到了营利性公司的支持。

尽管这每一项创新理念都具有那种“震撼效应”，能让客户对其设想叹服不已，但很快，怀疑的态度（或者可以称其为“现实主义”，这取决于你所选择的表达方式）就悄然而至。要想击败一个创新概念并不难：驳倒某种创新理念、拿出理由证明某种新思想在脱离研发实验室之后根本无法走得太远，也无法获得主流客户的认可。并且，即使你自己无法拿出这些理由，那也不必担心，因为有太多的诋毁者和反对者都愿意出手相助。因此，创新活动不仅仅能让人着迷，也通常具有分化作用。

关于智能眼镜价值的观点

时间将昭示智能眼镜的商业命运

前面提到的那些创新理念，无一例外地都符合创新活动那种既迷人又分化的特点，人们对于创新产品能否获得成功持有不同观点。以智能眼镜为例：数家知名公司（例如索尼公司）都曾在这一新生领域展开过研发工作。然而到目前为止，或许谷歌公司的成果最引人注目——制作出了谷歌智能眼镜装置。该产品首个版本的突出特征是有一个比纽扣还小的专用显示屏，但显示效果如同距离眼睛 2.4 米外的 25 英寸显示器。这种与互联网连接的眼镜使用的是安卓系统，同时还配备了头盔式显示器和语音识别功能（比方说，你说一声“开始”就能够激活系统，说声“拍照”就可以照相）。这样就可以在使用数字内容的同时解放双手、传输指令。这一理念很快就吸引了很多人的眼睛（此处没有双关的意思），他们正在寻找继智能手机和平板电脑之后的“又一项伟大发明”。《时代》杂志在2012年年底称赞谷歌眼镜是当年最佳发明之一。2013年年初，《财富》杂志暗示说：“它有可能引发信息处理技术的革命。”一位科技博客作者在社交网站Google+上累积的粉丝超过了400万人，他公开说道：“我认为该产品将独领风骚，历经数十年而不衰。”

但是，并非所有人都喜欢谷歌眼镜。原型智能眼镜一经出现，《商业周刊》就引用批评者的话，称其为“面部的赛格威两轮平衡车”（指的是那种单人交通工具，于2001年推出并进行大力宣传，结果却不太理想，即使没有完全遭到贬损，大众的反应也是不冷不热。平衡车车主在骑行时经常遭到嘲笑。本书后面章节会有更多关于赛格威的内容）。技术与娱乐网站前沿网（*The Verge*）的主编也对智能眼镜的魅力提出质疑。他问道：“谁愿意在公共场合戴这种玩意儿？”而杰克·多尔西更像是火上浇油，也表示怀疑。他是推特的创始人之一，也是软件公司Square的新近创始人。他说：“我想这是一项很酷的技术，但我无法想象我老妈佩戴它时的画面。”此外，许多消费者和利益团体也表示严重关切，指出这一装置可能会侵犯基本隐私，比如眼镜佩戴者未经许可就进行录像或拍照。还有一些人提出安全方面的担忧，因为在使用该装置时使用者有可能注意力分散，因而许多人要求禁止在驾驶机动车辆时佩戴这种眼镜。考虑到这些问题，有人在评论《纽约时报》有关智能眼镜的一篇博文时强调指出：“我永远不会同佩戴这种装置的人讲话。”还有人写道：“我估计谷歌眼镜的使用者会上传大量迎面而来的拳头的特写镜头。”这些评论使得博文作者尼克·比尔顿借用了有关创新的古老格言“栽下梧桐树，凤凰自然来”来结束他关于谷歌眼镜的这篇文章，并提出了一个问题："假如他们生产出这种产品，人们愿意佩戴它吗？"

与智能眼镜相关的内部工作并没有发生在谷歌公司位于加利福尼亚山景城的总部。相反，该创新项目隐藏于该公司新成立的谷歌X实验室。这个实验室用于研究那些被认为"不着边际"的项目，或者那些建立在反常规想法基础上的高风险项目。尽管谷歌公司没有公布特定项目研发费用数额，但在X实验室成立后的两年时间内，公司全部研发预算增加了79%，达到68亿美元，其中智能眼镜的研发费用被认为占据了增加额的相当一部分。但智能眼镜在公司内部的研发工作只是整个故事的一部分：公司没有对所有研发工作进行保密，到最终完成客户满意的完美产品才公开，而是决定在正式启动项目之前就在公司外部进行"摸底测试"。具体说来，公司首先在知名的电子产品时尚秀中披露了这一理念（展示了跳伞运动员佩戴的超酷运动智能眼镜），产生了巨大反响。然后公司制作了第一代谷歌眼镜，提供给挑选出来的群体佩戴，并称这一群体为"探索者"。该项目的宣传片声称，谷歌公司寻找的是那些"具有冒险和创新精神的人"。其目的是吸引软件开发人员、科技潮人以及著名的媒体人，让这些人佩戴谷歌眼镜，并想出灵活的使用方法。除了快速构建"智能眼镜生态系统"之外，这种公开宣传的目的是为公司提供第一手的市场反馈信息，更好地理解如何调整和改进该装置。这种方法可以让公司同这群探索者一起完善智能眼镜的体验。并且，考虑到第一代谷歌智能眼镜的独特设计（人们不能将这种发明等同于普通眼镜），这样做的另外一个原因就是有助于宣传这一理念，培育市场，以便届时该装置被大众广泛使用。需要提醒大家的是，被选择担任"探索者"并不意味着可以免费使用该产品，这些人必须要支付1 500美元才能够得到谷歌公司利用增强现实技术制造的产品原型。大约有10 000人参加了测试，其中许多人想出了有趣的点子和用途。例如，一位研发者开发了一种程序，他称其为"眨拍”，可以让佩戴智能眼镜的人通过眨眼睛来拍照。现在你不得不承认，这听起来有点儿魔幻！

对于谷歌公司的高层来说，那句“成功来得快，失败来得也快”的咒语听起来好像有些道理，因为“探索者”项目在2013年年底展开，而到2014年5月，只要你愿意支付1 500美元的高价，就可以买到一副智能眼镜。但是，大量推出还属于测试版的产品还是有点儿太过分了：电池使用时间短、小毛病不断（系统经常会自动开机或死机），缺少“杀手级应用软件”、设计乏善可陈、公众对于智能眼镜佩戴者的反应引发大量负面情绪。自从智能眼镜的消息公开之后，它就成为媒体关注的焦点，但其缺乏明确的定位（“这是为大众设计的一款日常智能设备，还是一种具有专门用途的技术工具？”），因而媒体也没有起到多大作用。2015年年初，谷歌公司突然宣布终止“探索者”项目，1月19日成为能够购买智能眼镜原型机的最后一天。

但故事并没有到此结束。谷歌公司似乎依然致力于未来智能眼镜的研发工作，声称其在“探索”阶段所掌握的知识已经为该项目走出X实验室做好了准备。目前公司为其安排了一个特别小组，由几位重量级技术大咖负责监督，其中就有托尼·法戴尔。此人曾是苹果公司资深副总裁，被誉为“iPod之父”，且是鸟巢实验室（Nest Labs）创始人（该实验室被谷歌公司收购）。与早期公开宣传的方法不同的是，未来智能眼镜的研发工作将在公众视线之外展开。在再次推广之前，“不准偷看”。

我们暂且假设你是谷歌公司首席执行官和创始人拉里·佩奇，刚刚批准继续进行谷歌智能眼镜的研发工作，你将如何评估公司智能眼镜项目的价值呢？在“探索者”项目失利之后，你能否让股东们重新相信其中存在市场机遇呢？或者假设你是谢尔盖·布林——谷歌公司创始人之一、特别项目小组负责人，你能否确信智能眼镜装置在未来带来的经济回报能够证明现在所付出的各种资源是值得的呢？

或者，假如你是一个临时性股票投资人，对新兴的智能穿戴式产品（或“穿戴式电子产品”）的相关宣传产生了兴趣，得知索尼公司正在推出自己的头戴式装置——目前被命名为“智能眼镜”，初始目标人群是研发人员，价位相对较低（大约 860 美元）。你还得知其他公司把赌注下在腕式智能装置上。的确，仅在谷歌公司的“探索者”项目转入秘密研发模式的几个月后，苹果公司就首次展示了它的苹果智能手表。尽管你意识到，面向客户推出的新版产品至少要一年之后才能上市，但身处穿戴式电子产品所带来的兴奋之中，你不禁会想，这是否会成为该公司的制胜法宝，此时是不是买进谷歌公司股票的绝佳时机。或者，你可能是一家风投公司的合伙人，愿意资助像“眨拍”程序这样的软件，这些软件采用的是最新的“面部识别”技术。此时，你将如何应对来自软件开发商的各种宣传推销呢？投放多少资金比较明智呢？

对于所有这些股东——谷歌公司管理层、私人股票交易人以及金融机构投资者来说，了解智能眼镜的预期商业绩效，将有助于他们做出决断。请放心，关于这种事情从来就不缺少预测。甚至当原型机高价销售时，许多分析人士和技术“专家”就迫不及待地观察他们的水晶球，发布详细的预测信息。确实，针对智能眼镜所产生的意见分化体现在这些经济预测中，这种预测可以说随处可见（没有更贴切的词语来表达）。这些预测信息中的第一个分歧点就在于产品每年的销售件数。数家市场情报公司发布的预测信息差异极大，几乎差 10 倍（准确地说是 9.4 倍）。有的公司预测，在产品最终版本推出之后，每年只能销售 100 万件。而有的公司则预计，在相同时间段内，产品总销售数量可以达到 940 万件。

令事情变得更为复杂的是，许多预测都包含了“看情况而定”的附加条件：如果价格足够低；如果配备了“杀手级应用软件”；如果电池使用时间够长；如果配备他人可以看到的指示器，表明你正在拍摄他们——附加的情况数量不断增加。如果所有条件都得到满足，那么这些“看情况而定”的分析人士就倾向于“销量会很高”的预测。否则，他们就会相应缩减预测数量。比方说，有家公司预测，在推出智能眼镜之后的第 3 年，智能眼镜的销售数量将从前一年预计销售的 1 060 万件增加到 2 100 万件，但条件是前面提到的许多问题都得到了有效解决。否则，原先的预测都不算数，预测数量也会暴跌。

还有一个相关问题是评估即将到来的货币收入。这只需用市场情报分析师所预测的销售数量乘以他们对智能眼镜销售所预测的最高价格，结果得出的市场预计收入从 2 亿美元到 20 亿美元不等。的确，许多分析人士就是采用这种方法来判断智能眼镜的发展前途的。还有一些分析人士则跳出眼镜销售额的圈子，预测谷歌公司能够通过另外一些途径获得可观的收入，例如通过广告和应用软件。这些创新产品有望每年获利超过 30 亿美元。

此外，还有一点远没有弄清楚，那就是如何把竞争因素考虑到这些预测数据之中。例如，苹果智能手表是否有助于拓展穿戴式电子产品的领域，从而让谷歌公司的智能眼镜也从中受益？还是说这种备受瞩目的智能手表会引发对同一批潜在客户的争夺，从而损害谷歌公司所追求的目标？或者说还有一种可能，这些创新产品就好像是两种截然不同的产品，其间几乎没有依存关系。请注意，在苹果手表推出的前夕，分析人士没有让我们失望，他们所给出的观点差异极大：有人预测 2015 年苹果手表的销售数量会达到 800 万件，也有人预测会高达 4 000 万件。正如我们所能想象到的，那些乐观者——也就是那些认为消费者会被苹果手表的外观、便捷性以及高级振动技术所征服的人，倾向于做出较高预测。而那些怀疑人们是否有必要一直佩戴这种腕表的人则批评这种手表缺乏实用功能，抱怨其屏幕太小、接口太少，不太能接受其价格（普通苹果智能手表的零售价为 349 美元）。这些人预测的销售数额较低。

是不是还是一头雾水呢？有人可能会说，人们在观点和预测方面的巨大差异正是那些重大创新产品的特点，而这也可能正是谷歌公司的科学家和苹果公司的设计人员所希望听到的。但这没有让公司管理者或投资人的生活有丝毫的轻松。他们应当如何看待这些预测数据呢？又应当如何判断某项创新产品的商机呢？正如杰克·多尔西直言不讳地说的："智能眼镜的价值何在？"

我们貌似略知一二……

人们很容易忘记，我们今天所使用的绝大部分产品和服务都曾经被视作"创新产品"。抗生素、洗衣机、个人电脑、有线电视，甚至互联网，这些东西在被视作"过气新闻"、被归为日用品之前，都曾经历过荣耀期，披上过"创新光环"。

你可能会想，那些显而易见的事实是如何帮助我们评估谷歌公司智能眼镜或苹果公司智能手表的价值的呢？这就是学术发挥作用的地方。来自多个领域的研究人员经过辛勤努力，分析过去成千上万创新产品的方方面面，建立了一套知识体系，分析新产品和新的服务项目在市场中的长期"表现"，尤其是从客户接受模式角度加以分析。大量学术研究关注的重点一直是创新产品打入市场后覆盖的广度以及达到这一广度所需的时间。这种研究构建出了具有启发性的体系和模式，掌握了影响创新技术采纳轨迹的主要因素，从产品投放阶段到成熟阶段（"日常生活阶段"），再到衰退阶段——在这一阶段用户数量减少，因为他们转向了更新的产品。

除了这些工作之外，学者们，尤其是市场营销方面的专家，把相当多的注意力放在研究公司如何管理客户群上。他们逐渐意识到，这种工作就像演奏含有三段清晰"乐章"的"关系协奏曲"一样：第一段，公司努力吸引未来可能的客户，成为其客户群体的一部分；第二段，公司必须满足这些客户的需求，这样的关系对双方都有利——这是一种良性的礼尚往来；第三段，公司需要阻止客户离开。他们离开的原因可能是他们发现公司提供的条件不值得他们付出时间和金钱，也可能是某个竞争对手公司的指挥棒把他们吸引走了。正如研究所发现的那样，善于处理客户关系（CRM）的公司能够精心指挥演奏这三段乐章，从中获益，并一直保持下去。这种演奏方式可以构建十分有用的模式，把客户看作长期的金融资产，这对公司发展和繁荣至关重要。

然而，我们最近却逐渐意识到，把创新技术采纳和客户关系管理这两种研究领域合并到一起，可以产生非常强大的作用。通过掌握某项创新技术有望得到的采纳者数量，你能够有效地控制客户数量，这些客户就会成为投放创新产品的公司中的一员。然后，再分析这些采纳者对于公司的价值——换句话说，就是他们体现了多少金融资产，把这两点结合起来，你实际上就得出了该创新产品的长期货币价值。据此，你就有办法来评估某个新产品或新的服务项目的预期收入增长和盈利能力。这就是所谓的测量我们“创新的价值”的方法。这两种研究领域可谓天作之合，可以让你从容地回答诸如“智能手表的长期价值何在？”或者“把智能眼镜的价位定在每副500美元或1 500美元，会对未来利润有何影响？”之类的问题。

写作本书的原因

作为专门从事技术创新与公司战略研究的学者，我们（三位作者）发现这项研究非常有趣，可以研究某些新产品和新的服务项目如何改变行业、创造新的产品种类、对客户行为产生深刻影响。对我们来说，同样有意思的是我们可以分析创新产品在努力争取市场动力（通常效果不大）的过程中所经历的痛苦挣扎。

此外，我们拥有一定优势，可以同那些计划把创新技术商业化的企业进行密切合作，开展研究。这使得我们能够直接体会到他们需要更加有效的方法来评估新产品在市场中的动态绩效。我们越来越意识到，所有利益相关者——从经理人到投资者、分析师、公共政策制定者，甚至是消费者，不但都渴望了解预期采纳率，而且希望知道创新产品的预期投资回报率。从根本上说，他们希望得到指导，能够了解到如何使用美元价值来衡量创新产品的未来收益。

但是，由于缺乏对于创新产品盈利轨迹合理、系统的预测方法，我们通常见到的现象就是这些利益相关者常常依靠过于简单的、可能产生误导的方法来完成这项工作。因此，我们毫不惊讶地发现，各行各业的资深经理人——从家用电子产品行业到制药行业、通信行业以及企业软件开发行业，在接受调查时都表示不满。他们把自己预期的来自研发投资的经济回报——这种预期建立在产品投放市场之前他们所得到的预测数据上，同创新产品推出几年之后所取得的实际回报进行比较，结果令人失望。美国国家科学基金会的数据表明，在过去的10年内，全球研发费用几乎翻了一番，其增长速度高于全球国内生产总值（GDP）的增长速度。因此，这种失望的确令人遗憾。这些经理人应该得到比这更好的结果。

同时，多年来我们一直在一流大学执教，几门课程的内容都与市场营销和技术创新有关。我们发现商科学生迫切需要强有力的知识体系，来理解和分析新产品和新的服务项目的商业业绩。这些学生努力学习，想要掌握如何把客户所处的微观层面——是否接受创新产品（这是他们经常面对的一个问题）同创新产品在大众中逐渐取得的宏观市场份额联系起来。他们渴望有方法能让他们评估不同的商业决策和营销行为是如何影响创新产品的增长率和长期盈利能力的。他们欢迎任何与创新货币化这一主题有关的内容。

一方面，我们潜心于学术研究；另一方面，我们广泛进行教学与实践。这让我们意识到，专家学者所知道的同非专业人士（经理人、分析师、学生以及其他参与创新活动的人）所希望知道的有关评估新产品和新服务项目的采纳轨迹之间存在着差距，应当说是相当大的差距。我们撰写本书的目的就是要弥合这种差距。

造成这种差距的一个主要原因是学术研究所创立的知识体系在很大程度上局限于众所周知的象牙塔中，主要在学术界传播。当然，学者们也会偶尔担任顾问，把积累起来的部分智慧应用到实践中去。而且，有些教师也会通过各种形式的课程向学生讲授相关内容。但是，没有人曾为此著书立说，集中展示各种概念、知识体系以及非专业人士可以理解的不同模式。没有人曾为那些有商业思维的读者汇总有关研究结果的直观观点，把这些研究结果、与创新技术扩散有关的丰富的学术文献同与客户关系管理有关的文献联系起来。没有人曾提供具体的工具包，让人可以在具体情况下利用这些研究结果。从很多方面来说，我们这本书试图填补这种空白，试图使与创新有关的利益各方，比如像热衷于评估创新产品商业命运的公司管理人员、个人和机构投资者，能够有所作为。

本书主要内容

本书共分9章，整合了学术实践中的分歧，探讨了如何看待以及获取针对创新产品商业潜力的有效评估。本书的结构就像一份完美的施工计划书，首先进行了必要的铺垫——这里所指的是目标群体如何像预期的那样接受创新产品（“创新扩散”模式），以及公司与其客户之间的经济互动是如何逐步发展变化的（“客户终生价值”模式）。在阐明同理解这两种模式有关的主要因素之后，本书提供了一份蓝图，用以整合主要结构，解释如何将这两种知识体系结合起来，形成一个统一的框架，用金钱数量来评价新产品和新的服务项目——我们称这一数值为“创新的价值”。所有这些内容都包含在第 1 章和第 2 章中。

然后，本书以此为起点，对该书的整体结构进行细心的润色修饰。具体说来，本书列举了另外几个因素，事实证明这些因素对于新产品和新的服务项目的长期商业价值相当重要。本书概述了将这些因素融入创新价值框架之中的方法。包括下面几个主题：

- 市场行为：比如广告、定价、产品样品的培育以及客户间的推荐。这些行为旨在推动客户接受创新产品，并为客户创造更多价值。对这些行为的考查主要是从它们对获取客户、开发客户和维系客户等方面的影响入手（第 3 章）。
- 客户群体差异：主要是客户对于创新产品及其影响的态度，体现为扩散速度和客户管理方面的千差万别。这一部分（第 4 章和第 5 章）涉及几种主要现象，体现了不同客户群体之间的差异。比如，其中一种现象是“马鞍现象”（该销售模式下，销量先增后减，然后随着时间推移再次增加）。另外一种现象是“峡谷现象”（销量近乎停滞，原因在于先前的创新产品接受者对于客户主体没有产生太大影响）。
- 不同公司之间的竞争：在同一市场空间内各个公司都推出自己的创新产品，这种竞争会导致复杂的扩散效应——因为购买某种创新产品的客户可能会使更多客户在将来接受同一种产品（“品牌内”效应）或者他们会接受对手的产品（“跨品牌”效应）。第 6 章探讨的就是客户获取、客户损耗率方面的衍生竞争，以及创新活动的市场份额和市场利润方面的动态变化。
- 同一范畴内新产品和新的服务项目的后续客户：这一点显示了复杂的需求相关性。具体说来，尽管新一代创新产品或许能够拓展该范畴内的整体市场潜力，但也可能引发品牌替换，因为某些当年适时购买老一代产品的客户会竞相购买新一代产品。第 7

章提供了一种方法，将这些代际效应及其影响都考虑在内，用以应对创新产品不同的接受模式。

• 国家间差异：在全球的不同地方，存在着市场潜力差异、创新扩散速度差异以及客户长远盈利能力差异。在这种情况下，我们需要考虑国家间效应。这一点也十分重要，因为一个国家接受创新产品的速度受到另外一个国家接受创新产品的时机和速度的影响。对于以上这些问题，连同有关国际接受创新产品模式的前沿数据，都将在第 8 章里进行讨论。

本书每一章都对其所涉及的主题进行基础性介绍和深层次解读，同时着重阐释它们同创新价值框架的关系。在处理这些主题时，我们提供了进一步的细节，探讨了如何通过深层次的解读将其运用到实际工作中去。正如各位读者将看到的那样，我们呈现这些方法的方式既适用于那些希望自己进行分析研究的读者，也适用于那些主要想通过这些方法理清战略方向的读者。全书加缀了一些来自不同行业的例子，作为更加生动地阐明概念的手段。有些例子重复出现在几章里，如卫星广播和家庭游戏机的例子，目的在于展示这些案例是如何让主框架得以有效应用的。在每一章的结尾，我们都提供了关键内容提示，再次强调了该章所传递的核心信息。

本书的最后回顾了前 8 章所涉及的主题，同时着眼于前文没有提到的一些方面，为之提供了实现的方法和忠告，提供了一套明确的方案，包括一份汇总清单，以用于在实践中完成或严格审查创新价值评估。最后一章（第 9 章）的重点是表达了一种具体的理念，告诉读者如何将本书的内容合理地运用到不同行业中去。

我们现在想要指出的是（我们在之后合适的时候也将提醒各位读者），本书附录中包含了一些重要的数学表达式，可以使感兴趣的读者熟悉每一章里面所描述的模式和概念。在本书的同步网站（www.

InnovationEquityBook.com）中，你将发现一些人性化的电子表格，它们提供了所有重要分析的数据，以及多个可方便使用的模板。你可以利用它们制作出自己的创新价值评估报告。

总而言之，在阐述有关创新的扩散方法以及客户利润评估方法方面的最先进的理念时，我们是本着实事求是的态度的。这种态度再加上大量能够真正实现这些理念的例子和工具包，一定能够让读者赋予某项创新技术以货币价值。

***

难以回避的一个事实是，近年来“创新”一直是个热点话题——这既非偶然，也不完全是因为求知欲（尽管其中也少不了这种原因）。人们一直鼓励创新，将其视作影响个人名利的因素、影响公司兴衰的因素、规模经济发展的引擎。理解并量化创新技术所带来的价值对于有效管理这些微观过程和宏观过程来说十分重要。因此，无论你是高级管理人员、中层管理者、风险投资人、政策制定者、商科学生，还是仅仅是急于使用新技术的客户，本书都会为你提供有关创新技术的全新思维方式。我们相信，本书将作为一种思想源泉，帮助你形成自己的观点，递给你实用工具，帮助你有效地提升创新价值。对我们来说，这是一段非常值得的旅程，可以把我们这么多年的所见所学整合到一本浅显易懂的书中。我们相信，你在阅读本书时一定会有类似的体验。祝各位旅途愉快！

第1章
创新产品的接受：基本扩散模式

我希望研发新产品能像开支票那样简单。——史蒂夫·乔布斯

设想一下，你刚刚结束了一次漫长的管理层会议，回到办公室中。负责研发工作的副总裁是会议主角，展示了他手下的科学家和工程师过去两年中一直在研发的一项超酷的新技术。他告诉与会人员说，这种以突破性技术为基础的新产品可以在合理的时间范围内被研发出来（或许从现在起一年内就可以完成），要求公司批准这一项目，并出资推进他的研发计划。公司总裁看起来很感兴趣，在会议期间曾断言这有可能是公司所祈盼的成功机遇，准备"开支票"来资助研发工作。但作为一名谨慎的公司领导，她要求你这位市场营销副总裁评估一下这项新技术是否能在市场中取得成功，并判断一下需要多长时间才能收回负责研发工作的副总裁所要求的投资。你不是一个逃避困难的人，而且对这项技术也非常感兴趣，于是答应马上进行全面分析。

你急于着手解决总裁留下的市场预测难题，因此几分钟之后你就坐到办公桌前，再次快速浏览了一遍会议上展示的演示视频，翻看了一下你的会议记录，然后你突然想到这样一个问题："假如我们启动以这项技术为基础的创新研发，那么是否有某种有效方法可以用来评估几年下来的投资回报（ROI），而不仅仅是依靠胡乱猜测或者过分天真的猜想呢？”你不太确定应当从何入手，甚至或许会有些焦虑，因为还有不到两周时间就要提交报告了。

镇定下来之后，你意识到自己可能想要把眼前的任务分解成几个基本部分。想要评价被提议的创新产品未来在市场中的表现——到底是否值得让总裁开支票，最好是从研究一下市场对于创新产品的通常反应入手。弄清楚这一点之后，再从公司产品的特性出发，调查一下消费者对该项创新产品的态度。

创新产品与市场：动态关系

考察创新产品市场的方法之一就是，考察那个会在某一时间点考虑接受这种创新产品的群体。这个简单的定义蕴含了几个重要概念，这些概念同构建有效的创新产品商业预测有关。首先的问题是，哪些人可能对该创新产品感兴趣，我们可以称其为“潜在接受者群体”。第二个问题是，来自潜在群体中的个体在什么时间会最终接受这种创新产品。第三个问题是，来自潜在群体的个人为什么会考虑接受它。我们马上就可以看到，回答了这三个问题——是谁、什么时间、为什么，就可以为构建有效模式打下基础，公司可以利用这种模式预测出人们对创新产品的需求是如何逐渐演变的。这可以帮助推动我们探索、评估商业机会以及创新产品所体现的预期投资回报。

我们最好首先回答最后一个问题——人们为什么会接受某种新产品，并且弄清楚是什么原因使人们愿意费心费力地接受创新产品，而其实他们本可以延续之前的行为。许多社会学家、心理学家、市场营销专家、行为经济学家以及实际工作者曾研究过人们对于新理念（包括新产品、新的服务项目、新的社会准则以及新思想等）的想法和行为，以及他们如何判断这些新理念是否值得接受。在许多方面，针对这一主题展开的大量研究结果都显示，按照相反的顺序提问常常更能说明问题——提问“人们为什么不接受某种新产品？”事实证明，弄清楚人们对某些创新产品缺乏兴趣的原因或者他们为什么将其视为不值得付出时间和金钱的事物非常重要，这可以帮助我们总结方法，用这些方法可以预测人们对于创新产品的需求变化。我们研究这些通常被称作“接受障碍”的事物，并总结归纳由受人尊敬的创新专家埃弗里特·M. 罗杰斯提出的分类模式。这项研究得出的图表所包含的两条路径或两种力量，能够让人们接受新产品。

我为什么需要它？其相对优势何在？显然，假如我们所考虑的“新事物”同已有产品和服务项目相比较，被认为不具备足够的优点或优势，不能物有所值，那么消费者通常就会犹豫不决，推迟购买，甚至会对这种创新产品不予理睬。让我们以赛格威（官方称其为“赛格威单人平衡车”）为例。这是一种两轮自动平衡电动车，其发明者迪安·卡门曾于2001年12月在美国广播公司新闻栏目《早安美国》中大张旗鼓地进行宣传。许多知名的权威人士，包括史蒂夫·乔布斯以及著名的风险投资者，曾高度评价赛格威，认为这项技术革新“胜过互联网，比个人电脑更重要”。他们预测该产品会被迅速接受，迫使城市重新进行设计，并会使赛格威股份有限公司成为史上发展最快的公司，产品销售额能够达到10亿美元。显然，这些预测没有成为现实，尤其是关于普通消费者对其接受速度的预测。尽管这种创新产品依然存在，其被接受数量也在上升（有报告显示，到2011年年底，也就是该产品面世10周年之际，其销售量达到了10万件），但这绝不是那种“一炮走红的神话”。虽然主流消费者对这种技术赞叹不已，也被其滑稽的骑行动作所吸引，却很少有人争相购买。

那些预测的问题出在哪里呢？赛格威及其发明者频繁进行宣传，无数次出现在电视、广播以及大量纸媒和网络报道中，因此大部分消费者曾听说过这种新型交通工具，也看到过它的录像片段。所以说对品牌本身的认知度问题不可能是罪魁祸首。那到底哪里出了问题呢？权威人士的预测之所以如此不靠谱，原因之一就在于该创新产品向消费者的宣传方式。在介绍赛格威时，卡门宣称："这种车就好像当年汽车替代马车一样。"同许多其他投放产品时的人一样，卡门似乎也认为消费者会把赛格威看作一种比汽车更好、更有用的交通工具。从单纯的理念层面来讲，卡门的想法没错：在评价产品和服务项目（事实上所有事物都是这样）的时候，消费者的确倾向于将其同他们熟悉的事物联系起来，以此为基准点。在那些对他们来说不确定因素太多的情况下尤其如此，而那些最为激进的创新产品毫无疑问就属于这种情况。但就赛格威这种产品来说，将其直接同汽车相比较却向普通消费者暴露了许多"相对劣势"。卡门的单人平衡电动车一次只能搭载一个人，行驶最高速度仅为每小时 12 英里[①]，每次充电行驶里程为 10 英里。这些参数使它即使同最廉价的紧凑型轿车相比也显得逊色许多。紧凑型轿车通常可以容纳 4~5 名乘客，时速可以轻松达到 60 英里以上，每次加油行驶里程为数百英里，并且大多数车辆有载货空间。因此，对普通消费者来说，他们不清楚为什么要考虑用赛格威取代他们的汽车，他们缺乏充足的理由去再买一辆赛格威以增加他们现有车辆的数量（美国平均每家拥有大约两辆汽车）。这样一来，花 5 000 美元购买一件无法满足能够感知的明显需求的"技术神器"就显得太过分了。

下面我们把赛格威的经历同苹果公司 iPad（平板电脑的先驱）的经历做一下比较。在官方发布日期（2010 年 4 月）之后仅仅 80 天的时间内，iPad 的销量就达到了 300 万件，然后在随后的一个季度内又销售了 420 万件，远远超过许多行业分析师的预测。尽管产品投放前的预测比较乐观，但在这件事上绝大多数专家严重低估了 iPad 的销售轨迹，低估程度超过了 100%。同赛格威一样，在投放 iPad 之前，苹果公司也进行了广泛宣传，其中史蒂夫·乔布斯在首次发布会上宣称："这

① 1 英里 ≈1.609 公里。——编者注

是一件十分神奇的产品。”因此，大多数人知道了iPad这种产品，也了解了这种产品的特点，并且在电视和网络上也见到了iPad。但是与赛格威形成鲜明对比的是，在iPad上市时，许多消费者在苹果专卖店门前排起了长队，疯狂地想得到一台。

其中的差别是什么呢？当然，iPad的价格比赛格威要低，然而也有许多价格低于1 000美元的电子产品在投放市场之后却在零售商的货架上积攒灰尘。[是否有人还记得索尼公司的迷你光盘播放器或者三星公司的YP–K5袖珍MP3（动态影像专家压缩标准音频层面3）播放器？它们可以滑动打开，充当音箱使用。或许没人记得了。]想要理解产品在结局上的差异，我们必须再次考察顾客对于创新产品的看法，并且尤其要注意它同其他相关产品相比具有哪些优点。尽管数十年以来，像iPad这样的平板电脑设备被看作“个人电脑的替代品”，然而苹果公司却非常巧妙地将iPad定位成主要同苹果手机相关的产品，而苹果公司在三年前推出的这款智能手机取得了巨大成功。从设计的角度来看，iPad同其伙伴（智能手机）有明显的相似之处。并且，苹果公司为iPad所做的电视广告和平面广告都强调了其可以轻松获取应用程序，或应用软件。事实上，所有这些都已经应用在苹果手机上了。广告中的这些信息围绕着这款设备的媒体功能和娱乐价值，而不是围绕其生产力或功能用途，因为正如乔布斯所言，这些功能用途或生产力很容易让人联想到其他产品，比如笔记本电脑。iPad与“神奇的”体验有关，而不是与“应用的”体验有关。先期审查得到的反馈表明iPad“就像是大号的苹果手机”，苹果公司根据市场决定了它的营销计划。

所有这些促使iPad从几个方面快速发展。苹果手机让其用户着迷，使得他们可以随意把自己的手机变成多媒体设备：可以用来上网、玩游戏、运行各种炫酷软件并随时随地参与社交网络平台活动。而且，苹果手机的触屏特点让用户着迷，其界面被证明对用户而言极为方便和直观（方便用户使用一直是苹果公司创新活动的长期传统）。但是，在家里或当地星巴克咖啡厅使用苹果手机时，就显得不太方便：它的屏幕不大（大约 3.5 英寸）；其分辨率还可以，但不是太好；其有限的编辑和信息存储功能也是一个软肋。而 iPad 则是用来弥补这些缺陷的：其屏幕几乎增大了 3 倍；分辨率也提高了（配备 9.7 英寸显示屏，1024×768 像素，而当时苹果手机像素是 320×480）；信息处理能力也得到强化（使用全新 1GHz 芯片处理器，而苹果手机使用的是 600MHz 芯片处理器）。这样一来，消费者很容易就会发现他们可以轻松地在相关产品 iPad 上得到钟爱的苹果手机的使用体验。事实上，许多早期接受 iPad 的人，也就是那些在 2010 年 4 月 10 号那天在商店门口排队等候数小时的人，都是苹果手机的狂热用户。

有传言说史蒂夫·乔布斯曾经说过这样一句话："（iPad）将是我最重要的成就。"他甚至曾经承认，其实 iPad 的研发工作早在真正研发苹果手机之前就已经开始了。然而他意识到 iPad 的成功取决于确立恰当的参照物。他认为把 iPad 定位成在某些方面优于苹果手机，但又在很大程度上不同于个人电脑的产品，有可能提升市场认可度。但这需要消费者对苹果手机有充分的体验，这一点至关重要。于是，他们决定调整这两种创新产品的研发和上市的时机。当苹果公司在 2011 年 3 月推出其新一代平板电脑 iPad2 时，这种战略调整的意义就显得尤为突出。苹果公司的总裁直接抨击了竞争对手。在他看来，这些公司提供给消费者的参照物根本不对。他说："平板电脑市场中的许多人一窝蜂似地跟进，将其视为新型个人电脑，一直在谈论速度和容量，就像他们对个人电脑所做的那样。但我们从骨子里认为这种做法不正确。"

图 1–1 呈现的是自 2007 年秋季苹果手机首次上市至 2010 年春季推出第一台 iPad 之后不久的时间里，苹果手机的销售总量。每一季度都把该季度的销售数量累加到之前的销售总量之中。假设 2010 年第二季度之前大多数购买苹果手机的人是首次购买——在这一时间段内，他们还没有更换自己的手机——这就表明有超过 5 000 万的用户因为他

们的苹果手机而喜欢上了 iPad。

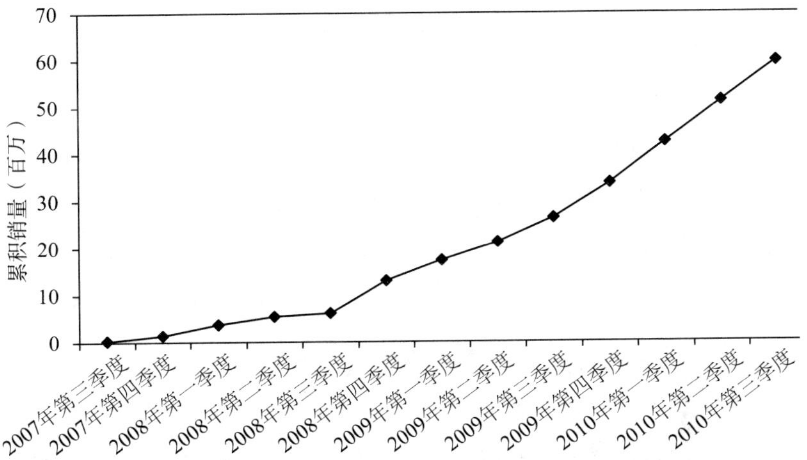

图 1-1　苹果手机累积销量，2007 年第三季度至 2010 年第三季度 *

*2008 年年末推出了 3G 手机，因此这段时期可能出现某些升级活动。我们将在第 7 章重拾这一问题

这种产品到底是什么？为什么这么复杂？我能否先试用一下？我们刚刚讨论的“我为什么需要这种产品”这一接受障碍的底线就是，消费者决定接受或者不接受某种创新产品通常取决于他们能否在将其与他们熟悉的相关产品进行比较时发现其足够的优点。但这一步的关键前提是，当这种创新产品呈现在他们面前时，他们能否理解其功能，或者明白其工作原理。

或许不会让人惊讶的是，消费者越是难以理解某种新产品或新的服务项目背后的技术以及使用方法，他们就越不愿意接受它。在创新领域中，困惑能够引发回避反应。此外，消费者越是有机会亲自“试驾”创新产品，获得第一手体验，而不是仅限于在电视或 YouTube 上观看视频，或者在某个技术网站读到有关这种产品的内容，那么他就越能够获得操作这种产品的直观感受，并熟悉其使用方法。这些因素能够深刻影响对于创新产品的接受意愿，被称作创新产品的“复杂性”

和“可试用性”。

我们再次比较一下赛格威和 iPad 这两种产品，其结果很能说明问题。对于前者来说，想当年上市时，消费者在决定购买之前，没有便利的途径让他们试驾这种交通工具。赛格威公司的管理层似乎相当自信，也许是受到知名行业专家玄虚预测的蛊惑，他们认为这是一种可以“即买即用”的畅销产品。因此，赛格威最初是通过亚马逊网站进行销售的。这也无可厚非，因为在他们的想象中，消费者在网上购买产品，不用提前进行试驾。但对大多数人来说，这却是很棘手的，因为他们根本不清楚其工作原理，也不明白其在日常使用中是否容易操作。赛格威单人平衡电动车高调宣传其全新的陀螺技术和高级软件，但这一切对外行的消费者来说有什么意义呢？操作这种对人体姿态做出自动反应的机器到底有多简单？安全性如何？它只有两个轮子，那么停止时为什么不会摔倒呢？在路上以每小时 12 英里的速度骑行会有什么样的感觉？遇到人行道怎么办？能够倒骑吗？这些只是消费者所有问题中的一部分，如果不亲身体验这种产品，是很难真正了解它的。

此外，赛格威完全是由电力驱动的，这种动力提供方式在 2001 年对消费者来说是非常罕见的，因而更加剧了有关产品使用方便性的疑问。虽说当时有一定的返利政策，但对于大多数花费 5 000 美元的消费者来说，这显然是不够的。在随后的几年中，赛格威股份有限公司修正了许多有关产品复杂性和可试用性方面的问题，对于这些内容我们将在第 5 章提及。但从一开始，这些障碍就已经存在了。

在这一方面，iPad 的经历则完全不同。苹果公司拥有 300 多家专卖店，主要分布在人口密集的热闹城区，那里也是其潜在市场所在地。这样一来，消费者在决定是否购买之前可以走进店里反复把玩这种设备。并且，公众对于苹果手机相当熟悉，因此用起 iPad 来几乎没有任何难度。消费者已经完全适应了触屏，并且非常熟悉各种新的应用软件——这是 iPad 的两大亮点。

我是否应当在乎别人的行为或说法呢？之前有没有该产品的接受者是我可以效仿的？我是否愿意显得与众不同呢？正如我们刚刚见到的那样，消费者在考虑接受某种创新产品时，是以是否“得到它”为基础的——他们是否理解那些传说中的优点与他们的关系，该创新产品比起现有产品具备哪些优势，以及他们是否明白其工作原理及用途。在大多数情况下，我们所介绍的内容是该创新产品所特有的综合信息——要么是由负责该产品的公司通过广告、新闻发布会以及网络信息提出的，要么是通过媒体评论来公开这一创新产品。同时，我们也会讨论亲身体验的重要性，以此作为评价内容的一部分。然而从本质上说，这些评价内容在很大程度上并不依赖于那些遭遇过同样接受窘境的人，这些人不知道何去何从：是接受，还是不接受，或者是推迟他们的决定。

但是，在大多数情况下，人是社会性动物。我们在乎他人的做法和说法，尤其是那些我们非常熟悉的人。我们认为其他人也在乎我们的做法和说法。当我们同辈人的行为和观点有可能改变我们自己的行为（反之亦然）时，学者通常称其为“社会传染”。

社会传染对于创新产品的接受造成影响至少具有三种原因。产生社会影响的第一种原因是，正如我们所指出的那样，创新产品在“新颖性”这一方面会造成不确定性，人们不清楚它是否像公司所宣传的那样天花乱坠。如果接受率陷入严重下降的趋势，那这种不确定性就更难以让人忍受了。比方说，除了要花钱购买创新产品之外，消费者可能还需要花费时间和金钱来启动新产品或新的服务项目，设法处理掉他们还在使用的旧产品，为新产品让路。他们还要花费时间学习如何使用新产品，并支付在这一过程中产生的附加产品费用（比如软件和辅助设备费用）。如果你把情感方面的付出，也就是那种“焦头烂额”的感受——沮丧、后悔，或许甚至不得不很尴尬地承认自己做了一个愚蠢的决定——同上面那些实际花费结合起来看，创新产品接受率的下降趋势就会加剧，消费者会认为它并非“物有所值”。

出于这些方面的考虑，消费者通常在确信创新产品的确对他们有用，并且他们所付出的所有时间、努力和金钱都会得到回报的时候，才更愿意接受它。在得知那些也曾同样面临接受窘境的人最终决定接受创新产品的时候，人们的信心会增加。那么有没有比这更好的信心呢？接受新产品的人数越多，人们的信心也就越足，认为这种创新产品的确“物有所值”。接受者越多，那些犹豫不决的接受者在做出决定之前就越有可能听到或能够直接通过询问得知该创新产品的优点和缺点。把那些建立在接受者体验基础上的印象融入人们自己的评价中，就像是一种间接形式的“可试用性”，如果你愿意的话。此外，那些已经决定接受新产品的群体数量越大，人们就越有可能看到这种创新产品的实际使用情况。对于那些在公共场合更为常见的产品，或者“更显眼的”产品来说，这种信心可以得到进一步强化。当看到许多人都在使用这种创新产品时，潜在的接受者可能会想：“这种产品不可能愚弄这么多人浪费这么多时间，是不是？”反之亦然，如果有人觉得接受创新产品的人并不多，而且也没看到太多实际使用者，或者也没有人咨询这种产品，那么他也就不会有太多接受的意向了。

社会因素之所以重要的第二个原因是创新产品具有与生俱来的“网络效应优势”，也就是说，使用该产品的好处取决于接受者网络的大小。为什么这一点可能很重要呢？我们以传真机为例。同快递甚至昼夜邮件速递相比，传真技术体现出了相对优势：传真更快、更方便、更便宜。然而，想要实现这些优势，你要发送传真的接收方也需要有一台传真机。因此，拥有或可以使用传真机的公司和个人越多——换句话说，与传真机相关联的网络越大，特定接收者从传真机中得到的价值就越大。像脸书和Google+这样的社交网络平台体现了同样的特征：人们知道，平台上的人数越多，那么加入这一平台就变得越有意义。

网络效应优势也可以是间接的。这种情况通常出现在涉及辅助产品或服务项目的时候。比方说，接受某款电子游戏机（例如微软公司的 Xbox）的人越多，游戏开发者就越有动力为这款产品研发游戏。而游戏数量越多，拥有游戏机的消费者就可以获得越多的好处。另外一个例子是，接受纯电动交通工具（例如日产聆风）的人越多，基础设施公司就越有动力安装充电站。而充电站数量越多……是吧，你是可以想象出这种画面的。很显然，这就提出了那个所谓的鸡生蛋、蛋生鸡的问题。所有这些辅助产品生产厂家都希望在自己大笔投资之前他们的同行能够全力投入。我们所了解到的是，在有些情况下此类协调事宜会导致投资延期，并且反过来会延迟人们对于产品的接受。

产生社会影响的第三种原因是，公开消费某些产品和品牌的行为具有某些标志性意义——能够赋予地位、表明身份、传递消费者的群体或圈子属性。例如，绝大多数人会同意这样一种观点：大众甲壳虫汽车所体现的车主信息与保时捷跑车所体现出来的是不一样的，而这两种车的车主在做出购车决定的时候对此也一定是非常清楚的。（在公开场合喝国产啤酒或者进口啤酒也是这样的例子。）在谈到接受创新产品的时候，社会线索可以作为一种因素。创新产品同之前的消费品差别越大、同之前产品在外观或用法上越不一致，普通百姓就越犹豫不决，不想成为第一批用户。这种同之前产品相比缺乏“兼容性”的特点使得创新产品看起来比较另类，不适合拥有，因而就使消费者打消了接受的念头。

产品缺乏兼容性会让用户产生担心，害怕遭到嘲笑或讥讽，因为这有悖于社会准则，破坏了社会规范。没有多少人愿意被嘲笑或讥讽，也没有多少人喜欢那种被排除在他们的社会圈子之外的感受。站着骑行赛格威让你真的显得鹤立鸡群（这里并不是褒义）。正如在引言部分所描述的那样，佩戴智能眼镜（比如谷歌眼镜）会让你在别人眼里显得“怪怪的”，并且这样做似乎违背了有关隐私的社会准则。

当然，对那些时尚潮人——那些乐于被视作第一个接受新事物、乐于打破陈规的人来说，情况则恰好相反：缺乏兼容性的创新产品能让他们显得与众不同、特立独行和无所畏惧。

当这种同辈人之间的互动反应发生作用的时候，就会出现一种有趣的社会现象：随着接受某种创新产品的人越来越多，该产品也就变得越来越被社会所接受（或者说社会上不接受的人会越来越少）。有时候，当市场中足够大的群体已经接受的时候，剩下那部分人的压力就会增加，促使他们也接受这种创新产品。此时，形势发生反转，不接受就意味着要承担风险，可能被看作不适应社会的人，或者被嘲笑成土老帽儿。我们思考一下智能手机的发展。在2009年年初没有智能手机不算什么大事——当时你周围大多数人也没有（以苹果手机为例，当时大约只有1 300万人有苹果手机。见图1–1）。然而，到2013年年底，没有智能手机会造成尴尬的社交情境，引发同辈不愉快的反应。同事或朋友可能希望你马上回复邮件或上网查询信息，即使你当时不在办公桌前或者家中，没有电脑可用。但是如果你只有一部普通手机，你无法这样做，那就可能会遭到对方的蔑视，比如“什么？你竟然没有智能手机？”或者，更糟糕的是，人们可能会在背后议论你，说你如何如何跟不上形势。的确，接受的人数越多，社会规范就越会发生转变，由创新产品问世之前所能接受的规范转变成该产品问世之后人们所期望的社会规范。

请注意，我们在社会传染、同辈效应那部分内容中使用了“兼容性”这一术语。然而，它也可以用在技术语境下，用来表示某项创新产品是否继续使用现有的辅助产品——比方说，新款游戏机是否可以玩老一代的游戏，或者新款电脑系统是否可以顺畅运行为之前版本的电脑而设计的软件。在这些情况下，缺乏兼容性就意味着人们要么必须放弃自己已有的辅助产品设备，同时保留原有系统，投资购买仿真程序，要么购买同创新产品兼容的新型辅助产品。通常说来，从接受障碍到最终接受的视角来看，新系统的技术兼容性越差，消费者就越不急于接受它。

所有这些因素归结起来是哪两点?

现在我们已经大致弄清楚了促使或阻碍消费者接受创新产品的因素，以及影响市场对于创新产品反应的因素。这样我们就可以更好地帮助负责市场营销的副总裁去考虑市场预测的难题了。我们可以设法归纳刚刚讨论的各种因素，将其做成一个小型变量组或者参数组，用来模拟接受过程。这将有所帮助。

图 1–2 显示的是如何把各种因素映射成为两种驱动力，它们同达成接受创新的两种主要方法相对应：个人力量和社会力量。下面我们展开讨论这些接受的驱动力。

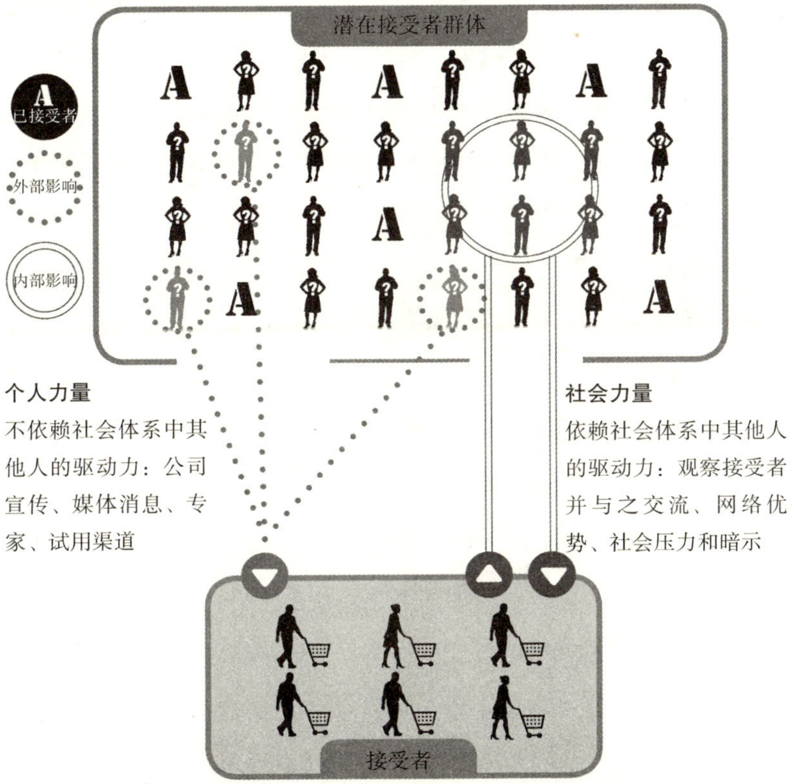

图 1–2　推动创新接受的两种驱动力

客户在做出接受创新产品决定的时候，如果没有考虑社会体系中其他人的影响，那么此时发挥作用的就是个人力量。在这种接受方式所体现的情况中，人们在看待创新产品的优势和成本时没有依赖于掌握其他人的行为，个人所做的决定完全是以他们自己社交圈子之外的信息为基础的。这些信息可能来自公司发起的宣传活动（广告、新闻发布会、网络信息等）、提供创新产品试用的渠道（零售商或销售人员进行的演示、免费样品的发放等），或者媒体宣传（文章、对公司领导的采访等）。对于创新产品所具备优点的需求越清晰，消费者就越是容易相信他们从外部获取的信息，那么趋向接受的个人驱动力就越强大。

客户在做出接受创新产品决定的时候，如果依赖的是市场中其他人的行为，那么此时发挥作用的就是社会力量。也就是说，在这种接受途径中，驱动力取决于相关社会体系中已经接受这种创新产品的其他人的数量。如果能够知道或看到其他人对于创新产品的正面反馈，那么就会减少对成本和风险的担心和忧虑，强化网络优势，或者产生社会压力暗示。随着越来越多的人接受创新产品，这种社会影响力也会越来越强大。

由于个人接受途径中的驱动力和信息通常来自潜在接受者群体的“外部”，而社会接受途径中它们直接来自接受群体的“内部”，前者对于接受的影响也被说成是“外部影响”，而后者被说成是“内部影响”。如图 1–2 所示。

清楚了这两种影响接受的力量之后，我们就基本上可以用数学公式表示这样一种可能，即那些尚且没有接受创新产品的人可以很快通过下面这种联系接受它：

数学公式 1–1　接受新产品的概率

当前人们可能接受新产品的概率 =
个人力量 + 社会力量 × 市场渗透率

换句话说，数学公式 1–1 中的这种关系表明，想要弄清楚那些当前尚未接受但很快就会接受新产品的人接受新产品的概率，我们需要了解相关个人力量和社会力量是如何影响接受决定的。此外，社会影响的一个重要方面是该创新产品在相关群体中的渗透程度。最后这一点概括起来就是说，接受的人越多，为当前社交互动提供的机会也就越多，社会接受途径也就更容易获取动力。我们还必须界定清楚什么才是良好的市场渗透率，市场渗透越广泛，社会力量就越强大。

我们还可以从另外一个角度来思考数学公式 1–1，它呈现给我们一个概率，让我们知道在个人力量和社会力量的共同作用下，尚未接受创新产品的人也最终会接受。假如这些力量比较薄弱，那么接受创新产品的可能性就会比较低，也就是说，阻止接受的障碍相当强大。但我们也注意到，由于社会力量要乘以以往的接受水平（市场渗透率），即使是在首次投放产品几年之后，只要后面这一数据变得足够大，那社会接受途径也会变得非常强大——我们将在本章后面的部分突出讲解这一点。

缺失的环节：完成基本的扩散模式

至此，我们已经充分了解到了如何把握促使人们接受创新产品的因素，初步弄清楚了人们在任何特定时间接受新产品的可能性。但要想明白人们对于创新产品需求的变化，也就是我们所说的“创新产品的扩散模式”，我们还需要从研究个人转移到研究那些有可能接受新产品的群体中去，研究他们在新产品上市后的每一段时间内的需求变化。为了很好地进行这种研究视角的转变，我们需要明白创新产品潜在市场的大小——换句话说，总共有多少人属于潜在接受者群体。比方说，在图 1–2 中，这个群体就是最上方方框中所有个体的总和，可能的接受者就来自这些人。假如我们想要把握美国创新产品的扩散模式，例如像普通手机这样的产品，那其接受群体就会是大多数人（比方说，18 岁以上的人中的 90%，年龄在 10~17 岁的人中的 50%，5~9 岁的儿童中的 25%）。而对于像高清电视（HDTVs）这样的产品，可能的接受者是 80% 的家庭，他们年收入超过一定数额。对于像新款剃须刀这样的产品，其接受者可能就是非常明确的一小群男人（那些不留胡子、每周至少剃须 3 次的人）。

现在我们掌握了所有必要的因素，可以采用数学公式 1–1 所展示的那种关系来说明创新产品在不同时间段的需求变化。简单来说，我们想要做的是分析所有那些在产品上市后的不同时间段中接受该创新产品的人的特点。我们在本章中的目的是开始分析创新产品基本的扩散模式，之后再增加一些补充和点缀。因此，眼下我们假设可以用相同的方式看待目标群体中的每一个人。也就是说，对每个人来说，相同的个人和社会力量影响着他们接受创新产品的决定。我们把市场分为已经接受新产品的市场和没有接受新产品的市场两种——这就分别像图 1–2 中下方的阴影方框和上方没有阴影的方框当中的两个群体那样。要想掌握当前接受新产品的人数，我们用还没有接受新产品的人数乘以这些人可能接受的概率。这种概率就是数学公式 1–1 所体现的。

我们还可以为“市场渗透率”确定一个标准，这一标准必须体现到目前为止创新产品的被接受程度。因此，我们将其确定为已经接受新产品的人员数量同最终可能接受者总人数的比例，称其为“以往接受比例”。这就引出了下面这一公式：

数学公式 1–2　市场中创新产品基本扩散模式

当前时间段新接受者的数量 =
尚未接受人员的数量 ×（个人力量 +
社会力量 × 以往接受比例）

采用公式 1–2 来计算之后每一时间段内接受新产品人数的方法相当简单直接：

1. 从某一时间段开始时剩余的未接受者群体中减去这一时间段内新接受者的数量，得出的结果就是尚未接受者的数量，可以用于下一阶段的计算。

2. 用这一时间段内新接受者的数量加上以往时间段内已经接受者的数量，得出的结果就是当前时间段最后累积的接受者的数量。用市场潜在接受者的总数（这是一个固定数量，体现了与该创新产品相关的整个市场）除以这一数量，就可以得出最新的以往接受比例，可以用于下一阶段的计算。

3. 把上面第 1 步和第 2 步得出的新数值代入数学公式 1–2 中，就可以得到下一时间段内新接受者的数量。

4. 通过第 3 步重复第 1 步的做法，就可以得到从现在开始两个时间段内新接受者的数量。以此类推。

数学公式 1–2 中所描述的基本扩散模式最初是由市场营销专家弗兰克·M. 巴斯在其有关创新扩散的著作中提出的，因而经常被称作"巴斯模式"。本书附录中的"数学盒子"介绍了有关基本扩散模式的正式版本。

创新产品的扩散曲线

让我们再次简明扼要地阐述一下我们关于创新产品上市之后市场反应模式的观点。我们提出了两种影响接受概率的主要力量，并把这些力量同每一时间段内长期市场潜在群体中的新接受者的数量联系起来，得出的结果就是基本扩散模式。

要想把问题说得更具体，我们应当拿出新的数值来表示在基本扩散模式基础上接受的预期发展趋势，并用图表来表示所形成的模式。这样或许会有所帮助。在这之后，我们将利用卫星广播这一情况提供现实生活中的例子。

表 1–1 所展示的是对于一种假设的创新产品在 30 年的时间内扩散情况的预测。在这个例子中，长期市场潜在接受者的总数（通常用字母 m 表示）是 5 000 万（举例来说就是，这 5 000 万是构成相关群体的美国家庭的数量）。个人力量（通常用字母 p 表示）等于 0.01，这就意味着，每年，某些没有接受创新产品的人有 1% 的可能会接受它，但他们并不是受到其他消费者的影响，而只是由于外部实体所传递的信息。社会力量（通常用字母 q 表示）等于 0.25，这意味着每年已经接受创新产品的那部分消费者会对剩余的消费者产生影响，接受概率约为 25%。比方说，如果 5 年之后 10% 的市场潜在群体已经接受，那么到了第 6 年，受到社会力量的影响，可能会有 2.5% 的人接受创新产品（$0.25 \times 0.1=0.025$，也就是 2.5%）。

表 1–1　基本扩散模式预测数据列表

上市年数	到当年年底接受者总人数（百万）	以往接受比例（%）	当年由于个人力量产生的接受人数（百万）	当年由于社会力量产生的接受人数（百万）	当年新接受者人数（百万）
1	0.50	1.00	0.500	0.000	0.500
2	1.12	2.24	0.495	0.124	0.619
3	1.88	3.76	0.489	0.273	0.762
4	2.82	5.64	0.481	0.453	0.934
5	3.95	7.90	0.472	0.664	1.136
6	5.32	10.64	0.460	0.910	1.370
7	6.96	13.91	0.447	1.189	1.635
8	8.88	17.77	0.430	1.497	1.928
9	11.12	22.24	0.411	1.826	2.237
10	13.67	27.34	0.389	2.162	2.551
11	16.52	33.04	0.363	2.483	2.847
12	19.62	39.24	0.335	2.765	3.100

（续表）

表 1–1　基本扩散模式预测数据列表

上市年数	到当年年底接受者总人数（百万）	以往接受比例（%）	当年由于个人力量产生的接受人数（百万）	当年由于社会力量产生的接受人数（百万）	当年新接受者人数（百万）
13	22.90	45.81	0.304	2.980	3.284
14	26.28	52.55	0.271	3.103	3.374
15	29.63	59.26	0.237	3.117	3.354
16	32.85	65.71	0.204	3.018	3.221
17	35.84	71.68	0.171	2.817	2.988
18	38.52	77.04	0.142	2.537	2.679
19	40.85	81.69	0.115	2.211	2.326
20	42.81	85.61	0.092	1.870	1.961
21	44.41	88.84	0.072	1.540	1.612
22	45.71	91.43	0.056	1.240	1.295
23	46.74	93.47	0.043	0.980	1.023
24	47.53	95.06	0.033	0.763	0.795
25	48.14	96.29	0.025	0.587	0.611
26	48.61	97.22	0.019	0.447	0.466
27	48.96	97.92	0.014	0.338	0.352
28	49.23	98.45	0.010	0.254	0.265
29	49.42	98.85	0.008	0.191	0.198
30	49.57	99.14	0.006	0.142	0.148

注：扩散模式参数 m=5 000 万，p=0.01，q=0.25

我们很容易就可以看到表 1–1 中一年一年的变化。比方说，我们得到了第 4 年的数据，想要计算出第 5 年的数据。

1. 到第 5 年尚未接受创新产品的人员总数 =（长期市场潜在接受者数量 – 到第 4 年年底接受者总数）=50m–2.82m=47.19m（m 为百万单位，下同）

2. 用第 4 年年底接受者总数除以长期市场潜在接受者数量，我们就得到：第 5 年相关以往接受比例 =2.82m/50m=5.64%

3. 利用数学公式 1–2 所给出的基本扩散模式：

第 5 年的新接受者数量 = 第 5 年尚未接受者数量 ×（个人力量 + 社会力量 × 第 5 年相关以往接受比例）=47.19m×（0.01+0.25×0.0564）=1.136m

4. 到第 5 年年底接受者总数 =（第 4 年年底接受者总数 + 第 5 年的新接受者人数）=3.95m

5. 重复步骤 1 至 4，就可以看到整个表格是如何形成的（尽管有时候你可能想使用微软电子表格，但访问一下本书的同步网站 www.InnovationEquityBook.com，得到一份工作表样本也是非常值得你付出时间的）。

表 1–1 中有非常有趣的几点。在上市的第一年，表格反映了这样一个事实，即那些接受创新产品的人只受到个人力量的影响（因为在第一年中，尚且没有任何以往接受者能够对他人施加社会力量的影响）。有些人能够很快发现自己喜欢创新产品的原因，或者有些人当时就需要该创新产品的优点，因为它解决了一个棘手的问题，从而他们愿意把赌注下在创新产品上，即使他们所认识的人当中没有人接受过它。但随着时间的推移，如果我们再往下看，越过第一年，事情明显发生了变化：社会力量对于接受的影响明显增加，而来自个人力量的影响则日渐减少。的确，从第二年开始，先前的接受者开始对那些尚未接受的人产生影响。由于前一群体的人数逐年增加，社会力量的影响变得越来越大，接受速度（也就是新接受者数量的增长）持续提升，直到达到一个最高值（大约在产品上市后的第 13 年或 14 年），之后开始下滑。形成这种模式的原因非常直观：随着接受者数量的增加，剩余的潜在新接受者群体的数量就会减少。这就好比是把人们从一个桶

中搬到另外一个桶中。因此，虽然以往接受者人数越多，意味着可以对当前造成越多的社会影响力，但是剩下的那些可能被影响到的人数也越来越少，最终，等到了第30年年底的时候，几乎不再有任何“落后者”再来接受该创新产品了，因为目标群体中几乎所有这5 000万人（准确地说是其中的99.14%）都已经接受了。如果我们按照时间顺序，把表1–1里面每年新接受者的数量绘制出来（表格中最后一栏），就可以得到图1–3所显示的钟形图案。

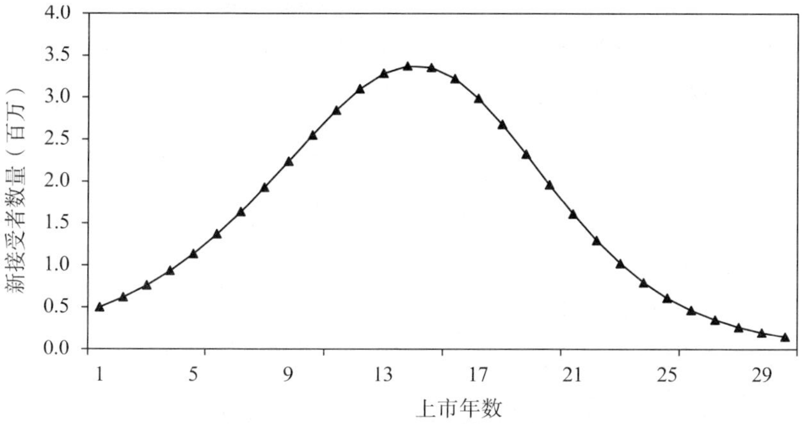

图1–3　产品上市后每年新接受者数量

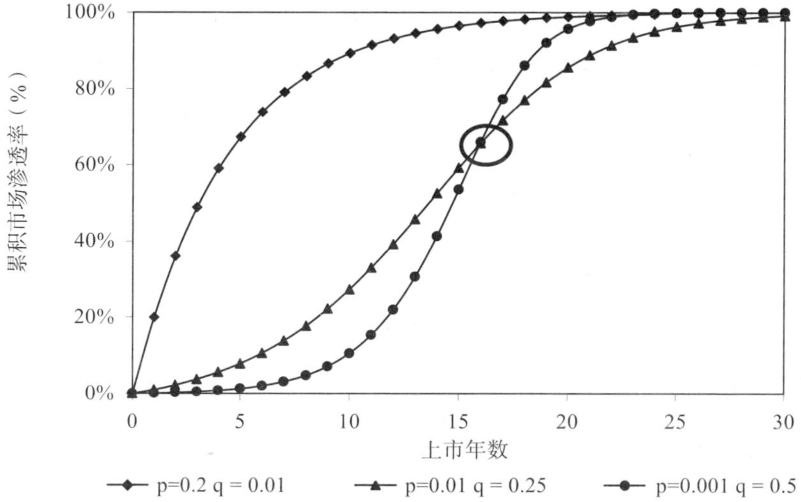

图1–4　受不同个人力量（p）和社会力量（q）影响的基本扩散模式（累积渗透率）

还有一种方法可以呈现接受过程的进展情况，那就是绘制通常所说的“累积扩散曲线”，也就是绘制出每年年底接受者的总人数（表 1–1 中的第二栏）。就像我们在第 4 步中介绍的那样，这一数字是不断地把当年接受人数加上以往所有接受人数得来的。这种绘制方法中有一个变化，就是利用了以往接受比例（表 1–1 中第三栏），该比例是用累积人数除以长期市场潜在接受者总数得来的。大家可能还记得，这一数值也可以被看作每年所达到的市场渗透水平。图 1–4 展示的就是这些内容。我们先关注一下那条带三角形标志的曲线，它所利用的数值就是表 1–1 中的数值（第三栏里的数值）。呈现在我们面前的是一个 S 形状的图案：先是缓慢增长（线型相对平直），而后快速增长（线型陡直向上），随后又逐渐减少（线型再次相对平直）。过去一个世纪中推出的许多知名创新产品都遵循这种扩散模式，比如电话机、电视机、微波炉以及普通手机。因此，本章所研究的这种基本扩散模式能够很好地生成创新产品市场潜在接受者的普遍接受轨迹。此外，我们还充分理解了为什么这种曲线看起来会是这个样子，以及左右曲线的主要力量。

从个人力量和社会力量影响接受的强弱程度来说——换言之，从潜在接受者不受干扰、认可创新产品的程度以及他们受他人行为影响的程度来说，创新产品之间是有区别的。我们换一种说法，也就是创新产品在 p 和 q 两方面是不同的，即使预期市场 m 是一样的。假如我们使用不同数值来表示基本扩散模式中的个人力量和社会力量，那对于扩散曲线的图形又有什么含义呢？在图 1–4 中，我们也为另外两种假设的创新产品绘制了累积扩散曲线（在所有曲线中，市场潜力总数都是一样的，m=5 000 万）。同我们刚刚分析的带三角形标志的曲线相比，带菱形标志的曲线是建立在个人力量数值（p）高得多和社会力量数值（q）低得多的基础上的。而对于带圆形标志的曲线来说，情况恰恰相反，它的 p 值更低、q 值更高。

带菱形标志的曲线表明，如果个人力量比较强大（p=0.2），那扩散速度就相对提升得较快，到第10年的时候，有大约90%的潜在消费者已经接受创新产品。相反，在带三角形标志的曲线中，p值只有0.01，到第10年的时候，渗透率只达到不足30%。就像带菱形标志的曲线所显示的那样，快速接受明显地反映出了对创新产品存在着的强烈需求。比如，消费者甚至在产品上市之前就蜂拥而至，或者公司的市场营销工作非常见效，成功说服了消费者购买新产品或服务项目。

从另一方面来说，当个人力量疲软（p=0.001）而社会力量强大（q=0.5）的时候，就像带圆形标志的曲线所显示的那样，最初几年人们的接受程度非常有限。人们并不看好该创新产品，再加上其他可能妨碍接受的因素，很少有人会对这种产品感兴趣。因而，在产品推出的最初几年内，购买速度非常慢。尽管社会力量相当强大（是带三角形标志的曲线的两倍），但在早期并没有太多以往接受者会形成影响力（提供产品口碑、形成网络优势、产生社会压力）。因此，在第5年到来之前，我们所见到的是个接受程度非常低的走势图。但一旦形成了重要的接受者群体，社会力量就会大举反攻，变得可以自我强化：随着接受者越来越多，他们对于未接受者的社会影响也会越来越大。等到了第10年，带圆形标志的曲线的渗透率达到10%，这虽然比另外两条曲线低，但足以让社会影响力的雪球滚动起来。等到了第15年，其渗透率超过了50%。事实上，在这个例子中，社会力量非常强大，以至于尽管个人力量比其他曲线低了10倍，但在第16年，带圆形标志的曲线所代表的扩散程度超过了带三角形标志的曲线（在那一年两条曲线交会在一起），并很快达到饱和。

扩散曲线能够用图形展示出如此巨大的差异，这一点对于管理工作意义重大。我们随后将借助有关卫星广播的例子进行研究，讨论其中的某些关联。

基本扩散模式的作用：以卫星广播为例

目前卫星广播在美国已经是一种被接受的现实。如今大多数新型轿车装备了卫星广播接收机，并且通常为消费者提供了几个月的免费试用服务。车辆租赁公司一般把卫星广播作为提供给消费者的一种选择。首批此类服务是由XM卫星广播公司在2001年秋天推出的，天狼星公司（Sirius）也紧随其后，在2002年冬天推出此类服务。

此项创新服务的理念是把卫星送入轨道中，向全国传送100多个广播频道。同传统广播（AM调幅广播和FM调频广播）相比，卫星广播被认为具有多种优势：内容广泛，音乐频道、音乐种类众多，脱口秀节目和精彩社论节目丰富；实现了数字化高品质传播（在卫星广播推出时其他所有无线电广播都采用模拟技术）；信号不间断覆盖全国，这就意味着不会因为距离太远而导致信号减弱（传统的以地面站为基础的广播就是这种情况，其覆盖范围有限，信号质量取决于人们同广播站之间的距离）；数字化显示屏可以显示歌曲和歌手信息。此外，尽管传统广播是免费提供的，但消费者需要"用耳朵来付费"，被迫每小时收听20分钟的广告。这被许多消费者认为是垃圾信息，而这也是卫星广播承诺要改变的地方。的确，卫星广播极大地减少了广告播出时间（两种服务中的大多数音乐频道最终是没有广告的）。

但正如那句老话所说的那样，天下没有免费的午餐。想要享受这些好处，消费者必须按月支付费用。并且，当前所有车主必须在售后市场购买、安装卫星广播接收机。

随着新千年的到来和上市日期的临近，每家想要成功提供卫星广播服务的公司都需要做好准备工作，这项工程十分浩大：估计需要投入10亿美元，用于科技研发、设备建设、卫星入轨；还需要投入时间和精力，去说服电子公司设计合适的接收机，去找汽车制造商和零售商合作，把他们带入市场中。同样关键的是同各种制片人、艺术家以及脱口秀主持人达成协议，把节目内容植入其中。这项工程所涉及的每一个利益相关者，从投资人到合作公司的高管，在决定是否支持以及如何支持卫星广播服务时，必须以这项全新服务项目的预期市场渗透水平和投资回报率为基础。因此，卫星广播公司很快意识到，他们必须做出可靠的预测，测算出这一新生事物潜在的市场规模及其需求变化轨迹，这样就可以为融资决策和有效的合作谈判打下基础。否则，涉及的每一方都不得不利用分析师制作的预测方案自己进行预测，或者更糟糕的是，放弃合作或出资，因为整个“从外太空发送无线电信号”的冒险活动看起来前途未卜，难以据此做出决策。

XM 卫星广播公司的做法是借助于本章所介绍的基本扩散模式。他们是怎么做的呢？首先，他们希望确定卫星广播这种新的广播形式的潜在市场规模（模式中的参数 m）。为了帮助解决这一问题，公司进行了一次全国范围的电话调查，然后利用从中得到的数据确定目标市场的空间，预测在不同价位中使用该项服务、购买接收机的潜在市场规模。他们一共完成了 6 000 多份调查。根据调查结果，XM 卫星广播公司倾向于把装机费定在 10~12 美元之间，并尽量把接收机的价格下压，零售价大约是 250~300 美元。被调查者表示他们有可能在这些价位接受这项服务。这部分人的数量相当于 2 500 万 ~3 100 万的消费者。为了在此用基本扩散模式作为例子，我们取上述消费者数量的中间值作为市场潜在规模：m=2 800 万。XM 卫星广播公司清楚，市场潜力不可能在一夜之间实现，许多未来卫星广播用户需要时间来接受它，那么需要多长时间呢？比方说，到什么时候有可能实现 10% 的市场潜力呢？而实现 50% 的市场潜力又要到什么时候呢？这仍然要受到个人力量和社会力量的影响，即参数 p 和 q。

表 1–2 以往创新产品扩散模式参数样本

产品名称	p	q
汽车广播	0.016	0.410
计算器	0.143	0.520
摄像机	0.001	0.143
有线电视	0.100	0.060
激光唱盘播放器	0.055	0.378
普通手机	0.008	0.421
数码相机	0.006	0.394
家用电脑	0.121	0.281
彩色电视机	0.059	0.146
录像机	0.025	0.603

想要得到关于这两种创新接受力量的合理预测，XM 卫星广播公司采用的方法是探究“那些可以用于比较的以往创新产品在这些层面是如何发展的”。这种方法利用了这样一点，即某项创新产品一旦得到充分扩散，人们就可以利用观测到的销售数据来预测基本扩散模式参数，这些参数十分符合其长期以来实际的接受发展轨迹。这种方法在无数创新产品接受过程中被运用过。表 1–2 提供了一个样本，内容是关于一些知名创新产品当年上市后的预测参数。对于卫星广播来说，可能有些创新产品，比如汽车广播（这是汽车广播硬件领域一项昔日的创新产品）、普通手机（这是与移动通信有关的创新产品，并且也存在订购模式）、激光唱盘播放器（这是一项声频创新产品，将音乐从模拟技术转变成数字技术）可以提供一套很好的衡量标准，用以评估个人力量和社会力量在其中所发挥的作用。然后人们只要平均一下进行比较的创新参数，就可以得到有关卫星广播预期的 p 值和 q 值。或者，人们可以通过评估所有这些以往的创新产品，然后同卫星广播进行相似度比对——从那些可能影响市场准备工作和接受程度的方面加以比对，

之后再以这些对比数据为基础，决定对于这些参数的重视程度。比方说，这些方面可以是我们在本章早些时候确定的那些影响接受的因素——相对优势、复杂性、试用性、兼容性以及社会力量（其中包括可观察性、网络优势和社会压力或暗示）。这种比对工作可以由行业专家、公司员工或者消费者（或者是这些群体的组合）来完成。无论采用哪种方式，其目的都是通过对比相关创新产品已知参数，归纳出预期的（然而尚不清楚的）参数数值。

如果选择最简单的方法，对那些被视作具有相关性的产品，例如我们提到的汽车收音机、普通手机和激光唱盘播放器，进行平均数计算，我们得到的结果是 p=0.026，q=0.403。

从我们在图 1–4 中对扩散曲线例子的分析来看，通过这些有关卫星广播的预测参数数值，尤其是那些基于汽车收音机和手机的数值，有可能得出如下的预测结果：该创新产品在最初几年内的发展会相对缓慢，然后在接下来的几年内会加速发展。如果我们将卫星广播作为一种创新产品，绘制其累积扩散曲线，把市场潜力定为 2 800 万，影响接受力量中 p=0.026、q=0.403，那这条曲线看起来会是什么样子的呢？它一定是一条 S 型的图案（参见图 1 5）！

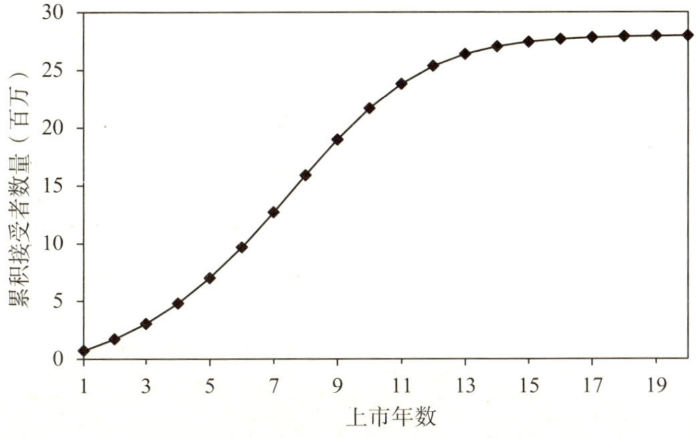

图 1–5　卫星广播的累积扩散曲线

其意义何在?

把基本扩散模式当作预测卫星广播发展的基础有什么意义呢?事实上,它建立在广泛科学研究的基础之上,涉及消费者对于创新产品的接受程度。它体现了严谨的数学和图表方面的知识,看起来比较直观,那么它在实践中到底有何作用呢?换句话说,它能否精准预测卫星广播在数年之后被实际观测到的接受模式呢?在回答这一问题之前,我们或许可以先回答另外一个不同的问题:除了绘制基本扩散模式之外,有没有其他方法可以预测卫星广播的接受模式?图 1-6 显示的是当年三位著名的分析师对卫星广播上市 7 年内被接受情况的预测结果。

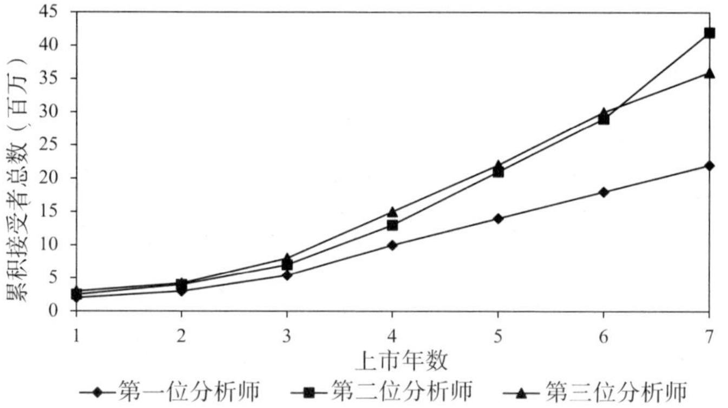

图 1-6　三位著名分析师对卫星广播的预测结果(1999 年年底上市前所做预测)

三位分析师关于该产品投放市场后最初几年的市场渗透率预测无一例外地远远高于我们在本书中所绘制的基本扩散模式预测(参见图 1-5)。就连其中最保守的预测结果——由第一位分析师做出,也预测到第 5 年的时候,卫星广播的接受者将达到将近 1 500 万人。而图 1-5 却把当年的接受人数定在大约仅有 700 万——还不到前者的一半!进一步研究这些分析师的预测方法,我们可以发现两点。第一,由于他们预测对卫星广播感兴趣的人主要是车内听众,接受变化的轨迹是根据美国车辆的市场渗透率做出的。比方说,根据其中一种模式,分析师认为,到产品投放市场的第 3 年,卫星广播的市场渗透率将达到 3%,

到第5年将达到7.5%，第7年达到15%。第二，分析师们所预测的增长率通常遵循某种预设模式，比如每2~3年增加一倍，或者表现出持续增长态势。我们所见到的某些模式“努力”同具体财务指标保持一致，是“逆向”绘制而成的——比方说，先是提出未来某一年市场渗透率的程度，然后确定能够达到这一程度的增长率。也就是说，这种预测并不是以任何明确的“行为过程”为基础的，行为过程指的是潜在消费者对于创新产品态度的变化。这些预测也没有区分不同的接受“机制”。此外，这些方法中通常也没有提供一种系统的方法来利用以往创新产品扩散模式中的信息。

因此，这些常见的预测手段的失败之处在于分析师们没有关注在快速增长之前还可能需要首先形成关键的接受群体。比方说，正如我们所看到的那样，在图1-4中带圆形标志的曲线上，如果社会力量对于某一创新产品的扩散至关重要，比如其中有网络优势的因素，比如消费者的不确定心理可以因为看到他人的接受而得以减少，再如这种创新产品能够带来社会压力——那么在市场渗透率快速增长之前相当长的一段时期内，关键的接受群体就会逐渐增加。但如果无法解释扩散周期中这一时期的情况，那么就一定会出现问题。尤其是当某种创新产品被认为具有强大社会影响力的时候，忽略上述影响可能会导致极大地高估最初几年的接受情况。这种过高估计会给管理工作带来危险。首先，公司可能斥巨资投入生产，希望取得销售开门红，但结果却是货物积压如山，公司债台高筑，市场需求远不如预期。其次，更为棘手的问题是，管理层和投资人可能会“反应过度”。产品上市后的最初几年是一段令人格外焦虑的时期。假如销售数量没有尽快达到预期，假如实际销售量同当初的预测销量相差十万八千里，而庆功的香槟酒已经打开，那么此时管理层可能会主张或被迫采取极端措施，例如增加广告费用、向零售商让利、大幅降价，甚至终止该创新产品或服务项目。而且，投资人也会感到失望。最初有人对他们说，该创新产品在短短几年内就可以达到一定销量，当没有达到预期销量时，他们通常要么认为该创新产品本身是个废品，要么认为经手该产品的管理团队毫无用处——于是想获得进一步的投资就很困难了。

然而，正如我们所看到的，这些结论极有可能不够成熟，产品销量增长只是个时间问题。推动滚雪球效应所需要的关键接受群体或许马上就能到来。换句话说，假如社会力量真的是一个重要因素，那么一旦接受者累积到了足够的数量，快速增长阶段就会到来。在这一阶段，分析师粗略的线性增长模式通常会低估销售数量。当然，这会引发负面的问题——可能导致降低产量、无法采取恰当的营销活动以及无法增加足够的投资基金。

基本扩散模式同分析师的预测办法相比优势明显。尽管突出强调这些优势是富有洞察力的表现，但有关该模式的价值最终还需要通过实践来证明。到 2012 年年底，我们通过足够的数据可以得出在产品投放市场之前基本扩散模式的绘制方法。图 1–7 绘制了卫星广播这种产品前 12 年内的累积扩散数据以及基本扩散模式的曲线，该曲线是以我们从类似的创新产品和上市前市场调研得来的参数为基础的。

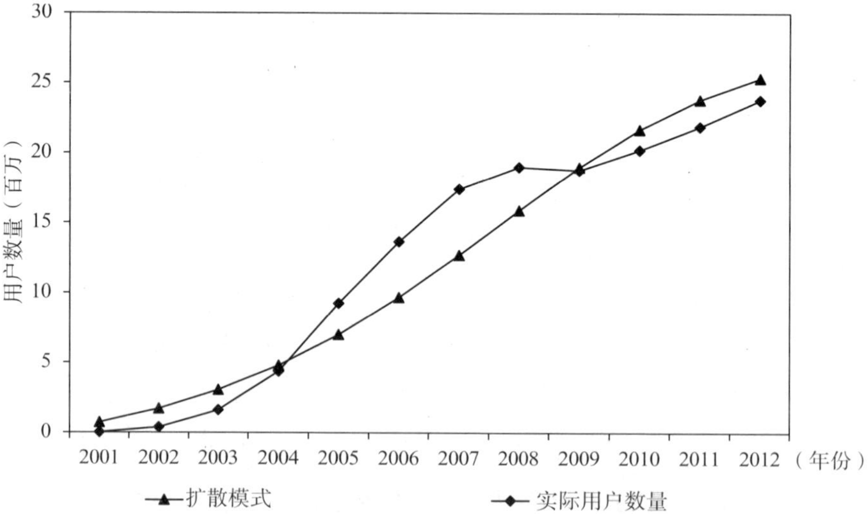

图 1–7 卫星广播预测数据与实际扩散曲线的对比

注：XM 卫星广播公司和天狼星公司用户总数是根据这两家公司的报告得来的

我们能够得出什么结论呢？尽管基本扩散模式的预测同当时几年内（2006~2008 年）的实际数据相比略显保守（我们将在第 6 章详细讨论其中可能存在的原因），但有一点相当清晰，那就是无论从形状还是相对拟合度来看，在大部分时间内基本扩散模式的预测数据同实际数据相当接近。具体说来，在最初的 5 年内和最后的 4 年内，基本扩散模式在预测实际接受程度方面做得非常出色。例如，如图所示，到第 5 年的时候，基本扩散模式预测显示将近 700 万人会接受卫星广播服务，而实际数据大约是 900 万人，而三位分析师的平均预测数据大约是 2 000 万人。

我们达到目的了吗？

如果大家提出这个问题，那么答案一定是“我们基本达到了目的”。我们希望诸位现在可以有更扎实的方法来解决本章开头提出的有关预测的问题。大家从概念上理解了影响消费者接受创新产品的几种因素。具体一点说就是，大家已经意识到弄清楚消费者是否有可能因公司和媒体的宣传而决定购买，或者被以往接受者（或者二者兼而有之）所说服是很重要的。大家接触到的这种模式巧妙而简洁地抓住了两种影响消费者接受时机的主要因素，并且找到了一种方法，用来考虑如何在市场调研和以往上市创新产品信息基础之上选择建立这种模式所需要的参数。但是，所有这些足以完成投资回报分析、评估被提出的创新产品的可行性并向公司总裁汇报是否可以开支票吗？说实话，这还不够。本章所讲述和绘制的接受模式只是关键的第一步，可以用来评估市场对于创新产品的反应，但绝不是最后一步。对于许多创新科技（比如卫星广播）来说，用户在接受之后公司每个月都能从消费者那里得到收益，因为它需要不断地提供产品（在这里指的就是服务）。并且到目前为止，在我们所看到的累积接受曲线所展示的内容中，新接受者被加入已有消费者基数中。然而，如果有些消费者曾经是新消费者群体，但决定结束这种关系——也就是说，他们决定不再使用该产品或服务，那会出现什么情况呢？另外，随着时间推移，在服务消费者时还会产生成本问题，在进行交叉销售、试图吸引消费者时会产生收益问题。因此，我们需要介绍一些新概念和工具，让我们可以模拟出关于创新产品接受者的这些长期经济考量问题。这将是我们下一章的主题。

要点回顾

- 大多数创新产品会呈现出类似的发展模式：新接受者数量呈钟形曲线，累积接受者数量呈 S 型曲线。
- 这些曲线的实际形状取决于创新产品的具体特点以及该产品对于潜在接受者的吸引力以及接受障碍。对某一特定群体来说，要理解创新产品接受速度上的差异经常用到五种因素——相对优势、复杂性、试用性、观察性和兼容性。
- 驱动创新产品接受增长率的两种主要力量：（1）个人力量：它所体现的是不受社会体系中其他人影响的力量（例如，公司发起的宣传）；（2）社会力量：它所体现的是受到社会体系中他人影响的力量（例如，消费者口碑）。
- 基本扩散模式把个人力量和社会力量结合起来，同时结合了市场潜力预期总量（长期市场），让人们可以测算出创新产品或者服务项目新接受者的大致数量（例如，生成预期的钟形扩散曲线）。这种模式对经理人来说是个非常重要的工具，可以预测他们某种创新产品未来消费者基数的增长率。

第2章
企业与客户的经济互动：客户终生价值模式

商业的目的是创造客户。

——彼得·德鲁克在1954年的名言

商业的目的是创造、管理以及长时间保有大量有利可图的客户。

——彼得·德鲁克在当下可能会发表的名言

3，2，1……发射！2001年春，XM卫星广播公司的两颗卫星发射入轨，公司管理层欣喜若狂。这两颗卫星的名字也恰如其分，分别是“Rock”和“Roll”。这种具有革命性的广播服务原定于当年秋天提供，但当时已经有清晰的声音传了出来。这些声音是投资人发出的，他们开始询问自己对这一新项目投入的巨额资金是否能够收回，如果能够的话，何时能够收回。他们完全有理由感到一丝不安，因为当时的地面广播（调幅与调频广播）事实上对听众来说已经是免费的了，并且他们的竞争对手天狼星公司很快就会推出自己的服务，对他们构成严重的竞争威胁（此处并无戏言）。然而，这家尚未见到一分钱回报的公司却声称自己能够说服消费者花费数百美元购买新型无线电接收器，并每月支付不菲的费用收听节目。而且该公司还声称自己可以在这场即将到来的卫星广播的激烈竞争中获胜。对投资者来说，单纯看到市场调查数据，被告知什么部分消费者认为这种服务极具潜力，无疑还不足以感到安心。虽然这能缓解他们的焦虑，但可能也不足以让他们觉得这些消费者马上会成为注册用户。投资人最希望的是，XM卫星广播公司的管理层可以向他们提供可靠的评估，告诉他们何时能够看到自己巨额投资的回报，最好是巨额回报。

诸位可能会想，怎样才能对某项创新产品做出这种投资回报预测呢？请大家耐心等待，因为这正是我们在本章所要达到的目标。

客户就是金融资产

著名管理大师彼得·德鲁克曾说过一句名言："商业的目的是创造客户。"商界中几乎无人对这种说法持有异议。但对许多公司来说，创造客户其实只是一个起点。这些公司的财务健康状况通常取决于能否抓住那些创造出来的客户，并直接或间接地从他们身上获取长期利润。这些公司或许希望把这句话改成这样："商业的目的是创造客户，并让客户长期为企业带来利润。"

许多来自不同行业的公司的例子充分体现了这一点。一家专门从事剃须产品的公司非常高兴，因为客户决定购买其最新、最好的剃须刀。但公司通常需要经过很长一段时间才能够获得高额利润，因为客户要在旧刀片变钝之后才会购买新刀片来替换。事实上，像吉列这样的公司常常愿意以最低利润（有时甚至会以负利润）来销售其刀片，期盼将来获得收益。一家从事酷炫游戏软件开发的公司可能会向消费者提供完全免费的游戏产品。那么它如何盈利呢？是这样的，假如每一个下载游戏的客户都一直玩这种游戏，并且人数达到足够多的时候，那么广告商就有可能愿意在这款游戏中花钱加载广告。对于路威娱乐公司（Rovio Entertainment）——"愤怒的小鸟"这款游戏的开发公司来说，这种模式似乎相当奏效。我们大多数人可能对于有线电视领域运作方式中的“现在创造客户，未来从中盈利”方法很熟悉。像康卡斯特、时代华纳有线电视以及查特通信这样的公司会提供非常诱人的试用活动（比如90天免费试用），希望你能够被它吸引、不愿离开并在未来岁月中支付月租费，并且可能逐渐升级超值套餐。

某种形式的经常性收益源于客户的长期参与。对这种商业模式的预测具有普遍性。鉴于这一点，公司可能也会把每一位顾客看作可以定期为公司提供现金流的金融资产。因此，在客户开始购买产品、下载应用软件或签署服务协议时，其事实上已经同该公司建立起了长期的利润关系，公司也就实现了从客户身上获取所有未来预期收益的愿望。

但是，这种“客户 = 金融资产”的说法似乎有些难听，也有些不近人情，不应该被用来描述公司与其客户之间宝贵的互动关系。德鲁克或许不会赞同这种说法。或许应当从不同角度来解读这种关系，将其看成是公司与客户之间一种持续不断的关系，这种关系不仅关于“获取”，也涉及“给予”：公司通过服务向客户提供价值，而客户通过提供利润对公司进行回馈。这样做可能更容易被人们接受。因此，企业的成功意味着公司可以创造客户，同时构建互惠互利的关系。从这个角度来看，在构建关系之初，你会想引用亨弗莱·鲍嘉在经典影片《卡萨布兰卡》结尾时的一句名言，告诉客户“我想这是良好关系的开始”，并补充说道，“这种关系有希望持续一生”。

终生价值

我们希望前面的讨论可以传递出这样一种信息，即理解客户与公司之间的经济关系能够推动我们进一步探索，提供有意义的创新产品投资回报预测，尤其是“回报”预测。我们真正所要探求的是一种方法，其能掌握这种关系中那些“温馨舒适的”方面，并同时采用一种“冷峻坚定的”金融资产视角来阐述事物。

幸运的是，市场营销人员已经花费大量的时间来思考这些问题，并研究出了解决问题的框架。这种框架通常被称作“客户终生价值模式”，或简称“CLV 模式”。

考虑到对于健康的客户与公司之间关系内涵的表述，我们不应对客户终生价值模式的主要框架感到惊讶。这些框架包括：（1）每一时期的利润幅度；（2）保留率；（3）折现系数；（4）购置成本。每一部分都可以对客户与公司之间关系的不同关键因素进行量化。并且，如果综合利用得当的话，每一部分都可以产生长期价值，每一位客户都可以被当作任何时间点上的被评估对象——尤其是当客户初次加入某种服务项目或首次购买某种产品时。图 2–1 是客户终生价值模式的一个简要图解。

让我们以此为基础，深入探讨并更好地理解客户终生价值模式的不同组成部分。

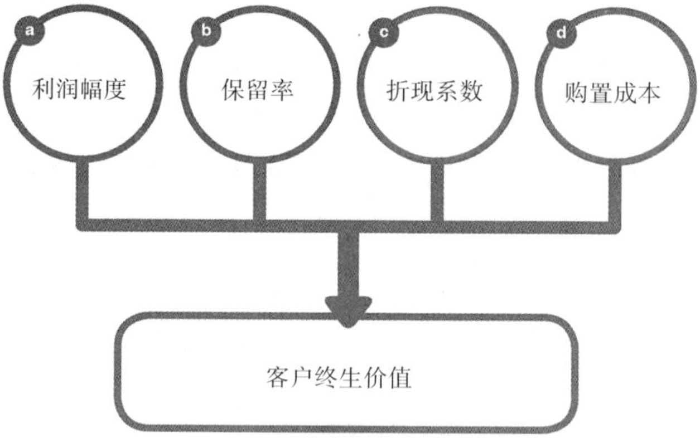

图 2–1 客户终生价值（CLV）模式

每一时期的利润幅度：公司在每一时期从客户身上盈利多少？

我们不可能总是对此感到满意，但大多数人必须定期支付账单。无论是房租、房贷、健身费用、有线电视和宽带费用，还是无线通信费用，总会有人为我们提供各种服务，而我们按月或按年缴纳费用。我们可能意识不到，但在很多付费项目中，甚至在那些没有预付费的项目中，当我们根据每一种具体产品或每一项具体服务付费时，据说通常我们也会展示出某种重复购买频率或付款规律。比方说，一个具有代表性的每天都刮脸的男子每隔一个月就会购买一包新刀片；一个拥有网络经纪账户的人每个季度都会进行 5 次股票交易；平板电脑用户每周都会观看一部在线点播电影；拥有苹果音乐播放器（iPod）的人每个月都会从苹果公司的 iTunes 上下载两首新歌……诸如此类的例子还有很多。这些费用就是公司期望定期从客户那里获取的收益。

当然，为了向客户提供这些产品和服务，公司通常会承担一些费用，比如生产、配送以及人事管理费用。举例来说，刀片需要生产加工，然后运输到各个商店。而零售商则需要物质刺激，把刀片储存到货架上；手机网络需要加以维护（或者需要按使用时间付费租借基础设施），零售区位和客服中心需要有人向客户提供支持；下载的每一部电影或每一首歌曲都需要支付版权费用，而支持这种行为的信息技术基础设施必须保持正常运转并及时更新。有效的做法通常是把这些费用分摊在每一位客户身上，因为其中的许多费用的确同每一笔客户交易或活动有着直接关系。从本质上说，这些费用都是常规性的，并且数额固定，比如“信息技术基础设施维护费用”。我们可以把这些费用加以分化，用它除以服务对象的总人数。

公司把这些费用看作商业活动的持续花销：经理们运用德鲁克“商业=客户”的原则，通常会把“服务成本”同每一位客户联系起来。这体现了在把产品价值传递给客户的每个时期产生的所有费用。以所有这些想法为基础，现在我们可以把“每一时期利润幅度”直接定义成下面这个公式：

数学公式 2–1 每一时期利润幅度

每一时期利润幅度 = 从客户身上获取的总收益 – 客户服务成本

因此，从根本上来说，你得到了客户带来的所有收益，作为交换条件，客户可以在这一时期使用或获得公司的产品和服务，然后从中减去这一时期的客户服务成本，剩下的就是公司在每一时期内从客户那里得到的净值。

我们来看一些具体的例子。无线通信服务供应商的客户的平均每月账单费用是 50 美元，其服务成本大约是 30 美元。因此，该客户每一时期利润幅度就是 50 美元 / 月 –30 美元 / 月 =20 美元 / 月。

我们再来分析一下迷你平板电脑用户的情况，比方说金读之光（Kindle Fire）用户。假如他每个季度购买 5 部电子书，下载 3 款付费软件。按照平均每本书 10 美元、每款软件 3 美元的售价，那么公司每一季度从该客户那里获得的收益就是 59 美元（大约每月 20 美元）。然而，亚马逊公司（Amazon）并没有享受到全部收益，因为它必须支付版权费用（大约每本书 7 美元）。并且在软件销售中也只分到一杯羹（30%）。因此，该客户每一时期利润幅度是 17.70 美元 / 季度（59 美元 / 季度 –41.30 美元 / 季度 =17.70 美元 / 季度）。

当然，每一时期利润幅度会因为客户不同而不同，或许会随着时间的变化而发生波动，呈现增加或减少的趋势。在我们所举的那个无线通信的例子中，通信量大的用户每个月可能需要更多的通话时间，因此同通信量少的用户相比，其每月的账单金额也会更高。有些用户可能夏天的通话时间多于冬天（而有些用户刚好相反）；有人可能刚开始使用手机时只是偶尔为之，只有在没有座机的情况下用来“救急”，后来却发生变化，大部分电话都使用手机拨打。在我们所举的那个平板电脑的例子中，刚开始客户可能每个季度只下载一本书，但在适应了电子书之后，不再喜欢纸质书，他可能会采用这种方法阅读所有书籍。客户刚开始可能只是偶尔下载电影，但后来却变成了每周一次。

或者，人们可能逐渐意识到在平板电脑上玩游戏更有意思，因为其屏幕比智能手机要大一些，所以一段时间之后会下载更多的游戏软件。所有这些消费变化都会引起每一时期的利润幅度发生变化。没关系，客户终生价值模式可以应对这一问题。

下面我们开始探讨该模式的另外一个框架。

保留率：客户能同公司维持多长时间的关系？

"没有什么是永恒的。"许多音乐人在他们的主打歌曲中曾用过这句歌词，或者这句歌词的变体（惊惧之泪组合、布莱恩·亚当斯、回声与兔人组合，在此仅举几个例子）。遗憾的是，许多公司发现他们在涉及公司与客户之间关系问题时也持有同样的论调。公司与其客户之间一开始的那种"美妙关系"鲜有持续超过几年的，更别说持续终生了。客户可能会搬家、换工作、找到新伴侣、生孩子，随着年龄增长，需求也会发生变化，经济或社会趋势也会对其产生影响，他们或接受其他公司提供的更优质的服务，或想尝试一下新产品。其中任何一种因素都可能导致客户终止同公司的关系——取消订单，停止购买更新产品，不再下载电子产品，不再积极使用服务（导致广告商丧失兴趣），等等。事实上，这些人不再是客户，至少从"产生回报"的角度来看是这样的。因此，尽管对一个公司来说，其希望收获当前从客户那里得到的每一时期的利润幅度，并一厢情愿地认为这种收益可以一直持续到客户终老，不断增加公司银行账户里面的金额，但是更现实的想法是，不要对这种关系持续的时间期望过高。公司必须意识到其时刻都有失去某些客户的风险，也有失去这些客户所创造的相关利润的风险。

客户终生价值模式完全符合这种现实。具体说来就是，客户同公司保留关系的意向可以通过一种被称为"保留率"的计量单位计算出来。在讨论客户群平均或基本保留率的时候，通常是将其定义为在期限结束时依然同公司保持关系的客户数量与期限开始时客户总人数之比。公式如下：

数学公式 2–2 保留率

$$保留率 = \frac{期限结束时客户数量}{期限开始时客户数量}$$

请注意，该定义中分数的分子只能是这一时期开始时客户群中的客户，也就是说，只能以分母中的部分客户为基础，而不能包含其间又加入其中的任何新客户（当然，这些新客户同计算下一时期的保留率还是有关的）。

在客户终生价值术语中，与保留率相对应的术语被称作“损耗率”（有时候被称作“流失率”，但在第 6 章中，我们还会区分这两个术语）。其基本的计算方法是 1– 保留率。如果用百分比来表示保留率，我们可以用 100% 替代 1。比方说，在当年年初，在某个特定客户群体中，我们估计只有 80% 的客户会在第二年同公司保持关系，那么该客户群的年保留率就是 0.8，损耗率就是 0.2。还有另外一种方法来解读这 80% 的保留率：客户在下一时期依然接受公司服务的概率是 0.8，而可能同公司脱离关系的概率是 0.2。

在实践中有几种方法可以评估保留率。第一种方法是核查最近的客户数据，估算这一时间框架内会产生的客户缩减数量。具体做法是这样的：可以列出 A 时间段开始时的客户信息，标注出其中多少人在 B 时间段开始时依然是公司客户，利用公式 2–2 计算 A 时间段的保留率，然后在你所希望计算的时间段内或者根据能够掌握的数据重复这种做法。第二种方法是比对其他情况中的保留率。在有些市场中，比如无线电话通信服务和有线电视服务中，损耗率会被定期记录下来，作为财务报告的一部分。假如你确信某一行业中的客户坚持使用某种产品的意向同另外一个行业中的情况相似，并且可以得到后者的数据，那么这种“比对”的方法就是可行的，至少可以作为参照。

假如在每一时期结束时，客户留下来同公司保持关系并开始下一个时期的概率不高，那随着时间推移会发生什么呢？假设有这样一种情况，公司当前有 100 名客户，年保留率为 0.9（也就是说那些在当年开始时成为客户的人有 90% 的概率在接下来的一年里依然是公司客户）。假如第一年开始时有 100 名客户，那我们期望第二年会有 90 名留下来。但再经历一年，这 0.9 的保留率又开始发挥作用，因此到了第三年我们预期只有 81 名客户会留下来。如果我们继续沿着这种“保留轨迹”走下去，到了第四年只剩下了 73 名客户，第五年只有 66 名客户，以此类推。这告诉我们的是，随着每一段时期的推进，公司最初的客户人数会逐渐减少。我们可以把这种情况表述得更正式些，如公式 2–3 所示：

数学公式 2–3　保留下来的客户

N 时间段开始时的客户数量 = 客户最初数量 ×（保留率）$^{N-1}$

我们在这个公式中应当注意一点：在未来 N 时间段客户依然同公司保持关系的概率是（保留率）$^{N-1}$。这一数值在后面会派上用场。

事实证明，银行（金融）部门中的保留率同这个简单例子中的保留率具有相同的数量级。比方说，我们根据报道出来的数据得知，第一资本投资银行（Capital One，美国一家信用卡公司）的年保留率大约是 0.85。有些行业显现出来的保留率要低一些，无线通信市场就是如此，其每个月要损失将近 2% 的客户。这意味着无线电话服务商的年损耗率大约是 22%，其保留率为 78%（或者是 0.78）。这样的一种保留率意味着在第一年年初同公司保持关系的 100 名客户中，到了第五年仅仅会剩下大约 37 名同公司保持关系（100×0.78^4）。或者就像我们在前一个例子中看到的那样，当保留率为 0.9 的时候，大约会剩下一半的客户。

图 2–2 描绘的是特定客户群体中客户数量下降的情况，三条曲线

分别代表第一资本投资银行、XM 卫星广播公司和一家德国电信公司（T–Mobile）的客户保留情况。正如我们从图中所看到的那样，最初同公司保持关系的客户群体的数量呈明显下降趋势，其下降速度之快超过了直线所显示的速度。或者，正如数学家所说的那样，随着时间推移这一数字呈指数下降。的确，对公司来说，这可能非常令人沮丧，即使它每年可以保留大约 3/4 的客户，仅仅 5 年之后，公司也会失去这些客户中近 3/4 的人。

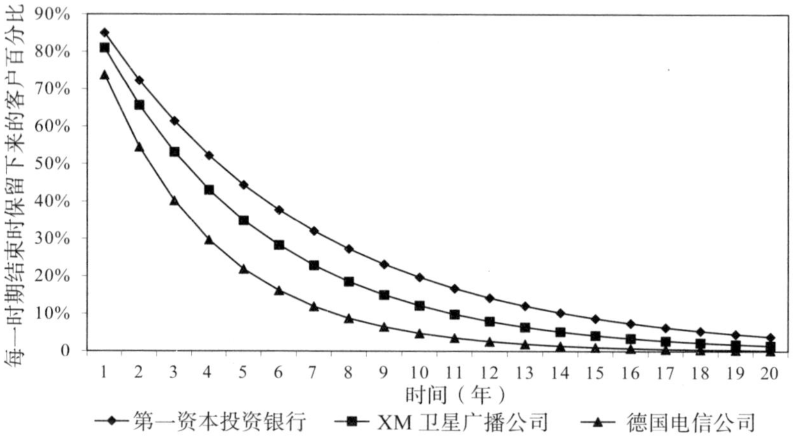

图 2–2 三家特定公司客户数量下降表

保留率是一种有效的衡量标准，可以帮助我们掌握在每一时期结束时客户同公司保持关系的概率。但它如何同我们试图构建的客户终生价值模式相吻合呢？看来我们需要一种更直接的测量手段，用以测算我们期望客户同公司保持关系的时间。换句话说，我们现在所探究的是客户同公司关系的预期时长或者“终生关系”——客户终生价值模式中的“终生”那一部分内容。

大家不用担心。利用我们到现在为止一直在讨论的保留率，就可以相当容易地表示出各个时期客户坚持使用公司产品或服务的平均人数的期望值。或者就像市场营销人员所热衷的那种说法——客户的

“平均停留时长”：

数学公式 2–4 客户平均停留时长

平均停留时长 =1/（1– 保留率）=1/ 损耗率

这种相对简单的等式为什么有效呢？我们可以代入数字，更直观地看一下。假如保留率为 0.8，就像先前的例子那样，那么在一个时期结束后，最初客户群中 20% 的人可能会离开。在两个时期结束后，16% 的客户会离开（因为在第一个时期结束后，其中保留的 80% 的客户中 20% 的人会在下一个时期离开，所以 $0.8 \times 0.2=0.16$）。在第三个时期结束后，大约 13% 的客户会离开。以此类推。假如我们计算一下客户离开之前各个时期的加权平均值——这一数值同平均停留时长一致，那我们就得到了 5 个时期。大家不应对此感到惊讶，因为 $5 \times 20\%=100\%$，或者 1/0.2=5。

假设保留率为 0.85，那么第一资本投资银行持卡人的平均停留时长就是 1/0.15=6.7 年；假设保留率为 0.78，那么德国电信公司用户的平均停留时长就是 1/0.22=4.6 年。我们也可以逆向运算。比方说，分析师预测金读之光用户通常坚持使用该设备（在更换成其他设备之前）的平均时间是 3 年。因为我们可以把损耗率表示为：损耗率 =1/ 平均保留时长，这就意味着金读之光的损耗率是 0.33，其保留率为 0.67。

正如这些例子所显示的那样，保留率同平均停留时长之间存在正相关——其中一个上升，另外一个也会上升。然而，这种关系呈现高度非线性状态，这也就意味着其无法通过笔直的线性图进行描绘。保留率的些许增加就会对平均停留时长产生相对较大的影响。图 2–3 显示的是 2004 年至 2010 年美国电话电报公司（AT&T）无线用户保留率的这种非线性关系。从图中我们可以看到，在这 7 年时间内，年保留率增长不到 20%（从 72% 增长到 85.4%），却使美国电话电报公司用户的平均停留时长增加了将近 90%（从 3.6 年增加到 6.8 年）。

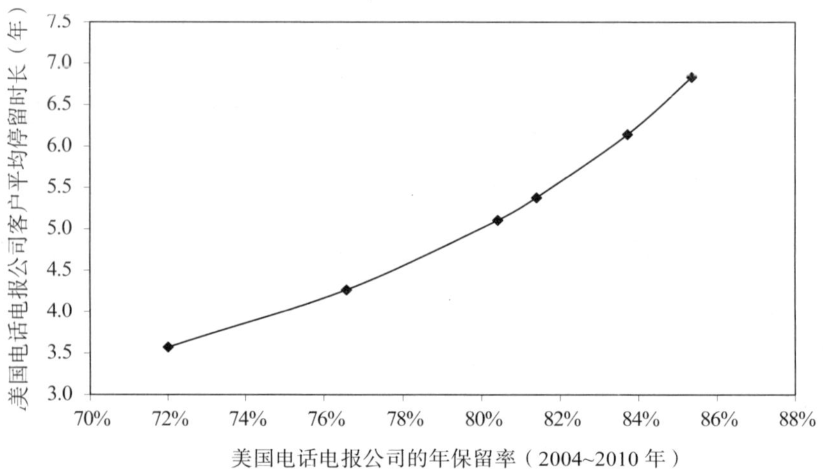

图 2-3 保留率对于美国电话电报公司用户平均停留时长的影响，2004~2010*

* 美国电话电报公司的保留率的确从 2004 年的 72% 增加到了 2010 年的 85.4%。

在掌握了前两个框架——每一时期利润幅度和保留率（后者被转化成平均停留时长）之后，我们已经可以大致了解客户终生价值模式的运作原理。前一个数值表示的是公司希望在每一时期从客户那里获取的价值，后一数值表示的是公司希望这种关系持续多长时间。把这两个数值乘起来，就可以帮我们弄清楚在预期的关系持续期间客户对于公司的整体价值：

数学公式 2-5 未折现的客户终生价值

CLV^{nd}= 每一时期利润幅度 × 平均停留时长 =

每一时期利润幅度 /（1– 保留率）

让我们看一下如何利用这一公式来计算我们在本章中看到过的一些例子。无线电话客户每一时期产生的利润幅度是每个月 20 美元（一年就是 240 美元），其平均停留时长为 4.6 年，因此我们得到这样一个结果：CLV^{nd}=240 美元 ×4.6=1 104 美元；迷你平板电脑用户的预期平均停留时长是 3 年，每一时期利润幅度是每季度 17.7 美元（一年就是 71 美元），因此我们得到这样一个结果：CLV^{nd}=71 美元 ×3=213 美元。

我们尝试量化客户同公司之间关系的价值，这种探索开始显现出结果。你可能会问，还有什么遗漏吗？是的，你或许已经注意到我们在公式2–5的定义中加了一个“nd”的上标。它代表的是“未折现”，表明这个定义尚不完整，因为没有把货币价值考虑在内。换句话说，我们没有对未来时期的收益进行折算，以便可以同当前收益进行比较。这是下一个客户终生价值模式框架所要探讨的根本问题。

折现系数：公司如何解释未来客户收益的时间价值？

大家可以问自己这样一个问题：“现在从客户那里赚到的1美元同5年之后从这个客户身上赚到的1美元是一样的吗？”货币专家对此会断然否定。他们会引用同资本机会成本有关的金融理论，认为未来的货币价值低于当前同样面值的货币价值。之所以如此，我们可以从这样一个角度来考虑：公司在当前可以投资并赚取利润，因此可以预期今天投入的1美元在5年后得到的利润回报多于1美元。我们还可以从另外一个角度来思考这一问题：如果公司今天借款1美元，那5年后它要偿付的金额多于1美元，因为贷款人希望得到贷款利息。无论我们采用哪种方法来看待这一问题，都会发现“时间就是金钱”。因此，要想正确量化客户对于公司的长期价值，在计算未来收益时，我们需要解释清楚这种常识性的货币原理。

我们想要做的是，把所有收益放到平等地位，消除未来较低货币价值和当前完全货币价值之间的差异。用金融术语来说，我们需要正确折现来自消费者的未来现金流量，以便使用当前美元价值来计算，这样就具有可比性。但如何做到这一点呢？

在实践中，金融专业人士在遇到此类问题时，会利用所谓的“折现系数”：用在这一时期结束时希望增加到的货币金额除以适当的折现系数，就可以调整这笔资金的价值，并利用当前这一时期开始时的价值来表示。那些也许在下一时期结束时才能够得到的钱需要调整两次：

第一次除以这笔钱的金额，使其能够与这一时期结束时赚到的钱具有可比性；第二次除以这笔钱的金额，使其能够与当前赚到的钱具有可比性。在第三时期结束时希望赚到的钱需要调整3次。以此类推。从更广义的角度来说，在未来某一时期赚到的金钱的当前价值（在每一时期结束时所累积起来的）就是用这笔钱除以折现系数预期时期数量的乘方，该预期时期数量我们依然使用N来表示：

数学公式2-6 未来现金流量的当前价值

$$当前价值=\frac{现金流量}{（折现系数）^{N}}$$

客户终生价值模式在很大程度上采取的就是这种财务折现方法，并且把客户也看作投资或项目，其未来每一时期利润幅度随着时间推移而逐渐减少（按照今天的说法）。因此，在公式2–6中，只要用“每一时期利润幅度”替换“现金流量”，就可以解决与客户终生价值有关的问题了。

大家可能想知道适当的折现系数看起来是什么样子，从哪里入手才能得到它。客户终生价值模式中的一个常见办法是利用一种被称作资本加权平均成本（WACC）的金融手段来计算折现系数。WACC概括起来说就是，利用公司所有的各种资本（债券和股票），确定它们对于公司的“成本”（以公司面临的利率为基础），然后根据公司所有的每种资本的比例对这些成本进行加权计算。WACC是一种“有效利率”，公司常常用它来评估他们所酝酿的各种项目和计划的投资回报。折现系数 =（1+WACC），或者通俗一点儿说，折现系数 =（1+有效利率）。

由于公司或项目的差异，WACC在不同时间点通常是不一样的。尽管如此，各个行业还是采用一种通用的WACC金融手段，以此来反映他们获取资本的风险和难易程度。纽约大学的研究人员最近（2013年1月）进行了一次分析，发现WACC的平均值变化范围很大，在电器行业比较低，为3.13%。而在私募基金行业比较高，为10.97%。通信行业，比如德国电信公司，其WACC为7.05%，这就意味着对于此类公司来说，合理的折现系数为1+0.070 5=1.070 5。电子行业的WACC被确定为7.81%，娱乐技术行业为7.66%。这就意味着在我们提到的迷你平板电脑的例子中，我们可以把WACC确定为7.75%左右，相应的折现系数就是1.077 5。随着经济和行业形势的变化，与当前折现现金流量相关的WACC也会发生变化（例如，2015年1月，电子行业和娱乐行业的WACC值分别为7.37%和7.61%）。

我们现在拥有了3种客户终生价值模式的框架——每一时期利润幅度、保留率和折现系数——因此可以写出一个不带“nd”（非折现的）上标的客户终生价值公式。我们需要修改CLV^{nd}，以便未来的每一个时期都可以适当折现：一个时期用折现系数表示，两个时期用折现系数的平方表示，三个时期用折现系数的立方表示，以此类推。由于对每一时期的现金流量需要分别进行不同折现，明智的做法是根据不同时期的具体情况制作出我们自己的客户终生价值公式。

我们刚才看到的是如何计算未来特定时期赚取的客户现金流量的当前价值（如公式2–6所示，使用每一时期利润幅度和折现率）。然而我们也明白，不能忽视这样一个事实，即在不同时期内，客户只是有可能同公司保持关系（如公式2–3所示，由保留率决定）并带来这些利润幅度。因此，对每一时期来说，我们可以根据当前价值形势（我们将其称为客户在特定时期的当前价值）来表示预期的现金流量：

数学公式2–7　未来特定时期预期客户利润的当前价值

$$\text{客户在特定时期的当前价值}=\frac{\text{每一时期利润幅度}\times\text{保留率}^{N-1}}{\text{折现系数}^{N}}$$

要想获得客户N个时期内给公司带来的预期金融价值，并用今天的货币术语表示出来，我们接下来就要计算出客户在特定时期所有相关当前价值的总和。这样我们就得到了下面这个有关客户终生价值的公式：

数学公式 2–8　客户终生价值模式（长期）

CLV= 第一时期当前价值 + 第二时期当前价值 +……+ 第 N 时期当前价值

我们应当计算出多少时期的总和呢？换句话说，在我们刚刚得到的那个 CLV 公式中，N 的值应当是多少呢？在有些情况下，公司可能有理由认为，在经历了之前设定的几个时期之后，公司同客户的关系就会终结——比方说，计划不再与客户续签合同，或者计划让所有客户都更换新一代产品，或者专利期满，山寨产品对现金流量动态造成严重影响。或者，为了评估投资业绩，公司可能对 N 的值的确是有特殊想法——比方说，3 年或 5 年的时间跨度，或当前首席执行官的任期。人们也可以使用我们之前提出的平均停留时长的概念，以此作为计算时期总数的基准。

然而，在另外一些情况下，可能没有预期事件可以影响客户同公司关系的持续时间，公司也没有特殊方法去评估来自其客户的现金流量。但从理论上来说，我们可以计算相对较长一段时间内的时期总和，用保留率计算客户在未来任何时期脱离公司的概率。事实证明，如果针对足够多的时期求出总和，那么 CLV 公式就非常近似于一个简单方程式（碰巧是一个无穷大的几何数字的总和）。具体说来就是：

数学公式 2–9　客户终生价值模式（短期）

$$\text{CLV}=\frac{\text{每一时期利润幅度}}{\text{折现系数}-\text{保留率}}=\frac{\text{每一时期利润幅度}}{(1+\text{资本成本})-\text{保留率}}$$

请注意该公式同我们之前有关客户终生价值公式的类似之处，后者不包括折现内容（公式 2–5）。当时间范围“无穷大”的时候，需要对折现解释做出的唯一调整就是在分母中增加有效资本成本。

我们继续分析前面讨论过的一些例子。假设一位典型的无线手机用户最近刚加入服务，其客户终生价值是（20 美元 ×12）/（1+0.070 5 – 0.78）=826 美元。这比我们没有把折现考虑进去所计算出来的之前价值少了大约278美元。对于迷你平板电脑用户来说，其CLV是（17.7美元 ×4）/（1+0.077 5 – 0.67）=174美元。这比假如我们忽视对未来客户现金流量折现所获得的212美元少了一些，但更为现实。

到目前为止，我们对于CLV的研究看起来可以很好地量化客户在整个与公司维持关系的过程中为公司创造的价值。那么为什么在客户终生价值模式中还有第四个框架呢？原因在于，在我们目前的推理中，我们假定客户同公司的关系已经形成，我们的任务是评估所有未来利润幅度流量的当前价值。但这种关系是如何形成的？如果公司需要付出努力、动用资源来使客户首先成为签约客户，那情况又会怎样呢？在研究公司客户为公司带来的利润时，我们当然不能忽视这些因素。这就是需要第四个框架的原因。

购置成本：公司增加新客户需要付出什么代价？

大家在看图2–1的时候，可能会有些许疑惑：为什么“购置成本”被描述成客户终生价值模式中的最后一个框架而不是第一个框架？毕竟，在从客户身上获取任何利润之前，你得先得到这个客户才行。难道不是吗？是的，的确如此。但是，精明的、具有前瞻性的经理心里清楚，除非你知道某人在加入你的客户群之后可以给你带来什么价值，否则一开始就浪费资金网罗客户几乎没有任何意义。换句话说，分析客户终生价值模式中前3个框架所得到的结果——我们得到的CLV公式——相当于一个基准点，我们可以据此对购置成本进行评估。这就是为什么到最后才来考虑购置成本这一框架。现在看来这样做并非坏事。

要想获得新客户，公司需要做大量工作。有些公司通过电视、纸媒或网络来打广告。还有些公司可能提供免费安装服务、免费样品或者免费试用期。还有些公司采用另外一些方法，比如打折、“0利率”以及补贴，来吸引潜在顾客购买或签约。这些形式的营销手段主要是提升品牌知名度，说服消费者同公司建立起客户—公司的关系。所有这些手段都需要花钱——要么是直接花费，要么是公司在推广和执行阶段的人事花费。在很多情况下公司要同时承担这两种花费。在实践中，很少会出现所谓的“免费客户”的情况。人们通常会把所有这些与吸引客户有关的花费称作“购置成本”。

无线服务供应商，比如德国电信公司，可能每年会花费数百万美元在电视上打广告，告诉客户他们只需支付手机价格的 50%（补贴另外的 50%），并同意每当百思买（Best Buy）这样的零售商在店内签下一个客户都支付给其一定费用。与此类似的是，在金读之光的案例中，亚马逊公司可能会决定亏本销售每台产品，目的是鼓励购买，并且参与到电视广告中去。像礼来制药厂（Eli Lilly）这样的制药公司可能会花费数百万美元来补贴销售代表，让他们拜访医院和诊所的医生，提供免费样品，参与高端药品直销（DTC）活动，为病人开出新药品，治疗类似糖尿病这样的慢性疾病。

因此，展示客户与公司关系的预期利润更完整的图表应当包括“追求客户时期”所发生的事情。由于这些花费属于预付费用，符合逻辑的做法似乎应当是把这一阶段的相关费用包含在客户终生价值模式中，从客户未来预期收益的当前价值中减去购置成本，也就是从 CLV 中减去。在公司的活动涉及获取客户阶段时，如果公司想要吸引新客户，也就是那些潜在客户，那些可能（或不可能）决定成为公司客户的人。这样我们就得到下面这个有关未来客户终生价值（PCLV）的公式：

数学公式 2–10　未来客户终生价值

未来客户终生价值 = 客户终生价值 – 购置成本

“客户”与“未来客户”之间的区别非常重要。这是因为公司很少能通过其购置努力取得理想收益。从目标客户转变到客户的可能性远远低于 100%（事实上通常低于 10%）。公司会撒开一张营销网络，开始时范围相当广，涉及一切有望成为候选客户的群体。但最终目标群体中只有少数人登记签约。这就提出了一个问题：我们试图争取潜在客户，但有些人永远不会成为客户——这些人不会转变过来。我们应当如何处理与此相关的花费呢？你肯定也认为把这些费用考虑进来是合理的做法。营销人员的习惯做法是将这些费用包含在最终成为客户的那些潜在客户的购置成本中。具体做法就是用寻找潜在客户工作中的全部花费除以最终实际得到的客户数量。因此，出现在公式 2–10 中的每位客户的购置成本都体现了这样一个事实：为了能够获取客户，有必要瞄准更为广泛的群体。

我们思考一下下面这些例子。比如有一款新剃须刀片的免费样品，公司需要花费 1 美元来制造和配送，免费发放给东海岸大型购物中心的 10 万名男士。假如这种努力使得这些男士中的 10 000 个人转而使用新刀片，那么购置成本就是 10 美元（100 000 美元 /10 000=10 美元），尽管转而使用新刀片的每个男人只得到了价值 1 美元的一份样品。再比如在无线通信行业，假如像德国电信这样的公司每年花费 3 亿美元打广告，涉及相当广泛的受众，最终 400 万人成为其新用户，那么仅仅与广告相关的购置费用就是 75 美元（3 亿 /400 万），事实上很多人都看到了这些广告（而其中大部分人没有变成其新用户）。在这些寻找潜在客户的花费中，我们还需要算上在争取特定客户过程中由于情况不同而产生的费用。比如手机购机补贴 150 美元，每位签约用户的零售佣金 100 美元。因此在本例中，争取无线通信用户的全部费用达到了 325 美元。因而未来手机用户的客户终生价值就是 826 美元 –325 美元 =501 美元。

就像对待 CLV 框架中的其他参数一样，我们有时可以利用比较法，对比相关产品信息，评估购置成本。比方说，有关广告和市场营销花费方面的信息，以及在某一时期争取到的新客户的数量。这些信息常常可以从公司财务报告中获得。

盘点客户终生价值

我们已经对客户价值进行了长时间的探讨。在我们继续下一话题之前，或许有必要简明扼要地重复一下我们探讨过的主要内容。一开始，我们介绍了一种“临时应急的”CLV测量手段，把来自客户未来每一时期的利润幅度考虑在内，假设我们可以获取客户同公司保持关系的平均时长内的那些利润幅度（CLV^{nd}, 参见公式2–5）。随后我们意识到，更为实际的做法是运用折现系数来测算未来收益，为的是用当前价值来表示后期获取的利润幅度。这样我们就得到了经常用以量化CLV的公式（参见公式2–8和公式2–9）。最后，要想启动客户同公司的关系，公司需要通过努力来吸引潜在客户，这就产生了购置成本。把这些成本从CLV中减去，得到的就是未来客户终生价值（参见公式2–10）。假如你想简单了解一下当前客户群以及它对公司发展的价值，那CLV公式就足够了。因为这些客户已经被争取到了，他们的购置成本也已经“盖棺论定”了。然而，假如公司处于试图争取新客户的阶段，那更合适的公式应当是公式2–10。

大家或许注意到，在客户终生价值研究过程的每一步中——从CLV^{nd}到CLV，再到公司2–10——客户对于公司的整体价值呈现下降趋势。公司可能将此视作不利现象，然而这可以更加准确地评估客户价值。图2–4描绘的就是我们一直探讨的那个无线通信服务例子中的下降趋势。

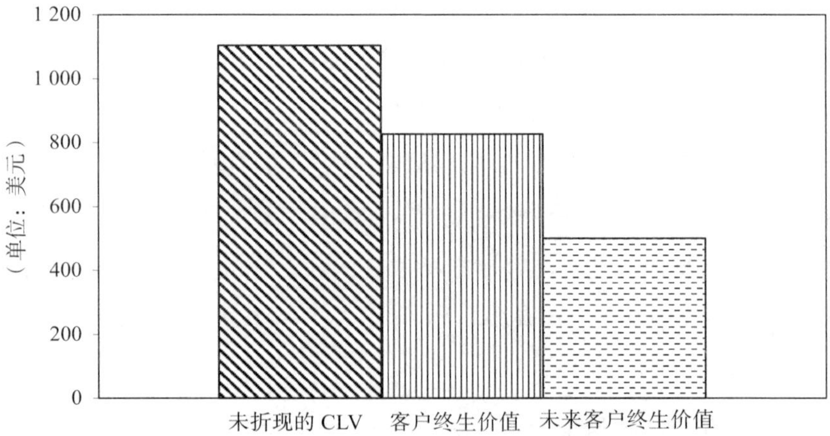

图2–4　无线通信服务终生价值的不同测算结果

扩散 + 未来客户终生价值 = 创新价值

我们回想一下彼得·德鲁克的那句名言："商业的目的是创造客户。"请注意，德鲁克所说的是一个客户。我们研究的客户终身价值模式，及其扩展出来的未来客户终生价值模式，的确可以让我们理解公司如何评估创造出来的这一个客户对于公司的长期价值。但是，无论我们能够从这一个客户身上挤压出多少每一时期的利润幅度，即使我们能够在相当长的一段时间内保留这一客户，从所有实际目的来说，一个客户也是远远不够的。公司通常需要大量客户才能够"盈利"，只有增加他们服务客户的数量才能够增加公司收益。通过进一步反思，就像本章开篇所指出的那样，公司或许希望把德鲁克的那句名言修改成"商业的目的是创造、管理以及长时间保有大量有利可图的客户"。

让我们尽力通过商业镜头去理解客户终生价值的含义，从"单一客户"视角转向"多重客户"视角。此类公司计划把某项创新产品推向市场。顺便提一下，这一市场也是德鲁克那句有关创造客户的名言所指的背景。如果该创新产品的所有客户都是在相同时间争取过来的，那么把他们各自的未来客户终生价值加起来，得到的总和就是该创新产品为公司创造的总价值。由于公司常常使用平均值或典型数值来指代客户终生价值的每一个相关参数，它可能只会简化成一次性计算未来客户终生价值，乘以产品投放时获得的客户总数。

但请等一下。如果说我们从上一章有所收获的话，那就是创新产品通常会随着时间推移在相关群体中扩散，而我们很难渗透哪怕是一个时期的全部潜在市场。我们称其为 m。并且，由于影响市场接受的因素很多——既有个人力量也有社会力量，市场接受很少呈现出整齐划一的情形：有些时期我们发现接受者很少，而在另外一些时期会出现很多新接受者。因此，当新客户加入进来的时间和数量不同的时候，我们如何能够继续利用客户终生价值模式来表示投放市场的创新产品的预期收益呢？答案非常简单：把这两种模式结合起来！让基本扩散模式和客户终生价值模式结合起来，互相补充。

仔细想来，把这两种模式结合起来的想法相当直观。我们回想一下：基本扩散模式让我们可以弄清楚创新产品的首次接受是如何发生的，有什么影响因素，以及随着时间推移是如何发展的。分析单位是接受者，我们需要追踪的是每一时期的新接受者数量。客户终生价值模式让我们可以测算争取到的每一个客户所带来的预期利润。二者之间的联系就在于：新接受者的接受时间可以被看作获得客户的时间！基本扩散模式告诉我们在每一时期有望得到多少客户，其基础是我们对于创新产品的接受方式了解多少；客户终生价值模式告诉我们从争取到的每一位客户那里有望得到多少利润，其基础是我们对于客户作为公司金融资产的行为方式了解多少。

图 2–5 形象地展示了我们所提出的这两种模式的"结合"。在图中，扩散曲线上的黑色圆点代表的是每一时期新接受者的数量。圆点所处位置越高，这一时期接受者数量就越多，这些人在接受时就成了被争取过来的客户，具有相关的终生价值，竖线代表的就是这种价值——线越长，每位争取过来的客户的终生价值就越大。

图 2–5 中还有一些需要注意的地方。第一，创新产品的新接受者在刚开始时通常数量较少，这与我们之前的理解一致，即发挥作用的是个人力量。之后接受者数量急剧增加，这符合我们的理解，即社会力量现在开始对接受产生滚雪球般的影响。然后在所有相关群体都接受了之后，扩散开始逐渐减少。第二，需要注意的是随着时间推移，代表客户终生价值的竖线通常会变得越来越短。这是因为 CLV 的评估时间是客户被争取过来的时间。但假如我们以产品投放时间作为观测点（图 2–5 中 t=0），那么获取客户的时刻可能出现在几个时期之后，这取决于接受产生的时间。为了能够用当前货币价值评估整体客户终生价值，唯一合理的办法就是利用标准折现原则。因此，接受产生的

时间越晚，需要包含进去的折现就越多。这会降低公司所得到客户的终生价值。当然，如果未来客户带来更大的利润幅度或通常具有更高的保留率，那么这就可以缓解折现造成的缩水影响。但如果这些因素一直保持不变，那就只能等着折现补偿，从而降低未来接受者的终生价值（就是用当前价值来计算）。

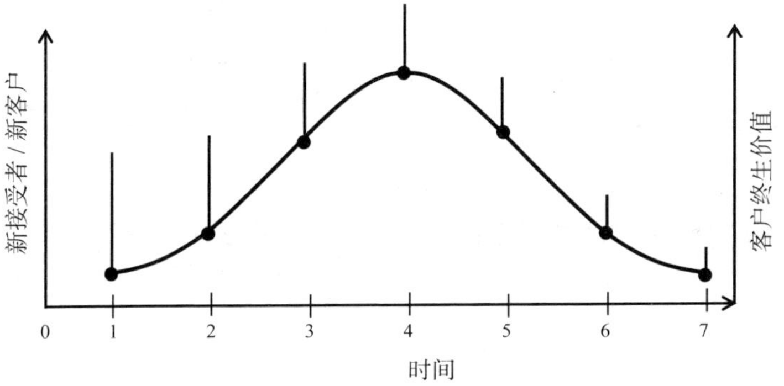

图 2-5　创新产品扩散和客户终生价值：两种模式的结合

简而言之，为了评估多重客户随着时间推移对于创新产品的接受，需要把这两种模式结合起来。步骤如下：

1. 获取基本扩散模式中每一时期预期的新客户数量。

2. 计算每一时期获得的客户的终生价值。由于此时处于客户获取阶段，我们使用未来客户终生价值模式。

3. 用一个时期内预期新客户的数量乘以这些客户的未来终生价值，得到的结果就是这一时期内所获得的全部客户的预期利润。

4. 利用恰当的数学项折现系数 $^{N-1}$ 对未来每一时期的预期利润进行折现。

5. 计算出相关时间区间内所有时期折现后的预期收益的总和。

通过这五个步骤得到的结果是什么呢？我们得到的是按照当前货币价值计算出来的向客户销售创新产品所获得的预期利润的总和，其可以被用来估算该创新产品对于公司的价值、计算出未来所有接受者在整个过程中的总价值，并且获得创新价值的数据。诸位，我们想要说的是：利用有关创新产品在市场中的扩散原则，将其同评估客户同公司长期关系的原则结合起来，得到的结果就是对于创新产品回报的预测。通过比较创新价值和需要付出的努力——研发费用，生产设备以及市场准备费用，我们就可以得到针对某种创新产品的有效投资回报预测。在本书附录里的第二个数学盒子中，我们提供了有关创新价值计算步骤的正式公式。

XM 卫星广播公司的创新价值：投资回报预测实例研究

下面，我们将利用上一章中提到的卫星广播的例子，阐述一下创新价值的基本概念。这样一来，我们就完成了对于促使我们写作本章的那些问题的回答——诸位一定还记得 XM 卫星广播公司投资者所提出的那些棘手的问题：他们何时才能有望看到自己投资带来的回报？

正如我们前面所解释的那样，创新价值的计算一共分为 5 个步骤。我们将利用相关卫星广播的投入（产品上市之时得到的数据）逐步进行分析。每一步获得的收益列在表 2–1 中。请注意，这种分析首先是从产品层面呈现的，我们随后会解释 XM 卫星广播公司获得的收益份额。

> 1. 产品上市后每一时期新客户的数量。对此，我们从上一章中已经有所了解。基本扩散模式的三个必要因素是个人力量、社会力量和市场潜力。对于卫星广播这个例子，我们预估的结果分别是 p=0.026、q=0.403、m=2 800 万（如有必要，参见上一章）。把这些数值代入公式，得到的结果就是每年预期新用户的数量。这就是表 2–1 中第二栏里面的人数。

表 2–1　卫星广播公司的创新价值

年份	新用户数量（千）	典型用户终生价值（PCLV，美元）	不同时期客户利润（千美元）	折现利润（千美元）
2001	728	177	128 856	128 856
2002	995	177	176 115	161 130
2003	1 335	177	236 295	197 794
2004	1 746	177	309 042	236 678
2005	2 207	177	390 639	273 713
2006	2 664	177	471 528	302 278
2007	3 028	177	535 956	314 346
2008	3 195	177	565 515	303 461
2009	3 084	177	545 868	267 995
2010	2 698	177	477 546	214 503
2011	2 137	177	378 249	155 445
2012	1 543	177	273 111	102 687
2013	1 033	177	182 841	62 897
2014	653	177	115 581	36 377
2015	397	177	70 269	20 234
创新价值				
5 年 =10 亿美元 7 年 =16 亿美元 10 年 =24 亿美元 15 年 =28 亿美元				

2. 每位新用户的未来终生价值。要计算出这一数值，我们需要掌握图 2–1 中列出的 4 个框架：每一时期利润幅度、保留率、折现系数和购置成本。我们将用 XM 卫星广播公司对于这些数值的预估值代表该领域其他公司的预期。

a. 每一时期利润幅度。XM 卫星广播公司曾针对卫星广播用户费用进行过产品投放前的市场调研，结果表明每月收取 10~12 美元可以实现最大化收益。保守地说，公司认真考虑过，每月 9.99 美元的费用可以使该服务更具吸引力，至少在早期是这样的。分析师进一步推测，对于那些愿意签署长期服务协议的客户，公司可能会给予优惠和折扣。为了做好预测工作，我们以平均用户费用，即每月 11 美元计算。这样一来，每位用户的年费就是 132 美元。我们需要从这笔费用中减去每位客户的服务成本。在卫星广播和有线电视市场中，其商业模式是按月收费，主要费用包括内容版权、设计规划、客户服务以及宣传费用。根据这一市场中的上报数据来看，每位客户每年的服务费用在 55 美元左右比较合理。这就意味着一个典型的卫星广播客户每年的利润幅度就是 132 美元 –55 美元 =77 美元。

b. 保留率。我们再说一次，像卫星广播这样的服务项目的保留率同有线电视（83% 的保留率）和手机服务（78% 的保留率）具有可比性。这种想法比较合理。我们是从上报的数据中得到这些服务项目的保留率的。对这两个结果取平均数，四舍五入后得到的保留率是 81%，损耗率是 19%。因而卫星广播用户的平均停留时长刚好有望超过 5 年。

c. 折现系数。这是一个新领域（新类型），因而我们必须寻找一种行业，从中借用相关的资本加权平均成本。以娱乐业为例比较恰当。取这一行业投放市场前 3 年的 WACC 的平均值（1998~2000 年分别是 9.37%、9.38% 和 9.21%），得到的结果是 9.3%——也就是说折现系数为 1.093。利用这一系数，我们可以计算出每一时期的客户终生价值是 77 美元 /（1.093 – 0.81）=272 美元。我们需要从这一数字中减去购置成本，得到的就是未来客户终生价值。

d. 购置成本。这一数字难以评估产品上市前的价值。无线服务供应商所担负的高额购置成本（大约为325美元）体现了该市场竞争的激烈程度。卫星广播的购置成本很可能有这样几种形式：几个月的免费服务（试用期）、招徕新用户的广告宣传、向价值链中各个主体提供补贴（无线电制造商、经销商、零售商）以及激励汽车制造商购买并在新车中安装无线接收机。XM卫星广播公司3~6个月免费试用期内的成本大约是每个争取过来客户20美元（以我们得到的服务成本计算出来的）；每生产和安装一台无线接收机的补贴和佣金在25美元至75美元之间，这取决于公司的竞争力；针对每位新用户的广告宣传费用大约在20~30美元。根据这些预测数据，每位接受者的购置成本在95美元左右。这是比较合理的预测，把公司寻找潜在客户的费用都考虑在内了。因此，未来客户终生价值=272美元 –95美元=177美元。

3. 用每一时期内预期新用户的数量乘以该时期内的未来客户终生价值预估值。此时基本扩散模式和客户终生价值模式就融合到了一起——参见表2–1中的第四栏。

4. 想要利用当前货币价值表示全部预期利润，我们需要再次使用折现系数1.093（正如大家还记得的那样，CLV是根据未来特定时期计算出来的。因此我们需要将这些利润“后置”，放到当前时期来计算）。比方说，要根据2001年的条件计算2002年的预期利润，我们需要用这些利润除以1.093；要根据2001年的条件计算2003年的预期利润，我们需要用这些利润除以1.093^2；以此类推。表2–1中最后一栏给出的就是每一时期的折现预期利润。

5. 现在我们可以将其整合起来。把预期时长中每一时期的折现利润加起来，得到的就是这一时长内卫星广播的创新价值。参见表 2–1 中最后四行。

请注意，基本扩散模式旨在提供行业层面上接受者的预测数据，也就是说，它不是关于某一创新产品的特定品牌，而是关于市场中该创新产品所有品牌的接受情况。只有某家公司推出新产品或服务项目，或者能够迅速控制市场（比如出于专利保护或市场准入限制等原因）时，表 2–1 计算出来的创新价值才能够运用到这家公司中去。

然而，假如其他公司也有望进入市场，那么我们就需要评估每个竞争对手可能吸引走的那些接受者数量。比方说，早在 XM 卫星广播公司于 2001 年秋天推出其服务之前，公司管理层就清楚早晚会面对竞争对手，因为联邦通信委员会（FCC）已经批准另外一家公司推出卫星广播服务。这个竞争者天狼星公司在 2002 年年初开始运作。XM 卫星广播公司无法完全确定自己将要面对的竞争程度，因为这取决于天狼星公司的广播内容、设计规划、收费价格、覆盖质量、营销投入以及其他事物。这就是说，由于联邦通信委员会批准双头垄断——两家公司可以长期独立发展且二者在提前公布的广播内容和融资数量方面相似，我们没有充足的理由断定市场划分会出现不均等的现象。即使有一方认为间接网络效应（比如如果一方的服务获得的用户较多，它就可以同汽车制造商或收音机制造商达成更有利的交易）或者规模效应（比如收音机销售得越多，生产成本或零售费用就越低）可能带来赢家通吃的局面，其在产品上市前也并不清楚哪家公司更占优势。无论从哪个方面来说，产品上市前两家公司平分接受者看起来较为合理，因此，以此作为初始值。根据这种预测，我们可以计算出 XM 卫星广播公司的创新价值，作为卫星广播行业创新价值的一部分。计算方法就是把表格 2–1 中折现利润栏里的数据打对折，结果就是表 2–2 中提供的数据。

表 2-2　XM 卫星广播公司的创新价值

（假设每一时期的接受者占所有接受者的 50%）

XM 卫星广播公司创新价值
5 年 =5 亿美元
7 年 =8 亿美元
10 年 =12 亿美元
15 年 =14 亿美元

假设 XM 卫星广播公司服务项目的启动和发展需要大约 10 亿美元资金，那么我们所进行的创新价值分析表明，正如我们在产品投放市场时所看到的那样，前期投资大约需要 10 年时间才能够“回本”。对有些投资人来说，10 年时间可能过长；而对另外一些投资人来说，或许 15 年后的投资回报值得等待。一些乐观者可能希望得到大于竞争对手天狼星公司的市场份额，得到更多的投资回报。本章所研究的综合框架至少提供了一种基础手段，用以评估 XM 卫星广播公司的当前净价值，其采用的方法基于创新产品在市场中稳健的接受方式和客户一旦接受新产品之后对公司的回馈方式。

在第 6 章中，我们将从品牌层面更广泛地讨论测算创新扩散和客户终生价值问题，探讨一些方法，把客户在竞争者之间的转移这一问题考虑进来。在第 6 章，我们还将讨论激烈的竞争形势——事实上在卫星广播行业中已经出现探讨竞争对手对于公司创新价值的影响程度的做法——在产品上市前没有哪家公司能充分意识到这一问题。但为了能够提供初步评估，并答复那些想要在产品上市前了解 XM 卫星广播公司资金回报的人，以 50% 的接受份额作为初始值或许是个不错的开端。

关于创新价值最后的一些想法

仔细想来，创新价值是一种有效的工具。新兴公司通常是主要以一种新产品或服务项目为基础进行市场预测的。对于这种公司来说，创新价值让人们了解到整个风险企业的价值所在。对于专注于发展的成熟公司来说，创新价值提供了一种方法，可以用于评估所有创新项目的可行性。

创新价值借鉴了过去 30 年间针对无数创新产品所做的大量扩散研究，以及针对多个行业内客户同公司之间错综复杂的关系所做的大量研究。它结合了这两种途径，指出创新产品扩散中的一个核心方面，“接受”可以被视作“客户获取点”——这是评估客户终生价值时的一个关键内容。

诸位可能会有所怀疑，这是因为考虑到大家首次接触到综合框架，我们做了一些合理的假设，以使我们可以专注于研究决定创新价值的基本要素。现在大家已经掌握了核心方法。在随后几章中，我们将研究几个与创新和客户管理有关的重要商业问题，并介绍解决问题的方法，整合基本扩散模式、客户终生价值模式以及把二者结合起来的创新价值框架。

在结束本章时，我们禁不住想要利用一个谜语来抓住本章呈现的核心内容。谜面是：把扩散模式和客户终生价值模式结合起来会得到什么？（谜底是：请看本书书名！）

要点回顾

• 对于大多数创新产品来说，每一次的首次接受都是从客户同公司关系开始的，在这种关系中，随着时间推移，接受者为公司创造利润。

• 客户创造的长期利润价值经过适当折现后被称作客户终生价值（CLV）。因此每一次接受都可以被比作同 CLV 相关的新客户的获取。

• 有四种要素影响着CLV：每一时期利润幅度（体现每一时期的收益和客户服务成本）、保留率（体现每一时期结束时客户继续同公司保留关系的可能性）、折现系数（体现货币的时间价值，可以根据当前价值条件计算收益和成本）以及购置成本（体现与争取客户相关的花费）。从客户终生价值中减去购置成本，得到的数值我们用未来客户终生价值表示，这样就把寻找潜在客户的花费计算进来了。

• 创新价值是对未来现金流量总数所做的金融评估——跨越客户和时间——同某种创新产品的扩散有关。在评估中，把每一时期的预期新客户数量（数量来自上一章讨论的扩散模式）同每一位新客户的预期终生价值（本章所探讨的）联系起来。适当折现所有未来预期客户终生价值，然后求出预期时长内的总和，得到的结果就是创新产品或服务项目的创新价值。

第3章

市场行为：通过营销活动提升创新价值

创新活动就像一株植物，需要不断关注。

——弗洛里安·菲赫特尔，世界银行

我们来思考一下下面甲和乙两位公司员工的对话：

甲：必须是250MB吗？

乙：我想500MB可能更好。

甲：好吧。容量限制应当是多少？

乙：我在考虑将其设定为8GB。说实话，你知道吗？我正在查看刚刚得到的一些实验结果。最好将其设定为16GB。

看到这些有关MB、GB和容量限制的对话，如果要你来猜测一下这些员工在公司的工作，你可能想说他们的工作是“硬件工程”，或者至少会说他们想要做的决定是关于他们正在设计的高科技产品的性能和规格的。不过这些猜测可能不对。这些对话有可能发生在经理之间，他们在讨论最近上市的数码产品的最佳营销手段。说得更具体一些，这些对话可能发生在Dropbox公司合伙人兼首席执行官德鲁·休斯顿和其管理团队中的另外一位成员之间，他们讨论的是向现有客户提供推荐奖励的计划，这样一来这些客户就有望在创新产品首秀之后带来新客户。

假如你对此并不熟悉，让我们来简单介绍一下。Dropbox 是一款文件存储应用程序，可以让其用户在他们的电脑和移动设备上创建特殊的文件夹，这一切都是同步的。这意味着，从用户角度来说，每个文件夹及其里面的内容都是一样的，无论使用哪一台电脑或设备，也无论他们最初是用哪台机器上传的，放在这些文件夹里的文件都可以通过公司控制的远程服务器自动备份，只要所用的这些设备同互联网连在一起。此外，用户可以同 Dropbox 的其他用户分享文件和整个文件夹，从而创建出一个公共空间的数据库：专业人士可以针对与工作相关的文件展开合作，学生可以共享与作业或团队项目有关的信息，学者可以就研究文件展开合作，家庭成员可以分享彼此喜欢的照片和视频。

据说休斯顿是在 2006 年年底产生了创建 Dropbox 的想法的。当时他正在等公共汽车，要从波士顿前往纽约市。他打算在 4~5 小时的旅程中用手提电脑继续程序设计工作，可是突然发现他把 USB 闪存盘忘在家里了，所有需要的材料都在盘里。于是休斯顿放下手上的工作，开始设计一种更方便、无缝的办法，解决信息存储问题。八年半之后，这种办法变成了一种流行的文件存储服务，用户超过 3 亿人。这种新型软件的开发与测试用了将近两年的时间，然后公司又经过数年努力营造巨大市场需求，最终开始盈利。这是从产品构思到创建品牌知名度的过程。这一过程并不容易，尤其在产品上市后的最初几年中，大部分消费者还相当谨慎，不愿意把自己珍贵的资料上传到一家“名不见经传”的新公司管理的“云存储”中。

培育发展创新活动

本章开始时引用的那句话把创新活动比作植物，这种比喻不大贴切。然而仔细想来，它也并非完全没有道理：同植物一样，创新活动通常始于一粒种子——这里说的种子是商业构想的种子。起初这种构想在研发机构秘密进行，就好像植物的种子被埋在黑暗的土壤中，远离公众视线；产品研发需要投入时间和资金，就好像需要给种子浇水、给土壤施肥一样；到后来时机成熟时，创新活动完成，准备投放市场，就好像植物准备破土而出、迎接世界一般。

然而，我们也十分清楚，刚刚发芽、尚未成熟开花的植物幼苗需要更多的关注与呵护，必须确保植物得到充足的光照，不断地浇水、除草，以保证其养分和生长空间不会被杂草抢走。对于创新活动来说，其中是否有什么事情是同植物这一生长阶段相类似的呢？

想要弄清楚把创新活动比作植物的比喻是否可以从研发阶段延伸到产品上市之后的阶段，我们有必要回顾一下前面章节中出现的扩散图表的形状（比如图 1-5）。那些一出现就没有“枯萎”的成功的创新产品看起来的确在上市后“茁壮成长”，这种成长不是字面意义上的成长，而是接受意义上的成长——这些创新产品的客户在增长。正如我们所知道的，在确保有更多客户、不断为之服务、不断满足他们的需求、不断从中获取收益的过程中，我们可以将其转变成——或者说得更大胆些——可以将其发展成巨额的创新价值。因此，产品上市后我们依然可以把创新活动比作植物。但对于植物来说，一味地袖手旁观、等待开花结果可能不是最明智的做法——你可能想做些事情，保证创新价值健康发展，实现商业机会的最大化。同样，从休斯顿在车站开始培育构想的种子，到为了让文档存储概念破土发芽进行艰苦的研发工作，再到为了发展客户群采取一系列行动，直至公司品尝到利润果实，Dropbox 公司的园丁们一刻也没有闲着。

在本章中，我们将重点讨论有关园丁故事的后半部分，研究采取不同行动的效果，这些行动都旨在提升客户对于创新产品的接受程度和延长持续使用的时间。我们还将进一步讨论哪些行动可以带来经济收益，哪些不能，并权衡利弊。为了达到这一目的，我们将把产品上市后的工作同我们已经讨论过的基本扩散模式和客户终生价值模式结合起来，这样一来可以随时理解创新价值的含义。我们还将探讨如何把这一切应用到Dropbox公司及其所面对的困境中去——包括甲乙二人对话中讨论的问题：应当向推荐朋友使用该产品的用户提供多少额外存储空间？免费存储空间的总数应当是多少？从许多方面来说，本章的主要内容是评估市场营销手段的利与弊。

持续关注：影响客户的获取、发展和保留

感知价值这一简单的概念是区分创新产品成功与否的核心概念。当客户感知到他们从某种创新产品中获取的净价值超过市场中的其他产品时，尽管在接受时还存在着各种障碍，他们也会选择接受它。感知价值也使得客户坚持付费使用创新产品。因此，开发创新产品的公司越是能够让人们认识到其产品价值并在面对竞争或变化无常的经济形势时维持人们对于产品优良品质的认识，该创新产品就越有可能在客户眼中具有长期价值。那么如何做到这一点呢？人们又是如何确保创新产品的感知价值持续维持在较高水平的呢？

简短的答案就是市场营销。这或许并不令人感到惊讶。这一简短的答案听起来好像不错，但其中所涉及的营销活动清单却比较长：广告宣传（通过电视、广播、杂志、广告牌以及网络等手段）、公共关系（PR）活动、植入性广告（通过电影、电视节目或网络视频）、免费样品、打折、返利、产品展销、街头巡展、社交媒体推介（脸书、推特、YouTube）、零售奖励、销售人员走访以及生产企业补贴。这些只是公司在延长创新产品生命周期的市场营销活动中的部分内容。因此，对于公司来说，翻来覆去地讨论“市场营销”这个词汇并无太大帮助，如果公司希望能够选择最佳营销手段，实现成功说服潜在客户的目的，

公司必须能够向他们提供有价值的产品，或者他们已经在使用这种产品，并且不会考虑投向竞争对手的怀抱。由于资源通常有限，公司希望能够尽可能高效地完成说服工作。

想要弄清楚是否采用某种具体营销策略，第一步需要掌握公司打算在客户—创新产品—公司关系的哪个阶段实施影响。其中存在着一种风险，那就是可能过于简化事实上相当复杂的关系。因此有必要把这种关系分解成3个主要的客户管理阶段：客户获取阶段、客户发展阶段和客户保留阶段。第一个客户获取阶段指的是把潜在客户吸引过来。这是从潜在客户到实际客户的转变。第二个客户发展阶段指的是在产品上市后对于客户的管理工作。客户从创新产品和公司投入中获益，而公司从客户那里获取货币价值。第三个客户保留阶段指的是尽可能长时间地留住有利可图的客户。正如图3-1所示，这三个阶段互相促进，每一个都可以成为市场营销活动的重点。

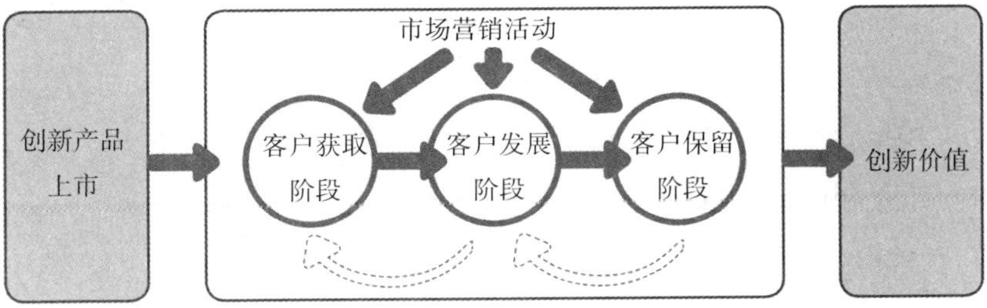

图3-1　市场营销活动的影响：从创新产品上市到创新价值

创新产品一经面世，有效的市场营销活动就开始提供养分、浇水、提供光照。这将帮助创新产品实现其预期，让它可以开花结果，带来价值。正确的市场营销活动可以推动客户跨越各个关系阶段，为公司带来更多价值。好消息是，所有这些考量同扩散模式和客户终生价值模式的“花盆”非常吻合。

影响客户的获取

对于获取客户阶段中客户—创新产品—公司的关系，我们没有什么太多要说的。在没有获取客户之前，我们事实上没有服务对象，也没有保留对象，从根本上说也没有人能带来创新价值。这或许就说明了为什么要投入较多精力设计市场启动计划，从而创建、发展客户群。

正如我们在上一章所介绍的那样，客户获取阶段与创新价值中的接受阶段关系紧密。客户获取是扩散曲线的构成要素。我们还进一步明确指出，公司常常采取行动来促进产品接受，并阐述了由此产生的费用是如何被看作客户终生价值分析中的购置成本要素的一部分的。虽然我们确认了这些行动的目标，但从没有真正解释过如何把客户获取工作的预期影响融入接受过程中。我们介绍了如何把“负面因素”（成本）计算在内，却没有涉及“正面因素”（对接受产生的影响）。

要想矫正这种不平衡现象，我们可以回顾一下在研究基本扩散模式时，归纳出的影响创新产品发展轨迹的三种关键因素：个人力量，社会力量和整个（或长期）市场潜力。因此，假如采用某种特定的市场营销行为，意在增加客户获取数量，那么问题就来了。这三种扩散因素中的哪一种会受到这种行为的影响？如何受到影响？

或许举个例子有助于阐述这一问题。当像索尼公司这样的企业推出一款新型电子游戏机时，比如 PS3 和更新的 PS4，公司生产成本在刚开始时通常相当高。事实上，在 2006 年的时候，索尼公司在 PS3 中安装了许多科技“精品”，比如全新的 IBM 处理器（被称作“Cell”）、蓝光影碟机还应用了先进的无线技术。因此，行业分析师预测，每台 PS3 在早期批量生产的成本超过 800 美元。大家可以想象，索尼公司肯定至少会把产品价格定那么高，这样就不至于亏本销售。但这样做最符合公司利益吗？定价低一点是否更好——也就是说，降低硬件（游戏机）价格就可以从软件（索尼公司从游戏版权中获得版税）中赚钱？此外，在游戏机的生命周期内，定价的困境肯定会反复出现。随着时间推移，生产成本会降低，这主要体现在生产过程中产量的提升和技术的改进上。所有这些都使零件成本大幅降低，为降价创造了机会。的确，行业分析师经过对之前 6 代游戏机的分析，后知后觉地预测说，产品上市 3 年内，每台 PS3 的生产成本将降低超过 65%，降到每台 300 美元左右。这样索尼公司就可以不断降低游戏机价格，甚至有时可以从销售中获利。索尼公司的竞争对手微软公司（Xbox 360 游戏机）和任天堂公司（Wii 游戏机）在生产中也存在类似的规模经济效益。因此当其中一家降低其价位时，其他厂家也被迫做出回应。

索尼公司在考虑自己希望卖出多少台游戏机的时候（这些数量将转变成公司获取的客户数量），它应当如何考虑 PS3 上市时的定价策略呢？此外，索尼公司应当事先考虑，随着生产成本的降低，公司对产品的定价是否应当比竞争对手的定价低很多呢？

事实上，索尼公司需要评估的是，从中长期来看，因降价而导致的游戏机短期亏损是否能够通过从游戏版权和附属产品中获得的收益得到补偿？从客户获取的角度来看，有几种因素发挥作用：一种是价格变动是否刺激接受增多，另一种是价格变动是否刺激接受加速。基本扩散模式可以应对这两种影响。在我们这里，“接受增多”意味着更大的市场潜力（也就是参数 m 的值更大），而“接受加速”意味着驱动接受的个人力量和（或）社会力量在增加（也就是参数 p 和 / 或者 q 的值更大）。

举例来说，根据以往几代游戏机的销售和调整经验，我们对美国境内游戏机扩散参数做出如下的初步评估：市场潜力 m=1.1 亿，个人力量 p=0.02，社会力量 q=0.3。现在假设有份市场调查研究表明，相对于 Xbox 360 售价 400 美元、Wii 售价 250 美元，如果 PS3 上市定价为 800 美元，那么它有望占据所有销售产品 10% 左右的份额。该研究进一步指出，起步定价每降低 100 美元，而其他公司定价保持不变，那就有可能使得索尼公司 PS3 游戏机在相应时期内的接受者份额增加 5%。此外，由于生产成本有望下降，假如 3 种游戏机都降价，那么此类产品的市场潜力很可能会增加，因为之前根本没有想过购买游戏机的人们现在可能又感兴趣了。此类变化也能提升那些有意购买游戏机但必须攒钱才能买得起的人的接受速度。所有游戏机都降价 10% 大致能带来 2.5% 的市场扩张效应和 10% 的提速效果。

对索尼公司来说，把这些研究结果和假设融入针对价格变化进行的销量评估中根本不是什么难事——换句话说，可以评估每一时期公司所获得的新客户数量。它可以应用基本扩散模式，并以基线参数（m=1.1 亿，p=0.02，q=0.3，市场份额 =10%）计算。市场潜力每年增加 2.5%，个人力量参数每年增加 10%（这反映的是所有游戏机预期降价带来的影响）。之后索尼公司可以运用一系列的假设分析，把自家游戏机的几种初始定价代入，比如 700 美元、600 美元和 500 美元，结合相应的市场份额——15%、20% 和 25%，看一下 PS3 的客户群会受到什么影响。如果索尼公司考虑在某一年把价格下调超过 10%，那么它应当设想那一年公司的市场份额会有相应更大程度的增加。

尽管对游戏机制造商来说，下调上市价格无疑是一种选择，但索尼公司及其同类公司或许会考虑其他市场营销活动，比如在黄金时间的电视节目——像《生活大爆炸》或直播的全美橄榄球联赛——中打广告。此类市场营销活动对接受会产生什么影响呢？

决定难，难决定。许多关于客户行为的研究，尤其是有关创新产品客户行为的研究表明，接受少有一蹴而就的，尤其是当我们讨论的商品价格不菲的时候。消费者在购买新产品或订购新的服务项目的时候，通常会经历几个阶段才能做出决定。一般第一个是认识阶段，人们得知某种新事物的存在；要想被接受，接下来就是感兴趣阶段，人们的好奇心或购买欲望被撩拨起来，想要搜集信息、了解更多；随后个人或组织（也可能是接受新事物的商业团体）可能会经历一个仔细评估的阶段，看一下该创新产品同其他值得考虑的产品（当前正用来解决问题或满足需要的产品）相比，是否物有所值。如果到目前为止一切正常，那么潜在客户或许想要尝试一下创新产品，在公司里试用一下，或者到零售店亲自感受一下。如果截止到此刻一切正常，试用也没有出现问题，那么潜在购买者就获得了信心，最终决定接受创新产品。“漏斗型”结构适用于这一决定过程：开始时有大量认识创新产品的人，然后在每个阶段人数逐渐减少。到了最后的接受阶段，剩下的是那些认为创新产品可以给他们带来足够感知净价值的人。

现在让我们回到在《生活大爆炸》这样的电视节目播出期间为新型游戏机做广告这件事中去。普遍看法是，这种做法非常有利于抓住游戏机的目标市场。在节目播出期间，人们可以在黄金时间的节目中看到这则广告，这会影响到5个决定步骤当中的任何一个——从认识到接受。显然，广告可以告诉观众创新产品的存在，让人们认识它（“新游戏机诞生了！”）。或者，如果广告很精彩，它还可以让那些已经认识了新产品的人产生兴趣（“你可以用新游戏机做这么多炫酷之事！请看这些游戏者多么快乐！”）。我们可以想象得到，这些效果能够让那些本无意购买新产品的人参与进来，增加市场潜力。如果广告可以传递出细节，让人们知道拥有该创新产品的体验以及该产品的独特之处（“无与伦比的高速处理器，全新的蓝光影碟机，给你带来前所未有的游戏体验和高品质的视听盛宴！”），那么它就有可能影响人们的评估和购买欲望，让人们想要尝试这种产品。这通常会“加速”接受漏斗的进程。就像价格打折一样，广告可以影响市场潜力指数m（人们对产品的认识和兴趣增加）或者个人力量指数p（已经认识新产品，但受广告影响想要尝试一下并认真予以考虑）。在此，我们将这些扩散影响置于接受漏斗的框架之下：当那些原本不会进入漏斗的人受到影响时，受到影响的是m；当那些可能进入漏斗并迅速达到最后阶段的人受到影响时，受到影响的是p；当那些本来有可能进入漏斗，并以同样速度向前发展的人受到影响转而选择其他产品时，受到影响的是市场份额比例。

基本扩散模式中代表社会力量的参数q会受到什么影响呢？是否有某种市场营销活动能够影响客户的获取呢？当然有。在足够多的客户接受新产品之后，公司可能会向现有客户提供奖励，让他们推荐新客户。公司还可以改进产品使用方法，鼓励客户把自己的朋友介绍过来。例如，游戏机制造商制作或改进含有社交因素的游戏（比如多个玩家一起玩的游戏）。广告宣传也具有多种社会影响力。首先，如果广告本身具有“传染性”——原因在于其娱乐内容就是如此，人们愿意同他人进行交流，或者通过电子产品进行分享——那么公司就可以间接地让更多人认识新产品，并参与其中。其次，广告可以促使人们更主动地评估创新产品，获取更多信息，从已经接受新产品的那些人那里寻求建议。最后，公司可以公布产品社会影响的“总和”，以此证明创新产品的魅力。比方说，公布已经接受新产品的客户人数（辉瑞制药公司在2000年年底就是这样做的。它在广告中呼吁患有勃起功能障碍的男人们“加入数百万男人中去”，这些人已经向他们的医生咨询过“伟哥”这种壮阳药）。公司还可能公布客户调查结果（雪佛兰公司在2013年就是这样做的。它在广告中推销其插电式混动汽车沃蓝达，宣称该车获得的用户满意率最高）。

事实上，区分广告所具有的各种社会影响十分重要。第一种影响——人们口口相传，分享广告内容——同之前的接受并不一定有关联，因为尚未接受者也可能被广告所吸引，希望其他人也看到这则广告，却无意购买广告宣传的产品。因此，广告所具有的这种社会影响事实上是，更多的人了解了广告，使产品能够比在其他宣传方式下（比如，被动地收看电视）获得更加广泛的知名度。因此主要受到影响的是市场潜力因素（m）。而其他方面的影响——让其他人接受创新产品的网络优势、促使尚未接受者从当前用户那里寻求建议的广告、了解客户群体的规模和用户满意度同之前接受者的数量有关，因而有可能通过社会力量参数（q）影响未来接受的比例或速度。

有一种分析同对广告所做的分析类似，适用于旨在获取客户的其他市场营销手段——无论是在销售上所做的努力，向零售商提供奖励、借此推广和展销新产品，直接发邮件，还是通过脸书做广告，其主要想法都是弄清楚接受过程中决定的哪个阶段受到影响，基本扩散模式中的哪个方面应当根据市场营销活动的结果进行调整。

表 3–1 展示的是在行业层面上客户获取所受到影响的程度。其中，基本扩散模式中的每个因素都发生 20% 的变化，而其他另外两个因素保持不变。正如表 3–1 所示，产品上市 10 年后，由于个人力量的提升，获取的客户数量增加了大约 11%；由于社会力量的提升，获取的客户数量增加了 18%；由于市场潜力的提升，获取的客户数量增加了 20%。有一点比较有意思，值得注意：个人力量的增加导致早期客户获取速度加快，但在第 8 年，客户群体规模被更大的社会力量赶超——这种现象符合这样的观点：每当接受者群体发生重大变化时（这需要时间），社会力量以及社会力量的任何提升变化都首先会被感受到。

表 3–1　市场营销活动对于客户获取的影响：电子游戏机行业接受者总人数（单位：百万）

上市年数	基本情况	市场潜力（m）提升 20%	个人力量（p）提升 20%	社会力量（q）提升 20%
1	2.2	2.6	2.6	2.2
2	5.0	6.0	6.0	5.1
3	8.5	10.2	10.2	9.0
4	12.9	15.5	15.4	14.0
5	18.3	21.9	21.6	20.3
6	24.7	29.6	28.9	28.1
7	32.2	38.6	37.3	37.2
8	40.5	48.6	46.4	47.5
9	49.6	59.5	56.0	58.5
10	59.0	70.8	65.5	69.4

注：基线参数：m=1.1 亿，p=0.02，q=0.3

在计算表 3–1 中的客户获取数量时，我们假设在每一时期内，要么是产品上市时采取的市场营销活动对扩散参数产生长期影响，要么是营销工作中的努力长期保持不变。否则，更合适的做法或许是根据营销活动持续时间改变相关的扩散参数，并且在活动结束时恢复到之前的水平。

还有一点需要指出：在解释某种已经在市场中推广了一段时间的创新产品的实际接受数据时，人们已经“发现”了自产品上市之日起所有的市场营销活动带来的影响。如果人们使用这些数据来预测基本扩散模式参数，那么 m、p 和 q 的预估值实际上应当体现所研究时段内这些参数的“平均值”，并且把影响这些数值的所有市场营销活动包括在内。

通常说来，发展客户群是件好事，这一点毫无疑问。大家可以看一下表 3–1 中第 10 年的统计结果。假设这是你的投资期限，如果让你做出选择，看一下你到底支持在哪方面“提升 20%”，那么你的选择排序可能是：市场潜力，社会力量，最后是个人力量。但是，其中可能至少有两个问题会让你犹豫不决。首先，虽然我们假设所有情况下的影响程度都是相同的（即参数值都提升 20%），但我们丝毫没有谈及扩散因素中增加的这 20% 需要担负的费用问题——换句话说，相关的购置成本是多少？其次，虽然到第 10 年获得的客户数量证明了选择排序的正确，但在这一过程中影响接受的两种力量出现了“交叉矛盾”的现象：最初个人力量较大，起主导作用，但最终社会力量变得更强，左右着所获得的客户群的规模。这种时间上的差异值得深思，因为早期赚到的钱比后期赚到的更多的钱价值更高。

在给电子游戏机定价时遇到的难题同类似的警告相关：游戏机打折，你就会损失金钱，尤其是对那些本来可以接受更高价格的人来说。但你可以获得更多客户，他们能够通过购买游戏和附属产品为公司带来长期受益。因此，理解市场营销干预对于获取客户（接受）的正面影响还是不够的，因为还应当考虑其他与利润相关的可能出现的负面影响。同生活中其他事物一样，一种市场营销活动是否比另外一种活动（或者比不作为）更有意义，归根结底是要弄清楚其中的利弊平衡。大家可能明白了我们通过这些讨论所要总结出的观点：想要评估不同市场营销活动的可行性，我们需要利用创新价值框架。

权衡，权衡，再权衡。为了更仔细地探讨刚刚提到的利弊平衡问题，我们再次回到前面提到的 XM 卫星广播公司的例子中去（第 1 章和第 2 章提到过）。假设在准备推出这一期盼已久的服务项目时，XM 卫星广播公司负责市场营销的副总裁突然“焦虑”：他意识到产品上市之时，只有极少数车辆提前安装了接收器，可以对从外太空发射来的卫星信号进行解码。并且，即使有些车辆在预装选择中提供此类无线电接收器，但市场中购买新车的客户数量也十分有限。因此，从所有实用目的考虑，在产品上市后的最初几年，那些有望获得这种新型广播服务的人中的大多数只能前往“后续市场”——到电子产品商店或者汽车配件零售店购买一台接收器，安装到他们现有的车辆上。

在开始阶段，XM 卫星广播公司就决定不参与到制造无线电接收器中，而是专门提供服务：信号转播（通过卫星）和提供播放内容。像阿尔派（Alpine）和先锋（Pioneer）这样的电子公司负责处理接收器或硬件生产问题。消费电子市场是个高额利润驱动的行业，利益链条中的每一方，主要是制造商和大型商店的零售商，都希望从其售价中分得一杯羹，通常利润率为 30%~35%。因此，假如制造一台接收器的成本为 135 美元左右，那么制造商卖给零售商的价格大约是 200 美元，而零售商卖给消费者的价格大约在 300 美元。这种标价是否会阻止消费者接受此项服务呢？高清的信号接收品质和精彩的广播内容令人满意，但现在要求人们预付 300 美元，外加每月至少 10 美元的使用费去购买之前一直免费的服务，这样做是否会构成极大的障碍呢？对于想要让客户尽快签署服务协议的销售经理来说，这的确很让人焦虑。

XM 卫星广播公司的管理层可能不希望冒险，或者至少希望能够减少风险，让消费者看到 XM 卫星广播公司零售价格低得多的接收器。的确，市场调查表明，当接收器定价为 200 美元而不是 300 美元的时候，愿意考虑卫星广播服务的客户数量大幅上升——事实上增加幅度超过 25%。降低消费者购买产品“定价”的方法有几种，其中最直接但代价也最高的办法是把零售价定为 300 美元，然后向消费者返利 100 美元。此类活动会让公司的购置成本增加 100 美元。另外一种间接但相当便宜的办法是向生产厂家提供大约 45 美元的补贴。这样一来，由于制造商和买主之间的利润分配方式，可以把最终的零售价降低 100 美元。XM 卫星广播公司决定考虑一下后一种市场营销方式。

对无线电接收器进行补贴可以扩大市场需求。这种预期的正面影响是以市场调查为基础的，更是以简单而传统的经济学理论为基础的。尽管如此，从投资回报角度来看，我们还是搞不清楚这种市场营销策略是否正确。谨慎的财务总监很可能会对此举提出疑问：“很多客户原本可以签订服务协议、高价购买接收器，但如果我们仅仅为了多吸引一些被折扣所打动的客户而进行补贴，这样做岂不是白白损失了 45 美元？”财务总监说得有些道理。假如预期获取客户的开销是 40~50 美元（比如花费在广告和 90 天免费试用上的开销），那么财务总监就会格外谨慎，不会轻易批准其他获取客户的开销。

显然，这里需要进行权衡评估。要想弄清楚补贴带来的正面影响，负责市场营销的副总裁可以运用基本扩散模式，根据市场调查结果（在其他模式参数保持不变的情况下，客户数量增加 25%），把市场潜力定为 3 150 万，而不是 2 500 万。然后画出实施补贴和不实施补贴的渐增扩散曲线，如图 3–2 所示。这样可以帮助我们清楚地看到补贴对于客户获取产生的长期影响。

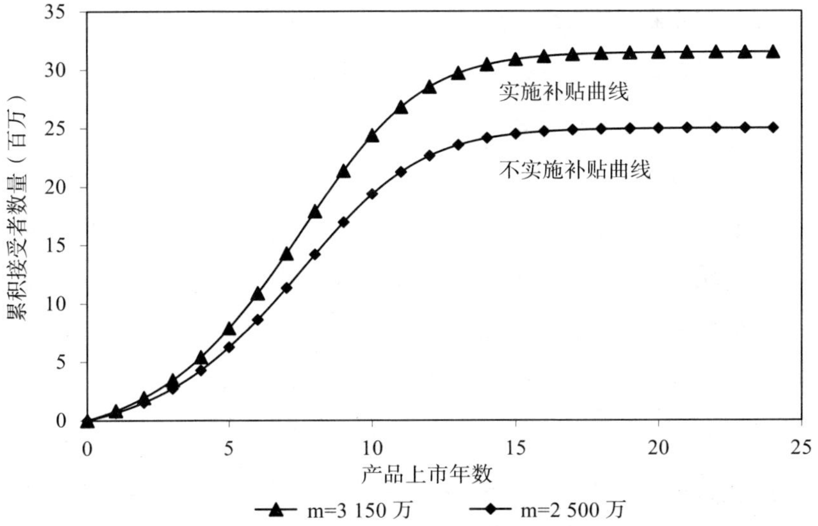

图 3-2　45 美元的生产补贴对卫星广播扩散的影响

图中值得注意的一点是，市场潜力的增加需要时间才能完全实现，不可能一夜之间新增 650 万名接受者。事实上，刚开始的时候，这两条曲线几乎重合，只是略有不同。这很能说明问题。如果市场潜力较大，那么每一时期都会有更多的可能会接受该产品的潜在客户。然而，开始的时候，由于个人力量相对不强（p=0.026），较大的市场潜力也表现平平。但随着接受者的增加，社会力量在较大市场潜力作用下成倍增加，开始发挥作用，两条曲线之间的差异变得越来越明显。

从财务角度来看，这些数据的意义不应被夸大。这种市场营销活动（通过补贴带来更低的零售价格）可以让 XM 卫星广播公司逐渐获得更多客户。但如果根据当前的财务情况来评估这种活动的货币意义，则关键问题在于获取这些客户最短需要多长时间。因此，财务总监依然有理由怀疑实施补贴的想法。幸运的是，创新价值框架有助于裁决这一问题。它可以根据获取更多客户的时间以及计算增加的购置成本，合理解释货币的时间价值（通过折现率）。如此说来，如果把这个例子中的所有因素融合到一起，我们能得到什么结论呢？根据第 2 章所列出的评估创新价值的步骤，采用20年的时长，我们得到的结论是：不实施补贴，将获利15.684亿美元；实施补贴，将获利15.756亿美元——两者相差720万美元。

因此，是否应当实施补贴一目了然，毋庸赘述它对创新价值带来的最终影响。对于期望价值超过10亿美元的创新产品来说，带来的收益低于1 000万的所有市场营销活动都可能被视作化整误差。也就是说，那条更高的扩散曲线看起来比低的那条更有吸引力。如果在实施过程中不会牺牲当前利润的净价值，那么没有道理不采取行动。事实上XM卫星广播公司在早期也采取了类似的补贴行动。

在我们对无线电接收器补贴所做的评估中，有几件事值得注意。首先，我们假设XM卫星广播公司会按计划继续采取其他所有市场营销手段。然而，假如补贴能够替代其他一些营销手段，比如减少在电视广告上的花费，同时还能够增加市场潜力，那么预测结果就更有利了。比方说，假如包括补贴在内的购置成本总和降到85美元（而不是我们在前一章中所说的95美元），那么创新价值的差异就接近1亿美元，这是相当诱人的。其次，为了简化分析，我们私自假设竞争对手天狼星公司也会照着我们的方法去做，把接收器的零售价降到200美元。这样一来我们就可以继续假设这两家公司在行业内的新接受者市场份额是各50%。如果情况不是这样，XM卫星广播公司就不但有可能增加蛋糕比例（也就是整个行业的市场潜力），而且极有可能增加其收益比例。

影响客户的开发

特大喜讯！有人接受你的创新产品了！他们现在肯定是你的扩散曲线中的一部分了。这表明至少有一部分人认为你推向市场的产品具有不菲的价值，也表明你争取客户的努力取得了成效。这当然是值得庆祝的幸福时刻。

接下来怎么办呢？如果事情按计划发展，客户群体继续增长，那么你就可以为公司创造价值——换句话说，你就可以从接受者那里赚钱。但此刻是否就可以高枕无忧、坐享其成呢？你和你的上司或者股东可能会想，是否可以采取行动以确保（有可能的话增加）从已经争取到的客户那里获得的利润。

公司所采取的从现有客户那里获取利润的活动通常被称作客户开发工作，其目的是想方设法增加客户消费，也就是让他们在接受产品后继续花钱消费。办法之一是开发与创新产品相关的附加产品或服务项目，并说服客户为这些附加项目掏腰包。例如，公司可以提供基础服务，让大部分新客户参与进来。比方说，提供有线电视节目，其中只包括一小部分大众感兴趣的频道。然后提供价格更高的高端服务，其中包括一些高质量节目，比如优秀影片和体育频道电视节目。通过向客户“增售”高端产品和服务，公司可以增加从每位已经争取到的客户那里获得的利润。

或者，如果公司能够提供其他一些产品或服务，并让创新产品的接受者也购买其中一些，那这就是另外一种获取额外利润的途径。例如，如果苹果公司能够让满意 iPad 的客户购买苹果电脑 Mac（Macintosh）而不是装配微软 Windows 系统的电脑（PC），那就会出现直接的“交叉销售”利润。如果索尼公司能够让其游戏机用户在游戏机使用周期内购买更多游戏，那就可以从版税中获益，出现间接的“交叉销售”利润。

发展客户的另外一种办法是进一步完善展示和宣传工作，向世人传递创新产品的价值。如果这项工作做得好的话，那么即使价格提升（或者不再提供试用的低价位），客户也依然愿意购买。例如，一家医疗设备公司一直向医院和诊所提供较大折扣的产品，目的是鼓励它们接受其产品。该公司可以进一步展开研究，证明其办法的效果和长期安全性，让公司可以收取全价并且不会影响市场需求。事实上，在医疗行业中，为显示新药品或新设备的优势，将其同现有药品或设备进行效果对比的直接研究的做法正变得越来越普遍。这些研究常常有助于证明收取更高费用是合理的，并且应当由医疗单位买单。

我们还可以降低客服成本，最大限度地从已有客户那里获取利润，保持正常的收入来源。在这种情况下，客户的腰包没有受到影响，受到影响的只有打开腰包的方式。例如，公司可以裁减客服中心的服务人员数量，减少销售代表数量，无须派遣那么多人向医生介绍药品使用方法，因为医生们已经掌握了处方规定。或者，公司可以减少零售商的产品上架奖励，这样公司就可以节省大量资金。

产品被接受时，盈利并没有停止。客户发展概念对于我们介绍的创新价值理论体系来说并不陌生。为什么这么说呢？大家可能还记得，客户终生价值模式中的一个主要框架是每一时期利润幅度。这一数值的计算是从某一时期客户总收益中减去对于该客户的服务成本——在每一时期内创造该收益所付出的成本，其中包括所有生产成本、服务成本以及市场营销成本。

在有些情况下，公司可能无须做得太多，每一时期利润幅度有望随着时间推移而自动增加。如果生产成本下降的速度快于公司降价的速度，这种情况就可能发生。在电子游戏机行业，硬件成本下降很快，游戏机生产厂家从产品上市的第三年就可以做到不盈不亏，或者开始盈利。如果客户在接受创新产品时选择的是价格便宜、功能有限的产品，但后来随着他们对于创新产品价值的理解和经验的积累，转而使用价格更高的“高端产品”，这样一来每一时期的客户利润也可能增加。美国手机行业就是这种消费态势的典型例子。许多早期用户把手机视作“紧急情况下才使用的”产品——只有在需要马上联系又没有座机的情况下才使用，或者在需要向有关方面通报严重问题或事故时才使用。但消费者很快发现，手机可以让他们同那些忙碌的朋友和家人实时通话，甚至是闲聊侃大山，这让他们非常高兴，于是很快就改变计划，愿意付出更高成本，进行无限制通话。

在企业对企业的电子商务模式（B2B）中，也能看到客户每一时期利润增加的例子。例如，许多企业的软件解决方案都建立在"软件即服务"（software as a service，通常简写成"SaaS"）的模式基础上。在这一模式中，客户并不购买软件本身，而是定期（按月或按年）付费，从而获得系统使用权。该系统通常存储在远程服务器中。客户可能首先让其下属的某个单位或部分员工使用该系统并按期付费。假如该软件在小范围内使用效果不错，那么该客户可能会在全公司推广使用。

然而，在通常情况下，想要增加每一时期从客户那里获取的利润，需要付出努力，制订计划，或者改变商业模式。客户常常需要提醒才能意识到"增售"或者"交叉销售"。即使他们意识到之后，说服、鼓动他们购买也是有所裨益的。这些活动包括个性化工作（电话营销和销售代表走访）、以人口统计或以往购买行为为基础的分段目标市场选择（直邮广告或短信）以及综合性工作（在类似美国国家美式足球联盟年度冠军赛"超级碗"期间采用的广告宣传活动）。

将这些客户发展方面的内容融入创新价值理论体系就意味着调整每一时期利润幅度。具体说来就是，这意味着评估对于收益和每位客户服务成本的预期影响。这看起来相当简单，却需要仔细处理，尤其是关于服务成本方面的内容。公司需要担负的与客服相关的费用是一次性的还是持续性的非常重要。例如，假如广告宣传活动的目的是提升客户对于交叉销售机会的认识，那么我们只需要把当年产生的费用包括在内即可；假如涉及的是更高的生产成本或每次升级产品的费用，那么我们需要将其列为每一时期持续花费的一部分。在实际操作中，通常是把这两种费用结合起来。

无须反复讨论之前提出的有关客户获取的问题，单就客户发展工作是否能够提升创新价值来说，这就再次成为一个权衡利弊问题。每一时期利润幅度至少应当有所上升。但是，假如当前需要担负的费用过高，而收益却遥遥无期，那就不可能出现积极的投资回报。

让事情变得略微复杂的（或更有趣的，这取决于你的看法）是公司有时候愿意采取行动，承担现有客户收益减少的冲击，寄希望于从未来获取的客户那里得到回报。免费（软件）的例子或许能够帮助我们了解这种策略，并清楚地说明到目前为止我们所讨论的有关客户获取和客户发展的主题。

以 Dropbox 为例来讨论免费软件领域的客户发展。最近几年，商业领域一个比较有趣的发展趋势是出现了越来越多的向客户免费提供的软件——千真万确：客户无须支付任何费用就可以得到并使用产品。这通常被称作“免费软件”。这种普遍存在的现象令人震惊。许多被广泛使用的软件产品或服务在过去大约 10 年左右的时间上市，开始时都是免费提供给消费者的。像谷歌、网络电话 Skype、脸书、YouTube、领英（LinkedIn）以及愤怒的小鸟只是这个领域的那份长长的名单中的一部分。据几家专门从事信息工程和数字化行业研究的公司说，在 2012~2014 年，苹果软件商店和谷歌软件商店中超过 2/3 的智能手机新软件都是免费提供的。

虽然免费提供商品的行为属于高尚的社会事业的一部分，但几乎没有提供免费软件的企业将提供无偿服务活动视为他们自己的人生使命。绝大多数企业都希望能够获利，或者希望能表现出具备获利的潜力，这样某家更大的公司才可能收购他们。这就是这些新兴公司所面临的挑战：在客户免费使用期间如何让投资人或股东相信你的盈利能力？答案在于使用之后的客户发展。下面是一些常见的方法，免费软件公司经常采用这些方法发展客户，创造收益：

- 免费增值。在这种收益模式中，公司允许你完全免费使用的软件功能有所限制，或者无法“完整下载”其所有可用功能或模块。免费版本的软件提供了机会，可以让你享用该产品的某些好处，但公司也提供了具有额外功能或者扩展功能的高级版本软件给愿意使用它们的用户。公司想方设法引导尽量多的客户升级或购买高级版本软件。比方说，Skype公司让你可以同使用网络电话的其他用户通过网络进行语音或即时信息交流。但该公司也允许你通过自己的网络电话账户与座机和手机用户通话，只是后一种服务需要付费（事实上你需要提前付费购买通话时长）。

• 广告宣传。在这种收益模式中，该产品或服务项目的所有内容通常都是免费向客户提供的，没有保留任何高级产品。但广告商却是需要付费的一方，而他们也愿意付费，目的是得到客户的关注。因此，所有希望能够接触到免费客户的公司必须向免费软件提供商付款，这样才能在其平台上做广告。尽管这种广告驱动的商业模式已经存在了多年，大家自然会想到广播电视，但在数字电脑领域依然十分流行，理由很充分：在数字电脑环境下所能收集到的有关用户的海量信息——他们所浏览的网页（甚至产品）或者他们朋友圈内还有哪些人——都为广告商提供了更多实时的、一对一的针对目标。在很多情况下，这种模式的目的就是持续“吸引”客户，这样他们就希望广泛地利用这种服务，长时间停留在该网站，或者反复运行这款软件，如此一来就增加了他们成为广告目标的机会。使用这种模式的典型例子是在线社交网站脸书。任何人都可以加入脸书，可以无限使用，并不需支付一分钱。2015年年初，其每天活跃用户的数量接近10亿，每天浏览该网站的时间长达数小时。这就难怪许多公司迫切想要在脸书网站的网页上投放广告了。

• 提供服务。有些软件产品相当复杂，其中所嵌入的特点和功能并不能被所有客户直接利用。在这些情况下，软件公司可以针对客户需求，收取额外服务费用，从而带来收益，或许对于在商业用户中创造利润的产品来说尤其如此，红帽公司就是这样一个例子。该企业研发开源软件，比如红帽 Linux 企业版，许多个人和企业可以免费使用。其中许多企业用户对这款软件的免费版本和研发人员制作的后续升级版本非常满意，但他们希望订购产品定制服务，或者客户支持服务，这样一来就无须担心在该软件上运行公司的关键任务程序。红帽公司欣然同意提供此类额外服务——当然是收费服务。

- 应用内购买。在有些情况下，使用免费软件的用户希望可以提升他们的体验，或者希望能够在虚拟环境中表达自己的想法。免费软件公司可以提供这样的机会，使用设计精巧的数字化“产品”提升软件基本功能，并收取费用。这些产品可以包括特殊人物（或虚拟形象）、在虚拟环境中能发挥特殊作用的救援包、独特的手机铃声等。这种做法在网络游戏和手机软件供应商中间变得相当普遍。2012 年，《连线》杂志报道，在苹果音乐软件商店游戏专柜中收入最高的 50 款软件里，只有 3 款不支持应用内购买。2014 年，电子市场分析指出，92% 的免费软件提供应用内购买机会。

我们已经做出推测：降低创新产品的价格有可能对扩散参数产生积极影响。随着创新产品价格降低，肯定会有越来越多的人愿意购买，这常常会缩短从认识产品到接受产品的时间。但再怎么便宜也不可能免费。因此，执行免费软件的战略决定还是很有道理的：它可以提高客户获取数量，从而强化我们之前的观点。但要想影响创新价值公式中的另外一部分内容，也就是从已经获取的客户那里赚钱这一方面，我们能做些什么呢？假如你是一家免费软件公司，你很快就会发现自己需要做出大量有关发展客户的市场营销决策。

Dropbox 就是这样一家公司，它所面临的这种“获取客户还是发展客户”的困境十分突出，对此我们在本章开头部分曾描述过。正如我们所提到的，Dropbox 提供的是存储服务，用户可以备份文件，并且通过电脑设备可以将其同步处理。用户还可以同其他用户（家人、朋友以及同事）分享文件和文档。事实上，本书的三位作者就是通过 Dropbox 分享了同《创新的价值》这本书有关的所有文件。

值得注意的是，Dropbox 这种公共或合作的价值定位——在用户间分享文件的能力，可以让公司形成强大的推动力，鼓励客户尽早接受该产品。这不仅仅是以往的接受者通过口口相传的形式带来更多的未来接受者——尽管也存在这种现象，它还包含更多内容：当某人认识的人也加入进来的时候，为每个用户所创造的价值可能也会增加，这就是我们在第 1 章里所说的网络效果。Dropbox 既可以提供个人价值，让用户能够随时随地找到并同步其文件，也可以提供社会价值，让网络内的用户分享数字化文件。然而，假如人们无法让其朋友或同事加入进来，那么这种网络优势就不复存在。

Dropbox 提供的免费注册（在其普通用户版本上使用）帮助消除了接受障碍，让人们几乎毫不犹豫地加入进来。但公司也预料到许多障碍。比如，有人担心重要文件在远程存储和传递的过程中可能会丢失、毁坏，或者被新建公司中“看不见的手”所盗用；有人会要求消费者应当自己负责把软件安装在每台设备上（事实证明，对有些人来说，这是“极易产生争执的地方”）；对许多人来说，寻找其他存储方法替代 USB 闪存盘并不像公司创始人所认为的那样特别有必要。

从这种“零付款”的注册活动中到底可以得到什么呢？ Dropbox 公司会给你一个账户，存储空间为 2Gb。但是“购买者”要注意：每一个文件都计算在存储容量之内——既包括只能由你自己浏览和处理的文档中的文件，也包括共享文档中的文件。如果你被这种服务吸引住了，不断向个人文档添加文件，并同意与朋友分享文档，那该怎么办呢？此时，你就会开始增加存储空间，因为 2Gb 的空间无法满足你最初对于存储自由的需要。如果你想通过筛选文档、删除文件来获取空间，那你请便。但如果处理的是分享文档的话，这样做可能会带来协调方面的麻烦（因为你可能需要提前同朋友或合作者沟通）。但假如这一做法太过烦琐或恼人，你可能会询问增加存储空间的问题。正常情况下，你可能会希望免费增值的提供商这样回答："想要更多空间？没问题，请注册高端服务，并开始支付。"的确，Dropbox 公司也是这样做的。然而，公司还提供给你另外一种方法来解决存储空间问题：你可以推荐新人使用这种服务。或者，就像 Dropbox 在其网站上宣传的那样："把这种关爱传递给您的朋友、家人和同事。"每推荐一位新人，你就可以得到 500MB 的额外空间——这比你开始时的空间要多 1/4，为此你也免费得到了某些高端服务。

通过推荐新人的做法，Dropbox 公司看起来愿意进一步牺牲从现有客户那里得到的收益，目的是获得更多的客户。这种用升级免费增值服务换取被推荐人的做法实际上在一方面增加了创新产品的扩散，另一方面减少了客户终生价值。我们来看一下创新价值理论体系如何帮助评估这种折中方案中的经济可取性。

人们认为基础服务既具有个人价值，也具有社会价值，并且是免费的。这就意味着一开始我们可以期望相对较高的基本扩散模式参数。为了阐述清楚，我们假设整个行业中的长期全球市场潜力（m）大约是 25 亿名用户，扩散率的参数个人力量（p）和社会力量（q）分别是 0.02 和 0.4（这些数值同相关创新产品的扩散参数是一致的，比如互联网存取设备的参数是：p=0.014~0.03，q=0.35~0.6）。我们以行业预测数据为基础，把 Dropbox 在行业初期的份额定为全球长期潜在用户总数的 24%。该公司的推荐用户策略同行业内其他大多数公司都不一样，那些公司都没有提供这么大的奖励力度。鉴于这种情况，我们把 Dropbox 公司的基本扩散模式当作一个独立单位，其中 m=6 亿。我们还假设市场营销推荐计划把该公司基本扩散率的参数都提升了 25%。

这看起来是合理的：500MB 的空间体现了从注册时起，基本容量增加了 25%，而最近的一项研究发现，Dropbox 公司 27% 的用户是通过推荐加入进来的。在采用这些参数获取客户的累积模式下，我们可以顺理成章地发现 Dropbox 公司接受者的实际数量，这一数量同公布的数据相符。2010 年 1 月，公司拥有 400 万名用户。到 2011 年 4 月，这一数量增加到了 2 500 万；到 2012 年 5 月，用户数量增加到 5 000 万；到 2012 年 11 月，用户数量增加到 1 亿；到 2013 年 11 月，用户数量增加到 2 亿；到 2014 年 5 月，用户数量增加到 3 亿；到 2015 年 6 月，用户数量增加到 4 亿。

从客户终生价值来看，很显然 Dropbox 公司需要一些用户不再免费使用，而是为额外的存储空间付费。为了达到这一目的，公司限制了你可以免费使用的存储空间的总量。公司专门规定，即使你人脉资源丰富，通过一封邮件就能够招来上千人注册，但你最多也只能推荐 32 位朋友，获得 16GB 的额外存储空间。近期关于增值服务的数据表明，大约 20% 的被推荐人接受邀请，这就意味着平均需要发出 160 份邀请才有可能达到免费存储上限。当然，18GB（最初的 2GB 加上从被推荐人那里得到的 16GB）的空间听起来足够大了。然而，还有另外一个更隐蔽的方面需要考虑。你加的朋友、家人和同事的数量越多，就越有可能更快地消耗掉存储空间。每增加一名被推荐人，就会增加你同这些新人分享更多文件的可能。随着网络数量的增加，上传到共享文档的文件数量也会增加。你推荐的朋友可能会邀请他们的朋友加入进来，而这些人也可能向你分享的文档上传文件。因此，你要注意了：通过推荐得到的额外 500MB 空间内可能会出现许多附件。这样一来，通过推荐得到的全部免费空间或许无法减少你升级的需求，这跟你最初的想法并不一样。

从有关升级行为的统计数据来看，有些预测数据把每年升级成为高级付费客户的人员比例设定为 1%，这是比较保守的预测。而更为积极的预测数据为 1.5%。这听起来好像人数不多，除非我们处理的数据涉及上亿名用户，这样一来即使是每个百分点中的 1/10 也会数量惊人。为了表述方便，我们可以做个合理假设：假如没有推荐奖励，你只能有 2Gb 空间，除非你升级，那么客户转换率为 1.25%。通过推荐奖励可以增加空间容量，但转换率会下降到 1%。Dropbox 为个人用户提供的高端服务项目（名字叫“Dropbox Pro”）提供的存储空间为 1Tb（也就是 1 000Gb，这是从 2014 年中期的 100Gb 增加至此的），这一额外空间每月的费用为 10 美元（事实上是“9.99 美元”）。如果你按年缴费，可以得到 17% 的折扣（只需支付 99 美元）。我们假设那些成为公司客户的人当中大约一半选择这种折扣，每年从每位付费客户那里得到的平均收益是 110 美元。Dropbox 公司每年对每位付费客户的服务成本估计在 20 美元到 30 美元之间。这样公司从付费客户那里得到的每一时期的平均利润幅度就是 85 美元。我们把高端客户的保留率设定为 82.5%，这是根据其他远程存储服务商报告的数据做出的。最后一点，合理的折现系数应当是 7.5%，其中考虑到了相关时期的资本成本因素。最终我们可以很容易计算出 Dropbox 公司付费客户的终生价值是 340 美元（采用第 2 章中的公式 2–9）。

如果检查一下我们在第 2 章中列出的计算创新价值的清单，就可以发现我们掌握了评估推荐奖励计划可行性所需要的全部要素。从产品上市开始，如果持续时间为 10 年，我们可以得到如下的比较结果：假如 Dropbox 公司当初不采取推荐奖励措施，扩散速度会较慢，但升级付费客户的人数会增加，创新价值是 44.8 亿美元；采取推荐奖励措施，扩散速度更快，发展更强劲，尽管升级付费客户的数量不会增加太多，但创新价值是 49.4 亿美元——增加了 10%！最终的评估结论是：Dropbox 公司的战略应当是正确的。事实上，我们还可以得出一种结论：如果扩散效果一直不错，并且升级付费用户的数量可观、持续上升，那我们可以提供更大的免费存储空间。

让这一分析变得更具说服力的是，Dropbox 公司当初还在其他客户获取战略上投入巨大。比如在谷歌上打广告，但结果证明成本太高，而实际接受产品的人却太少。后来，公司一反许多行业观察家的直觉，转而依靠推荐奖励计划。如今，这一计划成为公司获取客户的主要渠道。Dropbox 的创始人兼首席执行官德鲁·休斯顿说过这样一段话："把握增值产品比较困难，除非你能够创造一种有效的客户获取手段。如果你把你的免费用户成本视作市场营销预算，那么情况就会变得更合理。" Dropbox 公司没有采取预先投资的传统营销策略，而是把自己已经获得的客户当作客户获取机制，以此招徕新客户。虽然需要为延缓的客户发展付出代价，但我们所进行的创新价值分析似乎证明了这种策略的正确性。

事实上，如果回到图 3–1 中，看一下本章开头阐述公司产品上市之后工作的示意图，我们就可以发现 Dropbox 公司的策略跟我们的想法一致，包含了从客户发展到客户获取的"反向循环"箭头。尽管客户发展通常处于收获昔日劳动成果的阶段，但它也可以成为为了将来的收获而播撒种子的工作的组成部分。

影响客户保留率

到了客户、创新产品、公司三者之间关系的这个阶段，事情应当按部就班地发展：新客户不断加入，市场潜力尚未枯竭，同时现有客户依然带来收益，并经常帮助得到新客户。正如我们所看到的，公司可以做许多事情来强化推进这些工作，这样就可以从创新产品中获取最大价值。当然，在评估最合理的市场营销方案时，也要鼓励采取折中方案。毕竟，通过这些营销方案获利才是这场游戏的根本。

然而，有些事情能够破坏这场游戏，或者至少能够造成障碍：如果公司千辛万苦争取到了客户，并且一直小心翼翼地培养着，希望他们能成为稳定的收益来源，但他们却决定离开——换句话说，他们抛弃了该创新产品。对此我们不应感到十分意外，因为我们在分析时已经考虑了残酷的损耗率，分析了保留率——这一数字（小于 1）表示的是客户在下一时期继续使用该产品的可能性。但是，你或许会问公司可以采取什么行动来影响保留率。虽然几乎不可能让所有消费者都成为“常青树”，终其一生都坚持使用某种创新产品，但公司如何能够提升保留率，并采取措施阻止客户经历短短几个时期就抛弃产品呢？

要想从更深的层次探讨这一问题，我们首先需要了解客户终止同公司的关系所带来的风险，以及客户选择离开的时机的重要性。

个体的力量。我们一直在使用 XM 卫星广播公司的例子，在这个例子中，我们假设保留率是 0.81。这就意味着有 19% 的客户可能会在下一时期终止订购这种服务。结合其他一些数据（服务收益、服务成本以及折现率），我们得到 XM 卫星广播公司的平均客户终生价值是 272 美元（如果大家需要回顾一下我们是如何得到这一数据的，请参见第 2 章）。

有几种原因可能会导致用户考虑终止这一服务项目。一种原因可能与个人环境的变化有关。我们以假想出来的客户道格为例。此人报名订购了卫星广播服务。当时他跟妻子和两个孩子住在洛杉矶郊区的一所大房子里。而他的工作地点恰巧位于市中心，这使得他上班路上至少需要一小时，甚至经常一小时都不够，这要看交通状况。当时对道格来说，卫星广播可以说是天赐之物：他可以在上班路上听听有意思的脱口秀节目；心情不错时听听 20 世纪 80 年代的音乐（那是他最喜欢的时期），偶尔也会听某些重金属音乐，这让他可以回忆起昔日的时光，当年上大学时他曾跟几个好友一起玩过电吉他；下班路上他经常收听道奇队比赛的直播，或者干脆随便听点儿经典摇滚音乐。他太喜欢这种感觉了，可以在需要的时候听到自己想要的节目，并且没有广告干扰。几年之后，道格的孩子长大离家，于是他跟妻子决定离市中心近一些，在那儿打发空巢时光。现在道格距离上班地点非常近，他很快意识到自己几乎不听广播了。尽管这让他感到不爽，但找不到继续花钱订购的理由，于是取消了 XM 卫星广播公司的服务。

其他终止使用创新产品的原因可能同对产品的认识有关，认为获得的价值太低。任何时候，只要人们认为新产品或新服务项目的价值不足以让他们继续掏钱，那他们就会转身离开。下面我们思考一下斯泰西的情况。此人也是我们假想出来的客户，他住在曼哈顿。作为几个机构的志愿者，斯泰西每周有大量的时间都在驾车穿行市区，给有需要的人运送食物，把老年人送到医院接受治疗，帮助家庭困难的孩子完成功课。斯泰西还是一个雷盖音乐迷。当地没有一家免费频道专门播放此类音乐，更别说提供关于流行乐队的评论和节目了。因此，当听说新的广播服务项目有 100 多个频道，其中一个频道专门播放雷盖音乐时，斯泰西很快成为第一批接受者。然而，其中有一件事她没有预见到：服务质量问题。卫星广播可以在开阔空间提供超高音质，并且接收不受干扰——在这种地区信号传播不受干扰。但在人口密集地区，街道狭窄，高楼林立（“城市峡谷”），比如曼哈顿，信号质量在整个市区都不稳定。斯泰西经常能听到背景噪声，且信号经常中断——这些干扰可不是她当初接受此项服务的初衷。在此类城区，需要被称作“地面中继器”的地面转播台来接收卫星信号，然后使用更大功率进行二次转播。在产品上市时，XM 卫星广播公司只在美国全境 75 座城市中建立了 800 个这样的中继器，这对斯泰西来说显然不够。一年之后，她没有看到质量方面的明显改善，于是取消了这项服务。

对于道格个人生活中发生的巨大变化，XM 卫星广播公司是无能为力的，也必须接受卫星广播无法继续给他提供足够价值的事实。然而，XM 卫星广播公司或许本可以阻止斯泰西的离开。假如在服务开始运行的最初几个月里，公司投入更大努力，更好地理解城市峡谷中信号接收的质量问题，并安装更多中继器，那么斯泰西或许会更满意自己的体验。任何客户关系管理领域的人都会告诉你，满意度能提升忠诚度，忠诚度可以转化成保留率。这样一来斯泰西就不会取消服务了。

我们再回到折中方案上去：建立更多的地面中继器就相当于要付出更多的成本，而XM卫星广播公司在最初几年里或许想在其他领域投资，比如签下知名的节目主持人，同著名的体育联盟签下独家转播协议，保证更多的汽车制造商将XM卫星广播公司的收音机作为标配，等等。任何直接投资于提升保留率的活动都取决于投资回报——让客户尽可能长时间地同公司保持关系。如何解释这种现象呢？

解释这一问题有个不同的方法，即逆向思维：如果留不住客户，那么公司会损失多少？这一问题的答案乍一看好像一目了然。如果我们把一个接受者从客户群中去掉，从那一刻起我们就损失了该客户每一时期的利润。的确如此。但是，公司所取得的价值不仅仅取决于从客户身上直接得到的收益。现有客户能够对公司的创新价值做出另外一种重要的贡献。我们已经理解了扩散模式的工作原理，因此我们应当十分清楚，客户对于创新价值的贡献还在于他们形成的社会力量可以影响市场潜在客户群体中那些有希望的接受者。已经争取过来的客户在增加扩散方面发挥着重要作用。比方说，每当有人同朋友一起开车收听XM卫星广播公司的卫星广播时，或者每当用户同他人谈论这项服务时，都有可能加速产品接受。但是，一旦终止订购这一服务，该客户所引发的社会影响也有可能终止，这样就会延缓产品的扩散过程，也就是说，有些人成为XM卫星广播公司客户的时间会延后而不是提前。此外，由于折现率这一因素的存在（时间就是金钱！），创新价值也会由于这种延后而受到不良影响。当然，更为糟糕的是，假如之前客户的不满情绪导致他对卫星广播服务“恶言相向”，就会产生消极的社会力量，进一步延缓产品扩散，甚至造成市场潜力萎缩。

因此，对公司来说，失去一名客户会产生两种消极经济后果或损失：“直接损失”源自丧失的未来每一时段的客户利润，“间接损失”

源自未来客户获取变得迟缓。创新价值方面的直接损失可以通过计算已经获取客户在他离开时的终生价值进行评估，而创新价值方面的间接损失可以通过客户离开那一年持续的预期扩散规模来计算，但由于一个人的离开，累积的接受者数量出现减少，因而影响到未来接受者的数量，原因在于基本扩散模式中的社会力量。随后每一时期客户减少，导致创新价值减少，其减少数量可以使用第 2 章介绍的理论体系进行评估。

图 3–3 显示的是 XM 卫星广播公司的服务项目上市一年后、两年后、三年后，由于某个客户取消服务，公司所遭受的两种利润损失——每一点反映的是客户离开时进行评估所得到的创新价值的相应变化。如图 3–3 所示，直接损失对客户损耗的变化并不敏感，但间接损失却很敏感。尤其是后一种损失随着时间推移逐渐减少：最初间接损失高达直接损失的 41%，但到了第 10 年的时候缩减到 2% 左右。

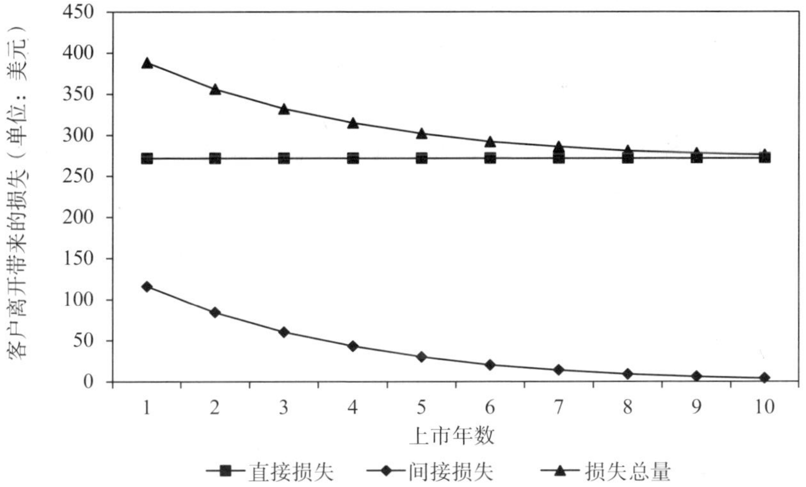

图 3–3　在客户离开的不同时间段内 XM 卫星广播公司遭受的损失 *

* 以客户离开时创新价值的变化为计算手段

因此，假如我们假想的客户斯泰西在产品生命周期节点处离开，那么她所造成的社会力量数值就相当具有威胁性。公司在产品上市的最初阶段由于无法挽留她而遭受的损失总量（直接损失和间接损失之和）对 XM 卫星广播公司来说是沉重打击。假如许多跟她一样的人由于不满卫星广播的音质和接收问题而选择离开，那么就有必要投资兴建更多的信号中继器，增加信号覆盖范围。

客户离开的时机绝不是卫星广播服务所独有的问题。事实上，对一些创新产品来说，同直接损失相比，人们发现在最初几年内间接损失造成的代价更高一些。换句话说，公司可能损失更多资金，因为选择离开的客户不再产生社会影响力，无法促进产品未来扩散，而他们也不再向公司缴纳服务费用。

我们还要思考一下为什么产品上市初期每个客户产生的社会力量如此重要。在这一时间段内，创新产品扩散的从众效应开始出现，以往的接受者可以影响尚未接受者，让他们也加入进来。当足够多的客户加入进来之后，就会出现接受者快速增加的现象，这主要来自社会力量的“自我反哺”。然而，要达到接受者快速增加阶段需要时间，并且在初期，能帮助引发社会力量进程的客户数量相对较少，因而每一个客户都非常重要。即使损失几个客户都可能延缓来自未来客户的收益。这种延缓会导致巨大的资金流失，因为相当多的一部分人会在许久之后才接受，而不是早早接受该产品。这样一来，他们对于创新价值的贡献（他们的客户终生价值）就会大打折扣。在之后的几章里（尤其是在第 6 章、第 9 章以及相关的数学盒子里），我们将介绍如何拓展基本扩散模式，详细解释客户损耗对社会影响力造成的消极影响。

不要终止同 Dropbox 公司的关系。我们在影响客户获取的那一部分中提到，提供较低的起步价以及折扣可以促进客户对于产品的接受。但是，公司采取的增加客户获取率的让步做法可能会解决某个问题但同时会产生另外一个问题。为什么这么说呢？假如某个人并不确定自己是否真的需要某种新产品或服务。如果价格很高，他可能会选择放弃购买，认为这笔花费（其数量是确定的）同带来的好处（其数量是不确定的）相比风险太大。然而如果价格很低，那么心理上的测算很可能会发生逆转，该创新产品值得冒险一买，即使对那些一开始持怀疑态度的人来说也是如此。一旦接受了产品，并且获得了用户体验，不确定的问题就解决了。对有些人来说，创新产品"恰到好处"，继续使用和缴费不成问题。但对另外一些人来说，该创新产品显然没太大用处，以正常价格购买或者即使是以较低价格购买都没有意义。于是他们就会终止使用该产品。因此，看似有些自相矛盾的是，在客户管理过程中，公司一方面想要促进客户对产品的接受，但另一方面却导致更大的客户损耗。这种折中方案是否有价值，取决于公司提供的价格折扣幅度以及吸引客户的时长，能否让这些忠诚度不高的用户保留下来。

类似的折中方案也可以出现在客户发展工作和客户保留工作之间。要想看清楚它是如何出现的，我们再回到 Dropbox 公司的例子中。我们在前面探讨这个例子时介绍了如何评估向现有客户提供推荐奖励做法的可行性。这种折中方案是这样的：额外的存储空间有可能提高通过社会影响力获取新客户的速度，但有可能延缓现有免费客户向高端付费客户的转变。因而对客户发展产生消极影响。

除了推荐奖励计划之外，Dropbox 公司可以采取其他行动来影响客户管理工作。比方说，把额外存储的月费从 10 美元降低到 7.5 美元。这样一来平均每位付费用户的客户终生价值变成了 230 美元。假设公司进行过市场调研，得出的结论是从免费的基本服务向高端的付费服务的转换率将因此上升 1.5%，并且不大会影响到客户获取和产品扩散参数，因为大部分加入进来的人最初都没有考虑过高端付费服务。如果付费客户的保留率维持在 82.5%，那么在当前这种价格体系下，10 年的创新价值将达到 41.4 亿美元——这几乎同更高月费的创新价值是一样的。降低来自每位付费客户的利润基本上平衡了转向高端收费服务的转换率。然而，假如保留率降低，原因是相当一部分换成高端收费服务的人后来发现自己其实并不需要这么大的存储空间，因而又变身为免费用户，那么这种价格变更就是失策之举。客户发展和客户保留也是密不可分的。

总结我们所做的隐喻

无论是要欣赏植物之美，还是享受植物的果实，从培育的植物中收获成果需要艰苦的工作和持续的关注。同样，要想让创新产品带来尽可能丰厚的商业利润，我们不能仅停留在产品研发阶段，而是需要在产品上市之后不断进行投入，通过这些活动最大限度地影响产品扩散和客户终生价值。但正如我们所看到的那样，这里隐藏着一些折中方案。我们需要处理好这些折中方案，弄清楚客户获取、客户发展和客户保留这些不同阶段之间的关系。这是成功的关键。

要点回顾

- 市场营销工作对市场潜力、扩散速度以及客户终生价值都有影响，从而影响创新价值。
- 市场营销活动对于客户终生价值的影响可以发生在客户管理三个阶段中的任何时期：客户获取（增加新客户）、客户发展（从现有客户那里增加利润）以及客户保留（影响现有客户，让他们长时间同公司保持关系）。
- 采取市场营销活动时通常需要客户管理中的折中方案。比方说，降低价格能够帮助提高客户获取数量，但对客户发展产生消极影响。创新价值理论体系提供了分析这些折中方案的方法。

• 创新价值理论体系也可以帮助我们理解失去客户（损耗）对于长远盈利能力的多重影响，尤其当这种损耗出现在新产品或服务项目生命周期的初期时。

第4章

客户群体差异：鞍状曲线及多派别扩散模式

爱丽丝有些腼腆地说："我可以告诉你我的冒险经历——从今天早上说起，但没有必要从昨天说起，因为那时候我还不是现在的我。"

——刘易斯·卡罗尔，《爱丽丝漫游奇境》

"电动汽车"这一术语包括所有使用车载电源或非车载电源的车辆。电源被储存在蓄电池中，要么将其作为主要燃料，就像全电动汽车，需要从外部充电；要么将其作为二级燃料，以提高汽油行驶里程数，就像油电混合动力汽车，在车辆刹车时可以内部充电。有些车型采用多种能源，可以进行有限的外部充电，就像插电式混合动力汽车。从2000年开始到2016年，最畅销的电动汽车是油电混合动力汽车。

如果你是电动汽车行业的电池供应商，你肯定会紧跟这些车辆的扩散模式，因为你的利润将与车辆的被接受程度一同起伏变化。松下电动车能源公司（Panasonic EV Energy Company，后来更名为"Primearth电动车能源株式会社"，以下简称"Primearth"公司）也不例外。Primearth公司为丰田公司所有混合动力汽车制造高压牵引用蓄电池，同时也为本田公司和通用公司的一些混合动力车型制造蓄电池。在即将进入2008年的时候，该公司有充分的理由感到乐观。因为当时的混合动力汽车自上市之后在美国的销量急剧增长——从 2000 年的不到 10 000 辆激增到 2007 年的 352 000 辆左右。

但是 2008 年的销量让人失望：当年的车辆销售额第一次出现低于上一年的情况。或许这只是次意外挫折，是原本充满希望的扩散道路上的一个小坎坷。遗憾的是，三年之后情况变得更加糟糕。混合动力汽车的销量每年持续下降，2011 年销量降至 266 000 辆左右（当年全电动汽车和插电式混合动力汽车的销量加在一起还不到 17 500 辆）。形势看起来不容客观。在即将进入 2012 年的时候，Primearth 公司的管理层有充分的理由感到困惑，甚至担忧。

销量下滑的原因是什么呢？首先，整个汽车行业在我们讨论的那个时间段内遭遇销售疲软，这是不争的事实，主要原因在于全球经济衰退。但是在 2007 年至 2011 年期间，电动汽车销售份额在整个新车销量中下降超过 30%。因此，尽管整个行业的下滑可能是导致电动车销量减少的原因，但混合动力汽车销量下降的主要原因还是解释不清。其次，在这一时期内，油价起伏较大，在不到 6 个月的时间内达到了 10 年内最高价格和最低价格。然而，在 2008 年至 2011 年的大部分时间内，油价都远远高于长期平均价格，并且有上升趋势。因此，我们不能认为较低的油价阻碍了消费者购买油电混合动力汽车。再次，我们不能认为电动车市场已经耗光了全部接受者。美国每年新轿车的平均销量为 1 200 万辆，因此，2007 年混合动力汽车 352 000 辆的销售顶峰看起来根本没有达到汽车市场一半的销售潜力。

最后，还有一点值得我们深思。在第 1 章，我们曾提到创新产品的接受速度通常会加快，直到达到大约一半的市场潜力，此时速度开始降低，随后每一时期新接受者数量会越来越少。确实，知名产品的扩散方式，比如图 4-1 中所显示的便携式 CD 播放器，看起来符合这种模式。播放器的销售数量一直在增加，到 2000 年达到顶峰，增长速度也最快。从那之后开始持续下滑。这种扩散过程形成一种“S”型曲线，表示创新产品随着时间推移所累积的市场渗透程度。我们在图4-2中所看到的就是挪威无线电话用户的累积数量。

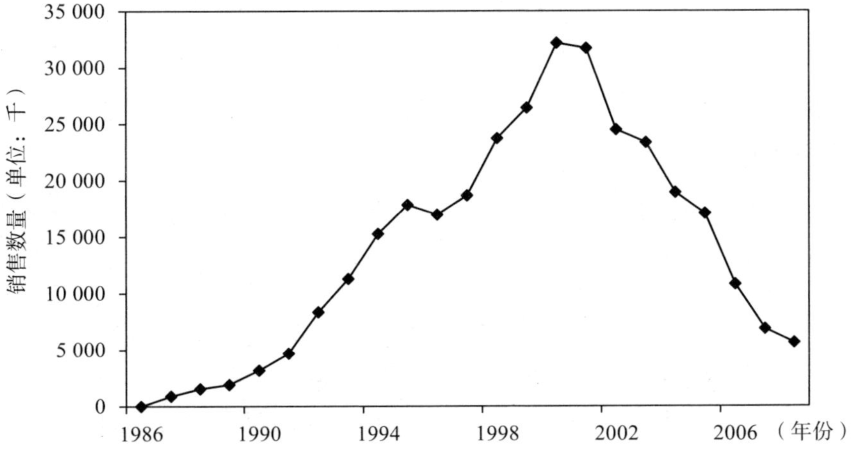

图 4-1　便携式 CD 播放器在美国的销售数量

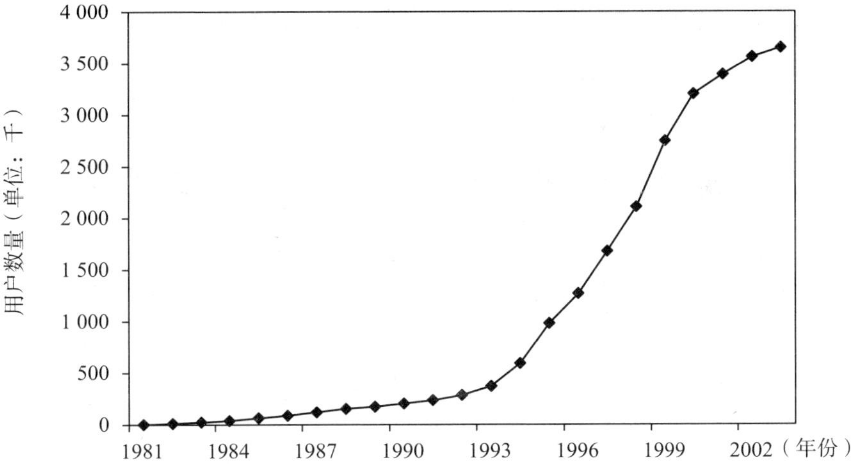

图 4-2　挪威无线电话用户的累积数量

为什么产品销量在达到顶峰之前会持续增长？有人根据扩散过程的本质以及发展方式给出了一种直观解释。简单说来就是：以往的接受者越多，意味着对尚未接受者产生的社会影响力和压力就越大。随着每一时期获得的客户数量的增多，社会力量就变得越来越强大，使得更多人接受创新产品。然而，一旦获得了市场潜力的半数，那么时刻准备接受创新产品的那些尚未接受者群体就变得小于接受者群体，能够受到影响的人数也开始减少。这样一来，最终增长率就开始下滑。之后的销售受制于还有多少人可以转化成接受者，销售数量在达到最大市场渗透程度之后开始下滑。

图 4–2 清楚地显示了无线电话服务扩散的最终命运。在 20 世纪 90 年代末，当渗透程度超过 150 万名用户时，新接受的速度开始降低。等到了 2003 年，挪威的用户数量大约是 370 万，而总人口数量是 450 万，此时尚未开发的市场潜力已经很小了，因而几乎不再有新接受者出现。图 4–1 中，在 2008 年，便携式 CD 播放器的销售数量不及几年前顶峰时期销量的 18%，市场潜力几乎耗尽，而当时新一代便携式音乐设备（MP3 播放器）开始受到关注。

考虑到这些曲线以及它们同基本扩散模式的关系，你会开始思考：油电混合动力汽车以及电动汽车行业中是否存在着某种本质上的“错误”？假如它们的长远市场潜力远远高于 70 万辆，也就是说，2007 年出现的 352 000 辆的销售顶峰还不到相关接受总量的半数，那为什么连续 4 年销量下滑呢？销量是否还会继续下滑，直到最后销量为零呢？Primearth 公司的人们当然不希望如此。

两个顶峰和一个短暂的下降构成了扩散鞍状曲线

在第 1 章中，我们用了相当多的时间解释了这样一种情况：总的来说，每一时期的新的接受都是两种过程长期相互交织的结果：要么是某人自己“得到它”，决定接受创新产品，不是因为受到他人影响；要么是由于受到他人影响而“得到它”，即社会影响力让尚未接受者“恍然大悟”，折服于创新产品的魅力。现在你或许还没有仔细考虑过这一问题。但当我们注意到基本扩散模式中这两种影响接受的力量时，我们假设所有潜在接受者——事实上是所有可能获得的客户，同样都容易受到这两种力量的影响。说得更准确些，其中一种参数表示个人力量（p），一种参数表示社会力量（q）。

“影响接受的单一参数力量”看起来好像是一种可行的建模方法，可以在客户数量不确定的情况下，尽可能地简化对于创新产品扩散的预测。它还可以进一步体现与各种接受途径相关的全部群体的平均值，因而能够提供合理的预测。这些推论或许有效，只要我们使用由影响接受的单一参数力量构建的基本扩散模式，并且能够合理使用实际数据。的确，对于CD播放器、文字处理器、手机以及许多其他创新产品来说，我们可以看到以基本扩散模式为基础的曲线和产品上市几年之后所取得的数据曲线高度相符。如图4–3中所显示的便携式CD播放器的例子。

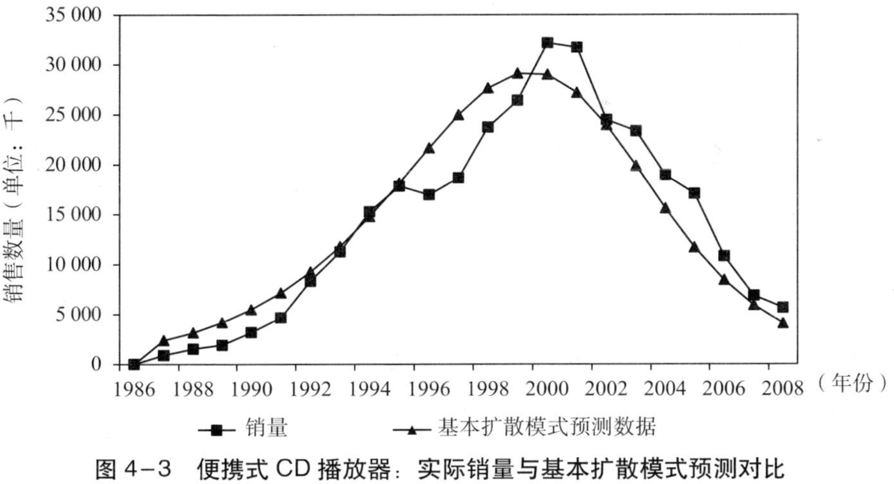

图4–3 便携式CD播放器：实际销量与基本扩散模式预测对比

然而，看一下另外一种著名创新产品的销售模式——图4–4所示的个人电脑，我们就会注意到产品进入市场5年之后出现了异常状况。1980年至1984年，初期销售势头良好，销量一直在增加，每年的增长率在 50% 左右。在这之后的几年内，曲线直线下降。随后销量又开始增加，经过大约 6 年之后，销量超过 1984 年最初的顶峰，朝着“真正的”顶峰持续增长，这一顶峰出现在 2000 年年初。

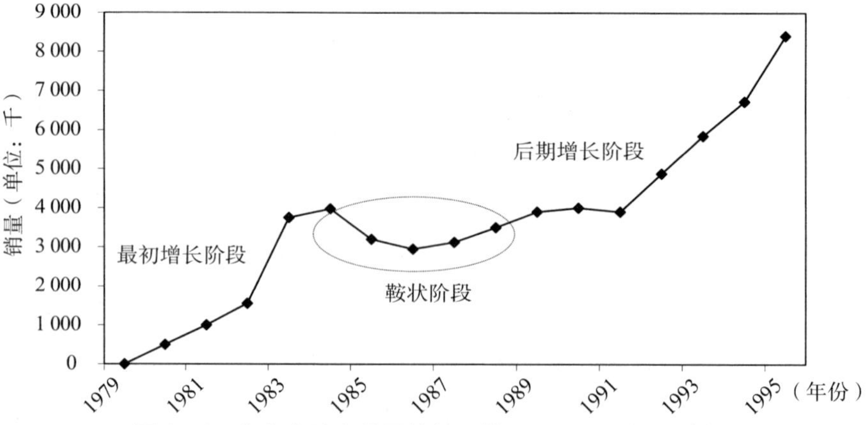

图 4-4　个人电脑在美国的销量情况（1979~1995 年）

诚然，在便携式 CD 播放器的扩散数据中有一段短暂的“下降”(同图 4-4 相比)，但是，便携式 CD 播放器和个人电脑销量中出现的“下降”有所区别：在前一种情况中，下降时间是 1 年（ 1996 年)，下降幅度不超过 5%。这种随机波动（或者“噪声”）我们在新产品的销售中都可能看到；但是在后一种情况中，下降更为显著，最低超过了 25%，并且持续了数年之久。

呈现出这种鞍状曲线的并非只有个人电脑。彩色电视机、无绳电话机、打印机以及录像机的销量情况都呈现出鞍状扩散曲线。鞍状曲线也不仅仅局限于美国。最近一项调查发现它还出现在其他几个国家。例如，一项涉及 19 个发达国家的著名创新产品扩散曲线的研究显示，这些产品中大约有 45% 都明显出现鞍状曲线。在这些例子中，销量下滑开始的时机一般出现在长期市场潜力渗透率达到 30% 时，持续 8 年左右的时间，并且下滑幅度几乎达到下滑前顶峰时期的 30%。

并非所有接受者的产生都是一样的，他们带来的新接受者也不一样

为什么我们在这么多创新产品中看不到熟悉的钟形扩散曲线呢？为什么销量不是持续增长，直至达到单一、清晰的顶峰，然后再下降，就像我们在其他创新产品中所看到的那样呢？我们应当如何理解这种与众不同、看起来更像是“顶峰—低谷—顶峰”的曲线呢？如何解释这种曲线呢？

要想回答这些问题，我们需要进行一些思维实验。假设某种创新产品投放市场，其公司花费巨额资金进行产品推广：在电视黄金时间做广告；给零售商奖励，以便让他们在店内努力推销；建立专门网站，提供大量有关该产品的信息以及提供价格折扣。谁最有可能立即购买这种产品、创造早期销量呢？我们自然会想到那些愿意冒险尝试新产品或新服务的人，以及那些有强烈愿望尝试新事物的人。各个行业中通常都有这样一些“创新产品激进派”，他们密切关注最前沿的科技产品，可能这些产品能够满足他们的需要，并且与现有产品相比可以更好地解决他们的问题。这些人敢于摆弄创新产品，事实上可以说是渴望摆弄创新产品。他们研究产品说明书，参与在线论坛讨论，表达自己的观点，评论他们使用新技术的体验——对这些人来说，新奇的事物常常等同于炫酷。

我们继续进行思维实验：我们认为哪些人会继那些“创新产品激进派”之后成为下一批接受者呢？最有可能的是那些不是“为了技术而技术”的人。当涉及体验“新奇的发明”时，他们常常会规避风险。在打开钱包购买之前，他们希望能有充分的理由相信这项新技术能够带来实实在在的好处，可以直接用来解决他们的问题。“创新产品温和派”无疑是市场主流。对他们来说，创新产品不仅应当物有所值，而且也无须他们付出太多时间和精力去调整他们已经拥有的其他产品，

以及他们当前的工作方式和生活方式。对这样的客户来说，产品的适应性非常重要。

这两个派别在几个方面看起来有所不同，这些方面同接受过程有关。对于第一个派别——“创新产品激进派”，我们可能认为个人力量（基本扩散模式中的参数 p）影响较大。这些人喜欢关注公司新闻和媒体报道，常常能够利用自己的判断和以往的经验弄清楚创新产品对他们有用还是没用。他们可能会听取别人的意见，或者从他人的实际行动中发现线索。但是，这些人所愿意接受的社会力量（基本扩散模式中的参数 q）常常来自那些志趣相投的技术狂热分子或行业专家：创新产品一上市他们马上就进行严格的评估，并演示产品的用法和用途。对于“创新产品激进派”来说，专业认知度是社会影响力的关键。各个行业通常都有一群有着如此表现的狂热爱好者。这些人对于行业内的创新产品充满热爱，想要储备此类专业知识，这需要时间、精力和金钱。考虑到这一点，我们一般认为“创新产品激进派”的规模相对较小（基本扩散模式中的参数 m）。

第二个派别——“创新产品温和派”在寻找新产品和新服务项目的信息方面更被动，也更谨慎，甚至对公司在兜售其最新、最好的产品时所做的大肆宣传持怀疑态度。此外，他们对新技术可能带来的好处缺乏热情，因为新技术常常带来风险和代价。这就表明个人力量对于“创新产品温和派”没有太大影响。至于他们对于社会力量的敏感性，“创新产品温和派”看起来可能希望知道“创新产品激进派”已经认真研究过创新产品，并且投了赞成票。但这就足够了吗？如果这些温和派看到他们眼中的“技术达人”或“装备爱好者”在使用新产品或服务，并且对其赞不绝口，他们会受到触动并立即接受该产品或服务吗？情况可能并非如此。温和派并非瞧不起那些激进派，很多情况下恰恰相反——他们认为让激进派兴奋不已的事情同他们不一定有多大关系。并且他们知道，“创新产品激进派”通常都是些技术行家，都想努力设法掌握新产品的使用方法。这些品质通常是“创新产品温和派”所不具备的。总之，温和派认为“他们与我们不一样”。

有可能帮助温和派克服他们“怀疑态度”的事情，是得知同他们一样的那些注重实效、规避风险的消费者已经迈出了关键一步，接受了新产品。看到其他主流消费者成功使用新产品、听到他们的积极反馈，可以在温和派内部产生强大的社会力量。关于这部分人的规模，假如我们所讲的代表了主流消费者的真实情况，那么其规模是相当大的。的确，“主流”一词中的“主”表明这部分人构成了消费者的主体。

至此，你可能会想，关于不同接受群体以及他们对于创新产品不同态度的假设性描述听起来头头是道，但这些描述同我们在图4–4中看到的“起伏的”扩散曲线有什么关系呢？它又如何解释个人电脑上市几年后遭遇的“坎坷”呢？其实，前面的描述解释了激进派和温和派为何表现出不同的接受行为，这些行为从概念上都同基本扩散模式有关。然而，这种描述如何帮助我们更系统地思考个人电脑中出现的鞍状曲线呢？

首先，应当确信我们刚才进行的思维实验是真实的，不全是假设性的。这两种接受者的基本特征已经被实际调查所证实。以往有关创新产品扩散方式的大量研究结果、实践者的描述以及媒体报道都证明了其合理性。在这些例子中，带来最初销售收入的首批接受者只占整个潜在接受群体的一小部分——平均是15%~20%。这些早期市场的接受者显示出了上面我们所描述的关于个人力量和社会力量的特征。更为突出的一点是，早期市场的接受者同新产品的关系“更紧密”，更关注媒体和专门论坛中有关新技术的信息，更容易受到他们群体内部其他人的影响，通常不容易受到群体外部人员的影响。第二个派别中的那些“创新产品温和派”或者主流消费者通常代表了潜在接受者的最大份额，平均是80%~85%。这些人在开始阶段对于新技术的发展了解较少，但常常容易受到社会力量的影响。这些影响来自他们群体内部、来自那些“创新产品激进派”或者二者兼而有之。由于“创新产品激进派”能够对所有尚未接受者产生接受影响，因此尽管主流消费者主要影响他们的内部成员，但一些研究人员还是把前者称为“影响者”，把后者称为“模仿者”。

接下来我们分析一下两者之间的这些差异如何帮助我们理解 1984 年至 1991 年个人电脑出现的鞍状曲线（参见图 4–3）。正如个人电脑中“个人”这个单词所代表的含义，个人电脑从一开始就是为个人准备的，整台机器交由购买者或被分配者使用。这一点同大型计算机不同。大型计算机安装在大公司内，由信息技术人员监管。对于使用这种共享计算资源的员工来说，根本看不到庞大的机身，他们所能看到的只是一个个终端。那么谁是早期购买个人电脑的人呢？20 世纪 70 年代末、80 年代初的几份媒体报道表明，这些人主要是“技术达人”。他们对电子产品和计算机非常着迷，其中许多人曾自己组装过个人电脑，积极参加与计算机有关的各种论坛，比如家酿计算机俱乐部（Homebrew Computer Club）和波士顿计算机协会（Boston Computer Society）。对他们中的许多人来说，使用计算机是种爱好。他们非常享受业余时间敲击键盘的乐趣以及在自己家中使用计算机的方便性。有些人或许有过在工作中使用大型计算机的体验，因而强烈希望能有一台他们自己的机器，可以在空闲时间操作。这些迫切想要得到个人电脑的人有一些是工程师，其中许多人在信息技术部门工作。他们非常好奇，想要弄清楚同他们熟悉的大型计算机相比，这些小盒子里到底能容纳多少技术。在有些情况下，信息技术专家甚至说服他们的经理购买个人电脑，以此提升某些业务单位的工作效率。这些单位从中可以受益无穷，尽管开始只是试验性使用，个人电脑数量有限，应用范围相对较小。他们向自己的上级保证，他们会负责让机器正常工作，并保证工作效率。

这些人有时被称作“电脑爱好者”，他们是 1980 年至 1984 年市场发展的主力军。这些“创新产品激进派”把个人电脑视作技术上的一次突破。大众媒体根据早期销售数据向普通消费者宣传这种技术变革带来的希望。《时代》杂志甚至把个人电脑指定为1982年的年度风云人物。这是该杂志历史上无生命物体第一次获此殊荣。

尽管有早期市场接受者的强大支持和媒体的宣传，但个人电脑的销售还是经历了7年之久的困难时期。对大部分消费者来说，也就是普通家庭，在个人电脑出现的最初岁月中，接受这种产品的动力和条件都还不够成熟。对他们来说，自己家中有台电脑的想法有些不太实际。在他们看来，电脑是大公司用来处理数据的公用机器，无法想象将它轻易用作私人用途，而且在家里也没有信息技术员可以帮助解决安装和修理问题，但在工作中可以。考虑到个人电脑不菲的价格以及所买到电脑的操作难度——当时的图形用户界面整合得不够严密，许多操作都是通过命令行界面完成的，也就难怪大多数消费者认为相对于所付出的成本和精力，个人电脑没有太多优势。对他们来说，这笔买卖是不合算的。

此外，那些出于对技术的好奇而接受个人电脑的人常常被看作专业技术爱好者。如果他们的接受有什么作用的话，那么他们对于该产品的接受恰恰“证明”了个人电脑可能只适合电脑爱好者，而不适合普通消费者——至少当时还不适合。因此，在大多数个人电脑的“创新产品激进派”接受了该产品之后，扩散率开始急剧下滑。但随着时间的推移，普通消费者逐渐开始冒险尝试个人电脑。大约10年之后（也就是到了20世纪90年代初），足够数量的普通百姓已经接受了该产品，让其他普通消费者认识到：（1）在家中安装电脑、掌握电脑技术并非难事；（2）你可以用电脑做许多有用、有趣的事情。随着主流消费者迅速增加，更多的软件被开发出来，满足他们的需要。购买个人电脑也变得更容易（有了更多的零售渠道，更专业的销售顾问可以介绍电脑的用处和安装问题，等等）。简而言之就是，其中出现了两种独立的扩散过程——一种是电脑爱好者的，另外一种是普通消费者的。前一种人很快就对个人电脑表现出兴趣，并且互相影响。后一种人最初表现得不冷不热，没有受电脑爱好者太多影响。

我们讲这个故事的寓意就是，在考虑某种创新产品的潜在接受者的时候，不一定非要把每一位潜在接受者都看作是一样的。相反，在确定某种创新产品的扩散方式时，有时候更现实的做法是把相关群体看作是由不同的人组成的，分析哪些事物、哪些人可能影响他们的接受。尽管从本质上说，其中存在着无数不同的派别，但从最实用的角度来看，相关群体可以分为两个派别：（1）“创新产品激进派”，这些消费者通常在产品上市后很快就会接受，他们构成了早期市场；（2）“创新产品温和派”，这些消费者通常会在后期接受创新产品，他们构成了主流市场。

扩散模式——第二种解释

如果真的有某些创新产品有望在其扩散道路上经历“颠簸”——销售和接受曲线呈现增加—减少—增加—减少的轨迹，那么我们在第1章中提出的基本扩散模式是否依然有用？我们能否对其做些“补救”或修改，使其足够灵活，能够反映单峰增长模式，就像我们在普通手机和卫星广播中看到的那样呢？并且，如果有必要，我们能否令其能够反映双峰鞍状模式，就像我们在个人电脑中看到的那样呢？答案是完全肯定的！下面就是具体做法。

我们知道，鞍状曲线的发展可以这样解释：潜在接受者之间存在差异，且两个派别都相当程度地捕捉到了这种差异。此外，我们曾讨论过基本扩散模式中的主要因素同每一个派别中的特征和接受行为之间的关系。接下来要做的是从讨论概念性的关系转到讨论更为具体的关系，这可以让我们对鞍状曲线形成过程中的变量进行量化。我们再重新回顾一下第 1 章中的图 1–2，它形象地展示了扩散过程中的三种因素如何捕捉创新产品的扩散方式：个人力量（参数 p）、社会力量（参数 q）以及长期市场潜力（参数 m）。

在第一次看到图 1–2 时，你或许没有发现它有多大价值。但根据本章我们所讨论的全部内容，你现在或许会认为潜在消费者中的每一个尚未接受者都处于同样的境地。除了性别差异之外，他们看起来都很相似。此外，每一种接受力量只有一种箭头，因此驱动接受的个人力量和社会力量对每一个消费者来说都是一样的。推动人们进入接受阵营的过程有两种——个人过程和社会过程，但接受群体只有一种。

假如存在不止一种境地，而是两种，也就是说，存在两种尚未接受的消费者，他们按照不同的箭头方向，涌入、涌出他们各自的接受群体，那会怎么样呢？这种更充分的阐述想要表达的意思是，每一种类型的消费者都有其自己的一套参数，分别表示长期市场潜力、个人力量和社会力量。这看起来相当直截了当，但也存在意想不到的变数：主流消费者的数量能够受到两种消费者中接受者的影响，因此我们需要允许来自以往接受者群体的社会力量的强度有所差别。相比之下，影响早期市场群体的社会力量在该群体内部是“独立的”。

我们把这一逻辑进一步展开。假如我们允许有两种并行的基本扩散模式，而不是一种，然后分析一下每一时期两种组合的接受数据，我们就能够发现像鞍状曲线那样的非光滑接受模式。的确，事实就是如此。说得更确切些，公式 4–1 显示的多派别扩散模式就是以两种派别为主，每一种都有其自己的一套扩散参数，并且非常灵活，可以让“创新产品激进派”影响“创新产品温和派”。附录中第 4 个数学盒子给出了关于多类型扩散模式的规范化描述。

数学公式 4–1 多派别扩散模式

这一时期内新接受者数量＝
每一派别接受者总数：
创新产品激进派：
派别中尚未接受产品的消费者 ×[该派别的个人力量＋
（该派别的社会力量 × 该派别以往接受率）]
＋
创新产品温和派：
派别中尚未接受产品的消费者 ×[该派别的个人力量＋
（该派别的社会力量 × 该派别以往接受率）＋
（跨派别的社会力量 × 创新产品激进派的以往接受率）]

图 4–5 用例子说明了我们刚刚提出的多派别扩散模式。它给出了两种派别之中一段时间之后新接受者的总数量，其中 p_1=0.1，q_1=0.5，m_1=1 000 万，p_2=0.002 5，q_2=0.25，q_{21}=0，m_2=5 000 万。请注意，下标 1 表示的是“创新产品激进派”，下标 2 表示的是“创新产品温和派”，下标 21 表示的是群体 1 中成员的社会力量对于群体 2 中成员的影响。从 q_{21}=0 这一点来看，这个例子中很明显没有跨派别影响，也就是说，社会力量只出现在派别内部。图 4–5 中的两条虚线分别代表每一派别内部出现的接受情况，实线代表的是接受的总人数（把每一派别中新接受者的数量加起来得到的结果）。正如我们所期望的那样，每一派别单独的基本扩散模式都显示为类似的钟形曲线，只有一个峰值，这就跟第 1 章中的图 1–3 是一样的。属于“创新产品激进派”的扩散曲线数值增加迅速，在第 5 年达到接受高峰，之后开始下降。相比之下，属于“创新产品温和派”的扩散曲线发展极其缓慢，在第 21 年才达到接受高峰。这种扩散速度上的不同步导致在从第 5 年到第 10 年的这一时间段内，第一条曲线的接受情况处于下降状态，其下降幅度超过了第二条曲线中接受的增长幅度。这样一来，在第 10 年的时候，扩散达到了低谷。从那时起，来自第二条曲线的新接受者开始加速发展，而来自第二派别的接受者减少的情况正逐渐消失。因此，新接受者的

总数开始再次攀升。

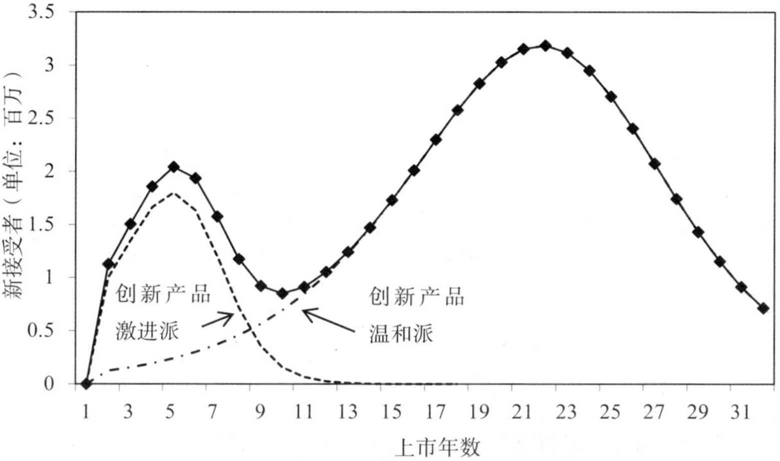

图 4–5　多派别扩散模式形成的鞍状曲线

既然现在我们有了建模方法，可以做出鞍状的扩散曲线，那就可以把这种方法运用到相关真实数据中，看一下它是如何运作的。2001 年，《经济学人》杂志列出了 7 种具有深远商业影响的创新电子消费产品："除了个人电脑和手机之外，另外 5 种行业新品也获得了大众的认可：录像机、电子游戏机、CD 激光播放器、录音电话和无线电话。"

我们研究了这 7 种重要创新产品的扩散率，发现其中 3 种呈现出明显的鞍状曲线：个人电脑、录像机和无线电话。在所有这些例子中，产品的销售初期都出现了销售顶峰，随后从顶峰峰值下降超过 10%，然后在 3 年或更多年之后销量再次超过之前的顶峰时期。因此，我们对这 3 种创新产品的每一种中的多派别扩散模式参数进行了估算。在这 3 种情况中，我们可以重新获得参数数值。当把这些数值代入新模式时，它们都表现得同实际扩散模式非常相近。对这 3 种创新产品的参数进行平均，绘制出相应的"平均"扩散曲线，得到的就是图 4–6 所显示的内容。我们看到平均鞍状曲线时长持续了将近 4 年，而接受下滑幅度，即鞍状曲线最低点，略微高于 16%。

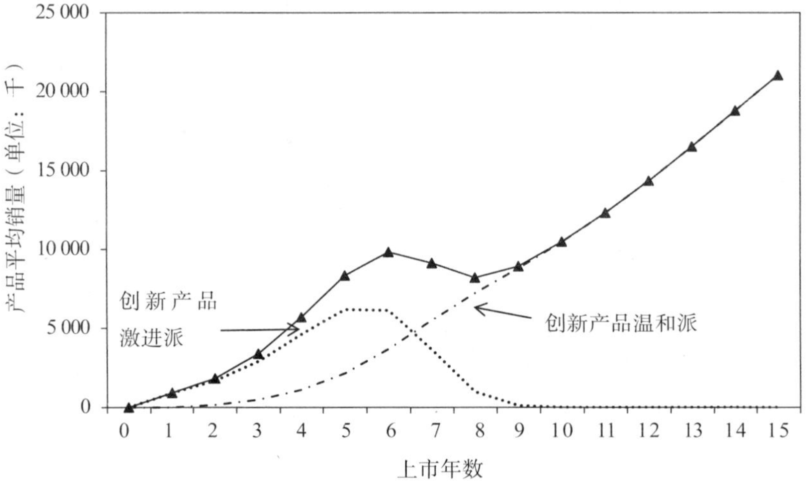

图 4–6 带有鞍状曲线的三种电子消费品的平均销售曲线 *

* 个人电脑、录像机和无线电话

我希望已经把关于鞍状扩散曲线的形成原因解释得很清楚了。其实，它就是把基本扩散模式拓展开来解释这种现象。

在同一个模式中几个派别共存并互相影响可以让我们掌握除了鞍状曲线之外的其他类型扩散曲线的不规律之处。一方面要考虑多派别扩散模式，但另一方面，在早期市场创新产品激进派和主流市场创新产品温和派消费者之间也存在着明显的跨派别社会影响力（即 $q_{21}>0$），其中 $p_1=0.1$，$q_1=0.5$，$m_1=1\ 000$ 万，$p_2=0.002\ 5$，$q_2=0$，$q_{21}=0.05$，$m_2=5\ 000$ 万。请注意，在这种情况下，主流接受者中不存在社会力量，$q_2=0$，也就是说，只有创新产品激进派能创造接受影响力。图 4–7 展示的是在这些数据下创新产品的整体扩散曲线。我们可以从中看到，总体接受者数量开始时急剧增加，在产品上市第 6 年的时候达到顶峰，这比之前要高出许多（接受数量超过 300 万，比图 4–5 中的 200 多万高出许多）。之后曲线从这一水平缓慢降低，但 30 年后依然增加了 50 多万名新接受者。这次没有出现鞍状曲线，也没有出现先达到顶峰，再长时间处于低谷，之后又出现另一个顶峰的那种混合曲线。但这同我们在前面章节中所看到的典型钟形扩散曲线还是有很大区别的。那种钟形曲线体现的是同一派别，并且单峰出现的位置更为对称：峰值出现前后的曲线形状基本相似，并且峰值出现之前所用的发展时间同峰值出现之后所用的下降时间基本一样。基本扩散模式符合这一特点，它所预测的峰值出现时间恰好是长期市场潜力的渗透率达到 50% 的时候。

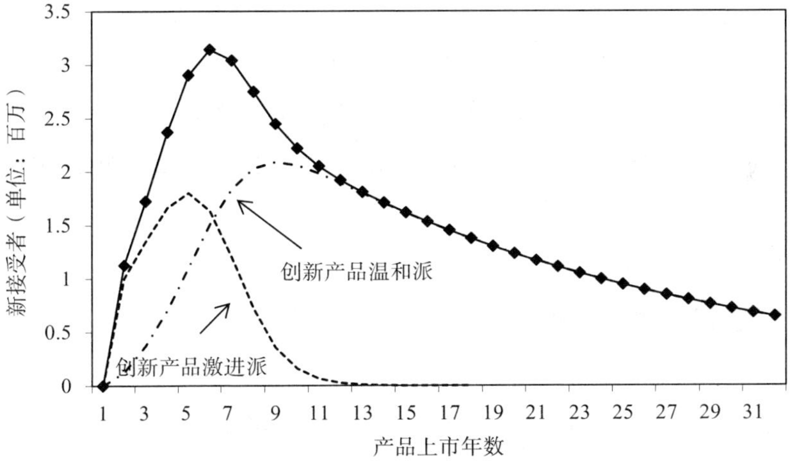

图 4–7　具有跨派别社会力量的多派别扩散模式

有了这种多派别扩散模式之后，我们就可以更好地理解为什么图 4–7 中会出现不对称曲线。早期市场中创新产品激进派对于产品的接受非常迅速，产生扩散尖峰。然而主流市场中的“创新产品温和派”所具备的推动接受的个人力量并不强大，因而在这种情况下只是受到创新产品激进派（他们占全部长期市场人口的 1/6）的社会影响，因此，他们的发展在刚开始时非常缓慢。一旦创新产品激进派都接受了新产品（在第 10 年左右），他们对主流市场的社会影响力就会达到顶峰，并一直持续下去（在我们这个例子中，由于跨派别社会力量 q_{21}=0.05，而当时创新产品激进派以往的接受率是 1，因此结果就是 0.05 × 1=0.05）。滚雪球效应经常出现在基本扩散模式中。所以这种能够自我强化的滚雪球效应就推动了创新产品温和派的发展，因而也就大大减缓了市场下滑或“肥尾风险”。

综合起来看，图 4–5 至图 4–7 所展示的这些例子体现了多派别扩散模式的灵活性，囊括了接受过程中的多个变量，既涉及早期市场对主流市场影响不大的情况，也涉及主流市场只受早期市场社会影响的情况。在前一种情况中，社会传播影响力主要局限于同一派别之内：人们只相信派别“圈内人士”施加的社会力量。在后一种情况中，影响主流市场的社会传播影响力来自“圈子外部”人士——这反映了关键舆论导向或市场专家能对其他人员产生巨大影响。这些关键人物能够推动新产品和新技术被人们接受，而广大消费者也会紧跟他们的步伐，采纳他们的建议，模仿他们的行为。

在多派别群体中评估创新价值

潜在接受者在影响他们行为的力量方面是有差别的。因此，整体的扩散曲线可能显得“起伏不定”或“缺乏规律”。你可能会说，自己非常高兴了解这一点，但这对评估创新产品对于公司的价值有什么作用呢？换句话说，这对创新价值理论体系可能产生什么影响呢？

要回答你提出的这一问题，我们必须把多派别扩散模式同客户终生价值模式联系起来——从本质上说，就是运用前面几章介绍的理论，同时把两个而不是单独一个派别考虑进去。多派别扩散模式能够给我们提供每一时期各个派别争取到的新客户数量，而客户终生价值模式能够给我们提供办法，评估我们希望从每一个得到的客户那里获得的利润。

如果我们认为两种派别（创新产品激进派和温和派）之间的主要区别在于他们在接受过程中表现出的不同特点：对于创新产品的态度、对风险和回报的认识以及对于来自不同社会群体接受力量的认可，而不在于他们接受之后的盈利能力，那么对所有接受者采用同样的 CLV

参数或许还有一定道理。换句话说，一旦潜在消费者成为客户，那么他们的表现就是一样的，无论他们来自哪个派别。当然，情况不可能永远是这样的。比方说，创新产品激进派可能愿意成为新产品或服务的忠实用户，停留的时间更长，更有可能购买升级产品和附加产品，也不需要太多服务，这样一来就可以影响到他们的保留率和每一时期的利润幅度，但反过来也是一样，比方说，创新产品温和派表现出很大的惰性，坚持使用原始版本的产品，几乎不需要持续支持，或者不愿意慷慨购买附件和升级产品。对于这些不同派别的客户在接受之后表现出的差异，尚且没有确定的“法则”或具有说服力的研究结果可以解释。但假如有特殊理由可以认定其间存在差异，并且能很好地掌握这些差异，那么我们肯定可以把不同派别之间的差异整合在一起。在此为了表述方便，我们将继续采用简单的例子，其中客户终生价值参数对所有接受之后的客户都是一样的。

为了弄清楚创新价值理论体系如何运用到派别不同、规模不同、影响接受参数存在显著差异的客户身上，我们思考一下下面这个医药行业的例子。假设有家医药公司正打算预测一下一种新药品的投资回报率。这种药品刚刚获得食品与药品监督管理局（FDA）的许可，研发费用是3亿美元。该公司在推销其现有药品的过程中积累了同25万相关医生打交道的丰富经验。它知道目标市场中的某些医生对新药品的态度非常主动，并且为了患者利益，也愿意在新药上市后认真对待：从医学杂志中收集信息，仔细研究提交给食品与药品监督管理局的实验结果，并同公司销售代表会面。第二类医生更为谨慎。他们常常会担心，在没有针对可能出现的副作用以及并发症的长期研究数据的情况下，对病人使用这种药品风险太大。并且，公司新药品的临床试验并不是“有目的地针对”现有替代药品进行的，而只是针对安慰剂进行的（是在控制条件下进行的，其中病人服用的只是糖丸）。因此，这些谨慎的医生可能质疑这种新药的功效并未远远高于现有的那些更便宜的药物（其中有些药物已经是非专利药物）。这些心存疑虑的医生大约占潜在市场的 85%。他们对医药推销员天花乱坠的宣传并不十分接受，但如果得知他们信任的那些保守的医生已经开始开这种新药并对其功效比较满意，他们会更在意。

无论来自哪一个派别，每位医生大约会治疗 10 个与此种药物有关的慢性病患者。医生一旦相信了新药的疗效并克服了所有顾虑，他就有可能给自己所负责的所有相关病人开这种药，因为市场上现有药品的疗效一般。这种药品年度供应价格是 360 美元，利润幅度为 80%（这包括生产和市场营销费用）。该公司计划花费重金，通过有针对性的零售工作、在医学杂志上做广告、提供免费样品以及在专业会议上布置展位来转变医生的观点，每转变一位医生的购置成本大约是 1 000 美元。医生一旦接受这种药品，他们也有可能在使用该药品时遇到问题，从而彻底放弃开这种药。公司估计这种情况出现的概率是每年大约 10%（这样保留率就是 90%）。公司这种药品的专利保护年限是 18 年，每年的资金花费是 12.5%。因而客户终生价值参数就是：每一时期利润幅度 =2 880 美元（10 个病人 ×360 美元 ×0.8 的利润幅度），保留率 =0.9，折现系数 =1.125，购置成本 =1 000 美元。

公司在对以往知名药品和医疗设备的一些扩散曲线进行研究之后，提出了进一步的假设：多派别扩散模式参数应当同图 4–5 中的类似，也就是说，p_1=0.1，q_1=0.5，p_2=0.002 5，q_2=0.25，q_{21}=0。其中第一个派别是创新产品激进派的医生，第二个派别是创新产品保守派的医生。调整长期市场潜力规模之后得到的结果是：m_1=37 500，m_2=212 500。我们现在准备开始分析，这里将用到第 2 章提出的创新价值理论体系，它可以让我们把这一因素考虑进去：该药品拥有 18 年的最佳发展时机，在仿制药品出现前可以创造巨额利润。表 4–1 为我们提供了评估新药价值所需的一切条件。

可以采用下面的方法来看表 4–1：第一栏是产品上市年数，第二栏和第三栏显示的是每一年创新产品激进派医生和温和派医生的接受数量，第四栏和第五栏给出的是每一派别潜在客户的终生价值，也就是相应年份每一派别所有新接受者为公司创造的货币价值（其中考虑到了购置成本）。这一结果是由把每年接受该产品的新医生创造的未来收益累加起来，一直加到第18年得到的，同时对每一年的利润进行折现计算。最后两栏是根据第一年开始时的数据对这些潜在客户终生价值数据进行折现计算的结果，这样一来就可以在上市时对其进行评估。

表 4－1　某种刚刚获批药品的创新价值

	年底新接受医生的数量		当年新接受医生的潜在客户终生价值（单位：1 000 美元）		新接受医生的当前价值（单位：1 000 美元）	
上市年数	创新产品激进派	创新产品温和派	创新产品激进派	创新产品温和派	创新产品激进派	创新产品温和派
1	3 750	531	43 385	6 146	43 385	6 146
2	5 063	662	58 278	7 625	51 803	6 778
3	6 240	825	71 378	9 438	56 398	7 457
4	6 750	1 026	76 610	11 646	53 805	8 179
5	6 133	1 274	68 918	14 315	43 025	8 937
6	4 519	1 578	50 146	17 512	27 827	9 718
7	2 688	1 950	29 354	21 293	14 480	10 503
8	1 341	2 401	14 345	25 690	62 90	11 264
9	597	2 944	6 219	30 693	2 430	11 962
10	250	3 591	2 521	36 209	873	12 544
11	102	4 354	9 845	42 024	303	12 941
12	41	5 237	375	47 738	103	13 067
13	17	6 240	139	52 697	34	12 822
14	7	7 352	50	55 916	11	12 093

（续表）

表 4–1 某种刚刚获批药品的创新价值

	年底新接受医生的数量		当年新接受医生的潜在客户终生价值（单位：1 000 美元）		新接受医生的当前价值（单位：1 000 美元）	
上市年数	创新产品激进派	创新产品温和派	创新产品激进派	创新产品温和派	创新产品激进派	创新产品温和派
15	3	8 544	17	56 022	3	10 770
16	1	9 769	6	51 251	1	8 758
17	0	10 959	2	39 542	0	6 006
18	0	12 028	0	18 763	0	2 534
创新价值						
总计：	37 502	81 265	422 728	544 518	300 765	172 481

表 4–1 的分析结果中有几点结论比较有趣。第一，请注意，在专利到期的时候，所有创新产品激进派的医生都已经接受了这种新药，而不到半数的创新产品温和派的医生才开始使用这种药。第二，从预测结果看，尽管创新产品激进派的医生只占潜在市场的 1/6 左右，但他们创造的价值几乎占全部创新价值的 2/3——这要比创新产品温和派的医生创造的价值高出许多。当然，这两点是相互关联的：创新产品温和派的医生接受新产品所用的时间太长，因此他们为公司创造收益的时间就较少。第三，后期收益还需要进行相对较高的折现计算。这也清楚地体现在温和派创造的当前价值中：在第 12 年争取过来的医生的当前价值最高，尽管在那之后每一年接受者的数量都要更多一些。把这一点同创新产品激进派对比一下，可以发现：激进派迅速接受了新产品，当前价值在第三年就达到顶峰，新接受人数达到顶峰的时间非常接近（第四年）。

从表 4–1 中我们还可以注意到一点：对两个派别来说，新接受者为创新价值创造的当前价值都是在开始时增加，随后开始减少。增加阶段是由于在最初几年里新接受医生的数量在增加，而折现相对有限。然而随着时间的推移，来自新接受者的未来现金流量开始减少，因为专利到期前剩下的时间不多了，而且折现比例也更高了。对创新产品激进派来说，新接受者的数量也开始下降（一旦他们中半数以上的人接受之后）。

我们从表 4–1 中得出的另外一个结论是，该药品有积极的投资回报率：相对于 3 亿美元的研发费用，全部创新价值大约是 4.73 亿美元。当然，公司采取的任何行动都有可能使创新产品温和派加快接受速度（通过提升个人或社会力量的影响）或者增加客户终生价值（通过提升保留率或利润幅度）。这些都能对利润产生积极影响。重要的是，既然公司能够分析出不同措施对于两个派别创新价值的影响，那就可以做出更明智的决定。比方说，假设公司协调行动进行药品试用，确保该药品具有长期安全性且具有比现有药品更好的疗效，并且评估认为这将增加对于温和派的个人力量的影响力，将其从原来的 p_2=0.002 5 增加到 $p_{2\text{新}}$=0.005。重新分析后的结果表明该派别现在可以创造 3.03 亿美元的创新价值——这竟然比创新产品激进派医生创造的价值还要高一点儿！只要这些额外的药品试用费用和疗效宣传费用不超过 1.3 亿美元（获得药品试用结果过程中创新价值的起伏），那么公司就应当认真考虑这种做法。对于那些想要在专利到期前获取最大利润的公司来说（或者对于那些担心廉价山寨产品进入行业的公司来说），某一派别接受产品的时间稍微延缓就会产生巨大差异。多派别扩散模式，连同相应的广义上的创新价值分析，为在这方面做出明智决定铺平了道路。

走向复苏之路

在结束本章之前，有必要再看一下本章开始时提到的油电混合动力汽车所面临的困境。对于像Primearth公司这样的电池供应公司来说，它们应当如何理解在2007年销量达到大约352 000辆的高峰之后出现的销售低谷呢？从2011年年末来看，年销量降到了大约266 000辆，降低幅度接近25%（如果我们把所有全电动汽车和插电式混合动力汽车都计算在内的话，降低幅度是20%），而这种下跌已经持续了4年。从我们现在所掌握的有关多派别消费者市场创新产品扩散模式的情况来看，问题是这种下跌是不是早期市场中创新产品激进派和主流市场中创新产品温和派之间的接受速度“不匹配”造成的。果真如此的话，那我们手里可能出现鞍状曲线，并可以预期销量会很快提升。否则的话，销量可能从此一降到底。

透过丰田普锐斯（Toyota Prius）——在这一时段内到目前为止最受欢迎的油电混合动力汽车（占到所有混合动力汽车销量的50%以上）——的后视镜来看这一问题更有意义。普锐斯于2000年在美国上市时，公众对于混合动力汽车的概念还十分陌生。根据我们在第1章中谈到的影响接受的不同因素，该创新产品有些复杂，因为消费者必须全神贯注才能在使用刹车时给电池进行充电，从而在汽油模式和电动模式间进行无缝转换。在市区，每加仑[①]汽油平均只够汽车行驶42英里，而在高速路上每加仑汽油平均只够汽车行驶30英里（这一点同纯汽油动力车刚好相反，后者在高速路上每加仑汽油的行驶里程更高）。此外，与类似的汽油驱动的紧凑车相比，普锐斯的价格要高出许多。

从各方面汇总上来的信息看，那些“深绿”的消费者，也就是那些非常爱护环境、不受任何障碍阻止的消费者很快就接受了该产品。正如一位知名的东北部地区汽车经销商所说的那样：“一小部分极度兴奋的环境保护主义者马上蜂拥到经销处，很坚定地购买了这种汽车。”该车与众不同，极具观赏性的外观也是其产生社会影响力的一大亮点。

① 1加仑（美）≈3.785升。——编者注

的确，在对早期普锐斯车主进行采访时我们发现，他们经常把自己购买的这种混合动力汽车说成是“话题制造者”，认为它体现了“智慧与特色”。在后一种描述中，他们好像既谈论了对自己的看法，也谈论了对这种车的看法。所有这些都表明，深绿消费者既受强大的个人力量影响，也受强大的（派别内的）社会力量影响，二者都驱使他们做出接受决定。

但是，想要保持深绿消费者之外的扩散势头，需要主流消费者参与进来。这些人更讲求实际，也更精打细算。在这个例子中，创新产品温和派也有可能关心环境，因为近年来有关环境问题的呼声越来越高，比如气候变化。但这些消费者至多只是“浅绿”。驱动他们接受的个人力量非常小，尤其当汽油价格不是很高时，没必要购买油电混合动力汽车；或者当其他电动车的价格非常诱人时，也没必要购买油电混合动力汽车，尽管联邦政府和州政府在人们购买许多车型时会减免税金。深绿消费者对浅绿消费者施加的社会影响力或许比较复杂。一方面，随着更多的深绿消费者接受该产品，人们可能更加相信油电混合动力汽车的安全性和可靠性，相信其服务便捷，也的确能减少尾气排放。但另一方面，浅绿消费者可能不希望被贴上“极端环境保护论者”的标签，或许认为深绿人士的行为过于不切实际和幼稚。

当我们把对于普锐斯的市场反应信息同在本章提出的有关多派别接受的思想和模式结合起来时，或许不难看到，油电混合动力汽车的扩散曲线是“不规律的”。深绿消费者对产品的接受在2000年年底开始下滑，而浅绿消费者的接受可能无法及时弥补这时减少的销量。同时，这一时段内糟糕的经济气候也进一步阻碍了该群体的接受。因此，与同一时期传统内燃机汽车相比，油电混合动力汽车遭遇了严重打击。

那么油电混合动力汽车接受过程中出现的低谷到底是暂时的还是会持续下去呢？好消息是下滑已经结束：在2012年，油电混合动力汽车的销量超过了43万辆（如果我们把所有其他电动汽车也计算在内，销量达到 48.7 万辆），销量再次上升，重回向更高扩散顶峰前进的道路。有一点非常有趣：我们在电动汽车中看到的鞍状曲线——从上市后出现的时间、降低幅度以及持续时间来看，同我们在其他电子产品中看到的鞍状曲线特征十分吻合。想要证明这一点，只需回到前面看一下图 4-6。

正如我们在本章所看到的那样，尽管第一次遭遇鞍状曲线时这种现象会让人烦恼，但其结局总是令人满意的：创新产品温和派——主流消费者最终会参与进来，推动扩散曲线上扬。那么，有没有不同的情况，如多派别构成的市场在接受特点上出现差异，最终造成更大麻烦或者需要公司采取慎重措施进行干预，以便保证事情正常发展呢？这是下一章要讨论的话题。

要点回顾

• 某些创新产品会呈现出鞍状扩散曲线：在发展过程中，它们会遭遇每一时期新接受者数量暂时减少的情况。在经历几个时期之后，新接受者的增长速度会恢复正常。

• 创新产品的扩散呈现出鞍状曲线时，曲线一般表现为初期出现接受高峰，而后出现低谷，随后出现第二个接受高峰。销量低于早期销售高峰的持续时间平均是 4 年，最大下滑幅度超过 15%。

• 导致出现鞍状曲线的原因是存在两种接受派别：

创新产品激进派：这些早期市场消费者通常具有强大的个人力量，驱动他们接受新产品和新的服务项目；

创新产品温和派：这些主流消费者通常具备适度的个人力量，驱动他们接受新产品和新的服务项目。

• 创新产品温和派通常主要依靠来自他们派别内部的社会力

量，因此才会出现这样一个阶段：创新产品激进派几乎已经耗尽其市场潜能，但创新产品温和派还极少有人接受创新产品。其结果就是总体接受数量出现暂时下滑，直到创新产品温和派内部的社会力量发挥作用。

• 本章提供了一种多派别扩散模式，可以让我们掌握两种派别的消费者在扩散参数上的差异。这种模式非常灵活，包括了两种派别之间的社会影响因素。该模式可以产生像鞍状曲线那样的扩散图形，也可以产生其他“非标准化的”扩散曲线。

• 创新价值理论体系可以经过简单调整，把多派别扩散情况考虑进去，就像我们对最近获得批准的那种新药进行的分析那样。

第5章

应对停滞局面：让主流消费者采取行动

这就像格列佛和小人国的居民一样。单个来说谁也构不成问题，但加在一起他们就把格列佛压倒在地。

——杰弗里·摩尔

假如你同大多数人一样，那么你也绝对会喜爱企鹅。任何人看到这种40英寸高的胖乎乎的小东西穿着看起来像燕尾服一样的“衣服”在雪地里蹒跚行走都肯定会露出笑容。这些不会飞翔的鸟儿主要生活在南半球，一直是书籍、歌曲和影片的主题——从动人心魄的纪录片《帝企鹅日记》到可爱的动画电影《幸福的大脚》。尽管它们不能飞翔，但能够游泳：企鹅用它们的翅膀做桨，可以在水下停留将近15分钟，划水速度可以达到每小时10~15英里。对企鹅来说，游泳非常重要，因为它们要在水中寻找食物，主要是些小鱼、磷虾和乌贼。

为什么我们会在有关新产品和新服务项目市场的文章中谈论企鹅呢？企鹅同创新产品扩散或评估有什么关系呢？其中的关系就是规避风险，“采取行动”。大家知道，海洋是企鹅寻找食物的地方，但同时也是它们的天敌潜伏的地方。南极海豹、海狮、鲨鱼和虎鲸都捕食潜入水中觅食的企鹅。不幸的是，对于那些准备跳入水中觅食的饥饿的企鹅来说，它们几乎没有办法知道自己选择的地点到底有没有捕食它们的天敌。企鹅是种非常喜欢集体活动的动物，无论是外出、觅食还是繁殖，它们都喜欢成群结队一起行动。因此，它们愿意同时潜入水中或者一起寻找不同的潜水地点。打个比方说，要是有一两只勇敢的企鹅愿意采取行动、冒险下水尝试，然后告诉其他企鹅水中不但有充足的食物，而且没有危险存在——那该多好，这样一定会让其他企鹅打消疑虑。但是它们缺乏这种勇敢，成群的企鹅只是一味地挤在悬崖边上，等啊，等啊，等啊。

一些经济学家把这种现象称作"企鹅效应"，指出企鹅的行为同主流市场消费者的行为存在隐喻关系。这些消费者在面对是否接受某种不确定创新产品的情况时犹豫不决。我们可以大体套用莎士比亚说过的一句话：是跳入水中还是不跳呢，是接受还是不接受呢？这是这个群体中每个个体所面临的问题。

再回顾一下接受低谷

像个人电脑这样的创新产品在销售过程中出现的低谷（参见图4–1）尽管曾一度让主要的电脑制造商忧心忡忡，或许曾出乎他们的预料，但幸运的是这只是暂时现象。正如我们在前面有关多派别扩散模式章节中解释的那样，同早期市场创新产品激进派相比，主流市场创新产品温和派消费者受到的推动他们接受的个人力量的影响较小，而对他们产生影响的社会力量主要来自其他主流消费者。这就是为什么个人电脑接受过程中最初出现销量急剧上升现象之后紧跟着出现销量下滑。然而在新接受者低谷出现后的5年左右，有足够的"主流消费者"接受了该产品，市场终于开始蓬勃发展，个人电脑迎来了第二个销售高峰。

但如果事情发展得再极端一些会出现什么情况呢？假如主流消费者面对创新产品时显得过于谨慎，担心可能出现的接受问题，对他们无法马上看到的接受价值表示怀疑，那该怎么办呢？他们或许会认为接受的风险太大，于是决定静观其变。

有一件事或许能影响他们，帮助他们克服接受障碍，那就是看到其他主流消费者使用该产品，并证明了该产品的价值。从另外一个角度来说，假如在接受过程中唯一能够影响他们的是社会力量，那该怎么办呢？这种社会力量不是来自任何接受者那里的社会力量：它必须来自其他主流消费者，来自同他们类似的普通消费者。把这一点同多派别扩散模式联系起来，那么这里所讲的就相当于 $p_2=0$（即没有个人力量推动主流消费者接受产品），$q_2>0$（即社会力量只在主流消费者派别内发挥作用），$q_{21}=0$（即没有跨派别社会力量）。

像这种极端接受情况会产生一些问题，类似“鸡生蛋还是蛋生鸡”的难题。从实际情况来看，创新产品激进派会在一开始就接受创新产品，该派别的销量会在上市不久后就达到顶峰，然后开始逐渐减少。但这些创新产品激进派对于主流市场派别来说属于“另类”，无法模仿。同时，主流消费者身上缺失的个人力量影响意味着他们中不会有人有足够的兴趣或足够的勇气进行冒险尝试，自己主动接受该创新产品。因此，每一位主流市场消费者都没有值得相信的人可以求助，没有可以对其产生影响的人，没有可以减轻他们焦虑的人，没有可以作为参考来了解创新产品价值的人，总之没有可以利用的社会力量。于是销售低谷就开始形成。然而，在没有明显的接受力量——无论是个人力量还是社会力量——影响创新产品温和派的时候，我们无法弄清楚这种下滑趋势如何才能够发生逆转。这并非像鞍状曲线那样，它不是那种“给它点儿时间它就会自行解决的”问题。实际上，我们真正拥有的只是一条创新产品激进派的扩散曲线，而主流市场创新产品温和派的市场潜力尚未开发出来，甚至还不属于长期接受者的一部分。

这类事情在高科技市场中十分常见，尤其是在涉及说服公司认可革命性新产品或新服务的优点时。在这些事例中，主流消费者大多是些讲究实效的经理们，他们担心突然变革会破坏公司的工作流程。举个例子来说，新的电脑服务器可能运行公司程序的速度更快，这听起来非常诱人。但万一存在公司全部现有软件并非都能在该服务器上顺利运行的风险，那该怎么办？万一提高的速度并没有超过宣传中所说的两倍，而只是接近你最在意的运行速度的1.1倍，那该怎么办？万一需要投入大量时间和电脑技术人员用于改造新系统，结果耽误了其他一些重要工作，那该怎么办？如果你是公司技术总监，需要决定是否改用新的服务器，而公司财务总监不断地警告你，从经费上限制你，且公司总裁昨天还希望得到较为理想的企业盈亏基本情况，此刻，你会强行推行激烈变革，改用新服务器吗？你愿意承受业务经理们的猛烈攻击吗？他们会在电子邮件中发泄不满，大谈特谈他们如何深陷产品兼容性的泥潭，新产品不但没有提高速度，反而降低了他们的速度。这无疑是个艰巨的挑战。假如其他10位技术总监——其公司结构和信息技术工作流程同你们公司类似，已经进行了变革，并且证明了他们所享受到的好处，而且保证整个事情操作起来没有任何困难，那么你可能会感到更加放心。有了这10位技术总监的经验，你可能会更加感到应当在你们自己的公司推行新服务器。但是，如果到目前为止，唯一的“经验”来自一家新兴公司，该公司特立独行的创始人下令安装这种新服务器，或者这唯一的“经验”来自一家纯属行业外公司的技术总监，此人刚刚接触这种新服务器的使用，那么你或许就没有足够的信心，因而会选择在一旁观望，至少当时是这样的。

我们很容易看到，如果主流市场所有技术总监的态度相似，那么对于新产品的接受或许永远不会从创新产品激进派的圈子延伸到市场其他派别中。实际上，一旦早期市场完全接受新产品，扩散进程就会陷入僵局。我们可以回忆一下在前面一章提到的鞍状曲线现象，事情并没有这么极端：销量开始下滑导致了暂时的接受低谷，但影响主流消费者的个人力量并不是零。因此，在一定时期内他们中的很多人会接受新产品，为销量回升铺平道路。但是，如果主流市场中没有人主动改变态度，那么扩散模式看起来就会更像是从悬崖上做自由落体，跌入无底洞。或者就像某些人说的那样，跌入“深渊”。

再次回到多派别扩散模式曲线

在研究销售高科技创新产品所面临的挑战时，杰弗里·摩尔是第一批阐释这种接受困境的人，并且他还强调了理解早期市场（创新产品激进派）和主流市场（创新产品温和派）之间脱节的重要性。他用“深渊”这个词来描绘创新产品销售中的急剧下滑，当时公司销售达到了这两个市场派别之间的转折点。摩尔进一步就处在这一阶段的公司如何“跨过深渊”给出了规范化的建议——从主流市场成功获得动力，重新启动止步不前的扩散进程。摩尔所提出的一系列建议可以被看作是增加主流市场中目标消费者的个人力量（p）（如果这些人能够预先挑选出来的话）然后依靠主流消费者之间的社会力量（q）来完成余下工作。

因此，要想跨过深渊，首先你需要找到主流消费者中具体的那一部分人，这些人应当能够从创新产品中获得较大收获。换句话说，他们必须要有购买该产品的足够理由。还有一点很重要，被挑中的这部分人必须愿意接受社会力量的影响。在他们中大部分人都接受之后，主流市场中的其他成员也应当愿意接受来自主流市场的目标消费者的社会影响力。

很显然，要想脱离深渊，“确定目标消费者最为重要”。主流消费者中第一批被确定为目标消费者的这部分人通常被称作“抢滩部队”，而以他们的接受作为例子来说服其他人接受新产品的能力通常被称作“参照力量”。这种结论是这样得出的：如果一切进展顺利，抢滩部队所取得的积极结果就可以作为一种有效的、强有力的参照，影响主流市场中的其他人，因为这些人被认为同他们是相似的，他们对于新产品的接受有力地证明了创新产品的价值。一旦首批目标消费者中的大多数人接受了新产品，那么开发创新产品的公司就可以寻找同首批消费者具有类似特点的其他消费者，希望他们愿意参照目标消费者的例子。摩尔采取了一种隐喻的说法，将这种情况比作打保龄球：用最佳市场营销手段击打其中一个木瓶，这个木瓶会击倒附近的瓶子，然后带倒相邻的木瓶，诸如此类。假如你第一个瓶子挑选得准确，并且击打角度和力量恰到好处，那么最终所有的瓶子都会倒下——这就是一球击倒所有木瓶的扩散曲线！

就像这个保龄球隐喻所体现出来的那样，对于成功跨过深渊来说，选择合适的“抢滩部队”至关重要。然而问题还没有解决：如何让第一批消费者放松心情、打消疑虑呢？既然此时根本谈不上什么社会力量，因此你必须考虑如何增强个人力量。做到这一点最好的办法就是“大众化定制”，或者摩尔所谓的提供“完整产品”。

“完整产品”概念中的“完整”指的是不仅向目标消费者提供创新产品本身，也就是创新产品最基本的东西，还提供其他一些东西，比如附加装置、服务或者支持功能。从客户立场来看，这些东西能够使创新产品即买即用，解决他们的问题：这种解决问题的办法同他们当前行为和过程的兼容性极高。完整产品让客户有足够的理由购买这种“即买即用”的产品。因此，虽然早期市场的消费者群体愿意接受创新产品本身——愿意自己掏钱购买其他附加装置以确保正常使用，愿意花费必要的时间调整他们的使用方法和使用习惯，愿意付出必要的精力掌握安装方法和排除故障的方法，但主流市场的消费者群体不愿意这样做。对主流消费者来说，光有产品本身是不够的。对他们来说，此类产品相关的扩散模式数值 p 显得过低。但如果向他们提供完整产品，那么个人力量就会得以提升，他们的观点也会发生极大改变。主流市场中的每一个小群体在定制要求方面可能略有不同，体现出明显的个人影响力量，因此难以在同一时间内一次性地把他们中的太多人确定为目标客户，因为你不可能定制一次“完整”方案就达到为所有人服务的目的。大家此时一定会想到那句谚语：“众口难调”。因此，建议大家最好在刚开始时抓住要点，在主流消费者中确定立足点，以最终在合适时机跨过深渊。

电子书行业是个很好的例子，可以用来说明面临跌入深渊危险的创新产品。电子书最早出现在20世纪90年代中期，当时被誉为革命性创新，几年之内就可以取代历史悠久、无处不在的纸质书。然而，电子书在经历了最初短暂的销量激增之后，紧跟着就陷入泥沼之中，几乎再没人继续下载。有人引用了2002年一位著名分析师的话：“这两年我们没有发布有关这一行业的预测，因为市场没有出路。电子书是个愚蠢的主意。我非常不看好这一市场。”

但现在我们已经知道，此类分析师的那种悲观的观点被证明是完全没有根据的。电子书的概念只是在刚开始时“没有完整起来”。到了2009年年底的时候，出现了新的电子设备，使得通过电子屏幕阅读更舒适，眼睛也不再容易疲劳。并且更重要的是，可供下载的内容也丰富起来。这样一来，主流市场就出现了销量激增的现象。引发主流市场出现激增现象的是图书馆开始向老顾客和专业人士提供电子书（免费提供总是个好办法，可以推动产品试用和接受）。专业人士经常旅行，携带纸质书籍和工作需要的资料四处旅行成了一种负担。像平板电脑iPad和电子阅读器Kindle在这一时期的涌现，更进一步加速了销量的激增。随着用户开始随身携带平板电脑，在这些设备上下载电子书的价值就变得更为显著了。

电动汽车：双坑记

只靠电池行驶的全电动汽车的接受为我们提供了一次很好的机会，可以对比一下“核心产品”和“完整产品”这两个概念。在这个例子中，创新产品激进派由那些“深绿”的环保主义者和具有坚定政治信念的消费者组成。这些群体对零排放汽车迅速表现出他们的热情。一加仑汽油可以让这种汽车行驶“无限”里程（因为它们根本不用汽油），这一产品还承诺要让世界摆脱对于石油以及石油生产国的依赖。然而，大多数消费者远没有这么兴奋。当纯电动汽车——比如通用汽车公司在 20 世纪 90 年代中期推出的 EV1 概念车，或者福特公司在 21 世纪初推出的 Th!nk City 电动车——进入汽车市场时，它们最多只能算是“核心产品”。这些电动车每次充电的行驶里程是有限的——大约 70~90 英里，而与之相比，传统汽油车每箱汽油的行驶里程为 300~350 英里。此外，每次充满电所需要的时间常常超过 4 个小时，而行驶途中充电点的数量很少，而且相距较远。最重要的是，由于电池技术费用高昂，电动汽车也价格不菲，即使在政府减免税款之后仍是如此。创新产品激进派对这种新车型的核心产品比较满意：他们每晚都会记得充电，也会仔细计算他们要行驶的里程，确保不会半路没电，而且也不会过于在乎价格。对他们来说，相对于保证地球能够长期持续稳定发展，这点钱算不了什么。拥有一辆电动汽车与其说是勤俭持家、节约成本的体现，还不如说是体现了他们的自豪感。但大多数主流消费者处于暂时观望状态，等待完美产品上市。假如每次充电后的行驶里程延长了，假如有足够的基础设施可以快速充电，假如经济上比较划算（至少买一辆电动汽车的全部费用同汽油车费用相同，或者用电替代汽油的投资回收期比较合理），那么主流消费者有可能愿意改变态度。

要想跨越全电动汽车的扩散深渊需要重点关注具体的客户或次级

市场，解决他们最关心的问题，根据他们的具体需要制造汽车。比方说，汽车公司可以从拥有员工车队的公司或机构入手，这样车辆就可以在公司停车场内进行充电。这样做也可以把初期融资的责任转移到公司账户而不是消费者自己的钱包，从而促进对于电动车的接受。汽车公司还可以从出租车公司入手，或者侧重于那些由于特殊地形和城市布局，不大在乎车辆有限的行驶里程的国家。

特斯拉汽车公司（Tesla Motors）在这方面提供了一个有趣的例子。特斯拉公司在推动人们接受电动汽车的过程中，“做了许多额外功课”，尽其所能确定并完成“完美产品”。该公司的 S 系车型在 2012 年投放市场，其外表设计非常时尚（比方说，车门把手在不使用的时候能够缩进车门，同车门齐平），性能指数十分优良（5 秒钟内可以从静止提速到每小时 60 英里）。因此它一下子就吸引了汽车爱好者和豪车购买者的注意力。驾驶过程中，驾驶员可以通过一个 17 英寸的高清触摸屏进行操作，触摸屏取代了传统车辆中使用了几十年的仪表盘。电脑操控界面与互联网相连，可以使用各种应用软件，并浏览地图以及其他有用信息。这些装置和特点吸引了那些已经在使用第二代、第三代智能手机和平板电脑的消费者。S 系车型大大降低了消费者“对于行驶里程的担忧”，因为它的电池可以在两次充电之间持续行驶 200 多英里（高级车型可以行驶 265 英里）。此外，特斯拉汽车公司担负起建立数百家超级充电站的责任，充电站遍及全美国，充电站地点的选择非常具有战略眼光，可以让 S 系车型驾驶员免费充电大约 20 分钟。同时，该公司在加利福尼亚州建立了交易站，里面的机器人只需在车底工作 90 秒就可以用充满电的电池替换下已经耗光电力的蓄电池，费用大约相当于加注一箱汽油的价格。“维修烦恼”也得以减少：车辆抛锚时，驾驶员可以要求“特斯拉公司的流动维修队”赶到事故地点，把车辆拖走维修，同时留下一辆代步车，直到车修好送回来为止。“对未来价值的担忧”也得以减轻：消费者可以选择通过特斯拉公司的融资项目购买汽车。该项目保证车主可以把车卖给公司，价格等同于同类的宝马或奥迪汽油车的价格。最后一点，特斯拉公司希望消费者可以像日常购物那样体验一下这款电动车。于是公司在高端市场和购物中心开设自己的摊位。这样一来，顾客就无须特意前往偏僻的经销场所，在拥挤的停车场转悠。对他们来说，熟悉特斯拉公司及其S系车型更像是在苹果专卖店的体验。虽然在这些地方无法试驾特斯拉汽车，但消费者可以坐到S系车辆中，亲眼看一下车辆设计，体验一下触屏界面，了解更多有关融资、转售、维修以及充电设施的信息。总之，消费者可以在那里了解“完整的”产品。

特斯拉公司创始人兼首席执行官埃隆·马斯克在S系车型上市后曾开玩笑说：“需要付出大量努力才能说服消费者。”马斯克不仅仅用语言说服人们接受他的电动汽车，更是采取具体措施提升核心产品，这样一来不但吸引了行业中早期市场的“深绿”客户，而且吸引了主流市场中的部分消费者。他“一点一点地”排除了有可能“把他的创新产品压倒在地”的接受障碍，从而避开了格列佛遇到的窘境（参见本章开头引用的那句话）。

S系车型在2012年6月22日首秀之后赢得了许多荣誉。它是第一辆赢得《汽车趋势》杂志“年度最佳车型”称号的电动车，并获得《消费者报告》杂志进行的车辆等级评定中有史以来的最高评级。作为一家知名的汽车资讯网站，Edmunds曾做过这样生动的描述：“新潮、性感、豪华、动力强劲以及让人耳目一新这些字眼是大家在谈到欧洲最新款轿车时最常听到的。而现在，我们却可以用这些词来形容美国本土制造的最新型电动汽车——2013款特斯拉S系车型。”从那个有关保龄球隐喻的观点来看，这清楚地体现了目标市场中击中靶心的一击——击中了正确的木瓶，从而帮助击倒了其他木瓶。

的确，尽管S系车型价格高达70 000多美元——联邦税款减免可以达到7 500美元，有些州还有额外减免，因此该车实际价格要低一些，但在第一年的市场销售中，其销量远远超过预期，2013 年 S 系车型的全球销量接近 22 500 辆，并在随后年份中呈现出产销两旺的趋势（2014 年全球销量大约是 32 000 辆）。特斯拉公司还公布了流水线上的未来电动车车型——X 系车型。这是一款全电动 SUV，大约在 2015 年年底下线，价格更为便宜（预期价格是 S 系车型的一半）。投资者看起来非常满意他们所看到的 S 系车型，对听到的有关车辆的未来发展计划也感觉不错，因为特斯拉汽车公司的股价在 2012 年 8 月 1 日至 2015 年 7 月 31 日之间涨幅超过 900%。时间会证明特斯拉公司的做法是否足以提供坚实的桥梁，跨越电动汽车的深渊。同时，我们也可以通过比较特斯拉公司和另外一家公司的战略得到启发。这家公司名叫贝塔佩斯（Better Place），其经营管理没有达到特斯拉公司的水平。

贝塔佩斯公司的创新种子早在 2006 年瑞士达沃斯世界经济论坛举办期间就已经开始播撒。作为论坛特邀的全球青年领袖，当时身为德国软件公司 SAP 高管的沙伊 · 阿加西受邀发言，主题是提出一种让世界变得更加美好的办法。阿加西建议用可再生能源汽车替代汽油车。当他提出这一建议的时候，一定有着美好的愿望。

在被拒绝晋升为 SAP 公司首席执行官之后，阿加西决定追寻自己的梦想：找到办法，用电动汽车替代汽油车。他在 2007 年 10 月创建了贝塔佩斯公司，坚信成功的关键要素之一是建立充电基础设施。事实上，贝塔佩斯公司先于特斯拉公司提出了电池转换站的概念，意图当司机在长途行驶中遇到电池耗尽的情况时，以此向司机提供快捷的延长行驶里程的办法。阿加西还认为，阻碍消费者购买电动汽车的一个主要原因是同汽油车相比，电动车价格过高。当然，价格差异的罪魁祸首就是电动车蓄电池价格太高。为了克服这一缺陷，阿加西提出了一个全新的想法：把汽车同电池拆开出售——消费者拥有汽车所有权，而贝塔佩斯公司拥有电池所有权。为了使汽车能够顺利行驶，消费者需要根据行驶里程按月支付费用，这样才能使用电池、充电设施，并支付充电和更换电池的相关费用。这样一来，电动汽车的价格就大致可以同传统汽车一致，甚至更为便宜。这听起来很有道理，因为汽油车所需要的能源一直以来就是独立结算的。因此为什么还要强迫消费者提前支付其中的主要能源部件——电池呢？贝塔佩斯公司提出的商业模式对整个汽车行业来说也同样比较新颖。该公司将作为你的汽车在持续行驶过程中的服务提供商，这就像无线通信服务提供商一样，一方面资助你一部智能手机，另一方面同你签署一份为期数年的合同，前提是每月要有一定时长的通话和流量。

到 2008 年年初的时候，阿加西已经募集到了 2 亿美元的资金，得到了汽车制造商雷诺 – 日产集团的承诺，制造一种符合贝塔佩斯公司充电和更换电池要求的汽车。而且，他还得到了以色列政界主要人物的支持，以色列通过法律免除了电动汽车的销售税和进口税（在以色列该税额接近 100%）。此外，阿加西还组建了一支人才济济的管理团队。他受邀四处演讲，出席各种活动和庆典。2009 年，阿加西甚至入选《时代周刊》“世界最具影响力的百人”名单。事情看起来进展得十分顺利：同以色列、丹麦、澳大利亚、日本和夏威夷相关机构的正式谈判已经开始，探讨创造条件，在这些国家或地区建设支持贝塔佩斯公司所需要的大规模基础设施。电池转换技术正在变成现实。2010 年在特拉维夫附近建成了一家万众瞩目的客户体验中心，帮助向消费者解释这一概念，让他们驾驶样品车型，亲手体验充电技术。每个客户都有望通过不断缴纳服务费创造积极的客户终生价值，而且根据预测，客户数量会迅速增加，因此贝塔佩斯公司可以向投资者展示关于这个项目价值的乐观预测。

到 2012 年年初，公司募集到了数亿美元的私募资金，并开始在以色列和丹麦建造基础设施。之后，贝塔佩斯公司开始向这两个国家的消费者提供电动汽车，同时继续其在其他市场的工作。许多消费者来到中心参观，但遗憾的是，只有极少数人购买该车、签署服务协议。

市场需求异常萧条。阿加西预测的在最初几年内造就数万接受者的情况从来没有出现过，公司一共只卖出了不到 1 500 辆汽车。

贝塔佩斯公司在以色列一个国家就雇用了 400 多名员工，在其他国家也有大量雇员。基础设施投资费用极高。例如，据估计，每个电池转换站的建设和使用费用接近 50 万美元，而即使是像以色列这样的小国也需要 20 多个转换站才能建立起覆盖面足够广的转换网络。随着费用持续上升却几乎得不到任何收益，贝塔佩斯公司迅速走向了一条死路，眼前出现了一条可怕的深渊——跟你猜想的一样。

2012 年 10 月，阿加西辞去了贝塔佩斯公司首席执行官一职。他的继任者埃文 · 凯特雷（他之前一直负责贝塔佩斯公司在澳大利亚的市场）也在上任几个月后被解雇。下一任首席执行官丹 · 科恩的任期也没有几个月，因为公司在 2013 年 5 月申请了破产。

到底什么地方出现了问题？这样一家名声在外、投资数额超过 8 亿美元、拥有超级管理团队的公司怎么最终走向了匪夷所思的“穷途末路”呢？可以肯定的一点是，贝塔佩斯公司在破产之后，一定会面临许多指责。但从根本上说，我们不能忽视的关键一点是：缺乏消费者热情。基础设施已经就位，汽车在码头等待，服务中心已经开始运营，准备服务。所有事情都已经就绪，消费者却止步不前。以色列和丹麦的汽油价格每加仑超过 7.5 美元（几乎每升 2 美元），而且同电动车相比，在这两个国家内燃机汽车的税率相当高。鉴于这种情况，人们禁不住会想：为什么市场反应会如此冷淡呢？

用我们的多派别扩散模式和摩尔的深渊镜头检测一下贝塔佩斯公司的做法，可以找到新的线索。首先，雷诺 – 日产集团为该公司研发的电动汽车实际上是一款“毫无新意”的汽车（其实就是雷诺风朗的电动版），它是一辆普通的四门轿车，没有任何特殊设计，只是一款普通得不能再普通的轿车。换句话说，它没有以主流市场中任何的特殊“抢滩部队”作为目标。其次，这款车也是唯一的销售车型，因为贝塔佩斯公司没有能够说服其他汽车制造商为其研发符合充电和更换电池要求的车辆。该车每次充电的行驶里程也非常有限，只有 100 英里多一点儿——因为只有少量电池转换站可以使用，所以电量耗尽依然是个问题。最后，尽管从理论上听起来不错，但承诺车型的服务功能（从行驶里程方面来看）同消费者以往的驾驶体验还是有很大差异的。付款为汽车补充能源是贝塔佩斯公司一直以来的做法，也很有可能是其本来打算继续采取的做法，这种做法实际上与能源的具体形式不同。在电动汽车这个案例中，手机看起来同它不具有太多的可比性。手机刚出现时，许多人习惯于为他们的座机按月缴纳基本费用，他们多少可以预测当月的花费。汽车则不同：消费者显然不打算放弃不开车就不用付费的灵活做法。并且，对手机来说，不存在转售的问题，因为大多数消费者在更新换代时没有想过要卖掉他们用过的手机。但汽车是一个完全不同的产业，人们必须要考虑他们将来卖车的问题，这有可能让消费者更谨慎一些：考虑一旦将来要取消合同、不需要车辆的主要部件（蓄电池）、想要把车卖掉时可能出现的情况。总之，主流接受群体中缺乏强大的个人力量，而且存在太多不熟悉的因素。更糟糕的是，同普锐斯或 S 系车型相比，该车的设计没有让驾驶员有与众不同的感觉，体现不出他们的环保意识，无法让人一眼就辨别出来。综合考虑这些因素，这些障碍甚至可能阻碍了那些创新产品激进派中“深绿”人士对于该车的接受。

还有一个问题或许也损害了贝塔佩斯公司：公司没有专注于某一地域，没有迎合某一特殊市场，而是同时在多个市场频繁推进，希望可以尽快发展。但遗憾的是，这种结果从来就没有出现过。

最终会跨过深渊吗？

回到第 1 章中，我们注意到第一批单人交通工具赛格威两轮平衡车在2001年年底面世。当时存在许多障碍，阻止主流消费者接受该产品。其中，同其他交通工具相比（这样的交通工具数量极少），它具有一些优势。考虑到当时的公路和人行道的基础设施，该产品在日常使用中存在许多兼容性问题（此类问题极多）。同时，人们在理解该产品的工作原理以及如何调整生活方式方面也遇到了复杂问题（此类问题也相当多）。

赛格威公司的创始人及其管理团队最初可能认为赛格威两轮平衡车是一种有着极大市场吸引力的新产品，普通消费者会马上接受这种创新产品。他们在主观上非常认可这种产品，认为它远远优于其他任何现有产品，一定会"无须营销，自行销售"。体现这种想法的一个典型例子就是赛格威两轮平衡车的早期销售完全是通过亚马逊网站（Amazon.com）进行的，产品宣传完全依靠媒体报道和免费公关。但这种一味被动跟随主流消费者的做法使得该公司看起来有些本末倒置（在这个例子中，公司只关注产品，忽略了市场）。忽略接受过程、忽略可能出现的鞍状曲线和深渊的做法已被证明是误入歧途。诚然，有些热情的消费者会急不可耐地出手购买（伸脚登上）赛格威两轮平衡车，在产品上市后最初几年就被争取过来，但这只占接受率的百分之几，大部分消费者仍然无动于衷。这样一来，赛格威两轮平衡车就坠入深渊，成了一个高科技稳定陀螺仪，仅此而已。

赛格威平衡车的发明者迪安·卡门最终不得不承认："尽管科技发展得非常迅速，但人们的思想变化非常缓慢。"公司面临的选择是：（1）等待，这可能会是很长一段时间，而且没有任何保证，直到想法现实的消费者改变他们的思想；（2）努力搭建一座桥梁，或者搭一些梯子来跨过深渊，让扩散进程再次回升。赛格威公司选择了后一种办法。果然，有目的的营销战略改变使得该产品重新回到销量增加的道路上。具体来说，公司主要瞄准了两个消费群体：安保市场和旅游市场。

在安保和巡逻市场，赛格威公司一方面努力引起营利性公司的兴趣，比如那些在购物商场提供安保服务的公司，另一方面试图引起政府机构的兴趣，比如警察部门。为了吸引这一消费群体，公司特意生产了适合警察和安保人员的产品，并给它起了一个恰当的名字“赛格威巡逻车”。这一“完整产品”具备了一些定制特色，对目标市场具有特殊价值：加装了可视装置（比如反光防护网）；配备了照明装置，在追逐时可以闪烁蓝红警示灯；装配了特制的配件挂钩，用于放置设备（比如附加的照明和语音设备）；配备了杂物托板和背包，用于携带安保和现场急救设备；加装了前保险杠，用于从高处突然跃下时保护巡逻车。有几种理由可以支持把这一群体作为营销目标，从而顺利跨过营销深渊的想法。首先，这种巡逻车非常经济实用，而且适合在许多场合使用，尤其是在那些开车巡逻不方便但又对机动性要求很高的地方。比方说，在公园中使用赛格威巡逻车可以减少巡逻马匹的养护费用（骑马巡逻不但费用昂贵而且不是十分方便）。在购物商场，正如一位保安公司负责人所言，使用该巡逻车“效率倍增”：由于赛格威巡逻车操作简便、速度很快而且效率很高，公司无须雇用那么多人就可以巡逻整个购物场所。的确，一位公司经理测算出的结果是，每辆赛格威巡逻车每年可以节省 5 万 ~6 万美元的人工费用（以每辆车节省 1.5 个巡逻人员的比例计算）。每辆赛格威巡逻车的价格大约是 5 000 美元，这样一算一年的投资回报就是 10 倍！其次，安保市场有可能会产生扩散效应，因为在这一市场的成功可能会影响附近市场，它们也可能愿意接受这种“成功的参照物”。比方说，警察部门使用该巡逻车产生的经济实用的效果可以成为有力的参照，军队和政府部门的客户可以效仿。应急反应部门的工作人员，比如在紧急事件发生期间需要四处奔走、穿梭、治病救人的医务人员，可能会从安全部队频繁使用这种巡逻车中得到启发，相信赛格威巡逻车可以帮助他们更好地完成工作。最后，由于许多使用赛格威巡逻车执行的安保任务都是在公共场合进行的，普通百姓就能够看到它们的使用，也就更容易认识到它们的操作是多么简单。尽管有人可能会争辩说，这也可能产生负面效果，因为看到身穿制服的工作人员使用赛格威巡逻车会使普通消费者打消使用它的念头（“既然他们在使用，那我怎么能用呢”），但是，在日常生活的环境中让更多人认识该车所产生的净效应还是正面的。

为了进一步满足安保市场的需求，赛格威公司研发出了三轮单人平衡车，提升了动力和地形适应能力，提高了防风雨能力，能够倒退行驶，电池更换简单方便。有了三个轮子可以让该车垂直停放，并能够在快速下坡时保持稳定。

在旅游市场，赛格威公司同那些愿意推动赛格威骑行体验的公司和企业合作，以此作为这些公司现有的观光旅游活动的一部分，或者作为他们向游客提供的唯一旅游活动。从服务这些接受者的角度来看，要想使该产品成为“完整产品”需要提供价格适宜的租赁选择（因为需要一些电动车来供应给游客），并生产两种不同的产品：一种是用于城区的标准车型（赛格威 i2 型），另一种是用于道路之外的越野车型（赛格威 X2 型）。同时，公司还研发了许多对游客来说非常重要的附属产品：车把手手包（用于存放相机、手机等物品）、增加可见度的反光装置以及停车支架，在不使用时可以保持车辆直立（比方说，当骑行者想要在公共区域下车、更近距离观赏景点时可以用到这种装置）。支持通过瞄准这部分消费者从而跨过扩散深渊的理由十分明显：首先，在旅游市场使用赛格威电动车十分经济实用。这种单人交通工具可以让使用者在较短时间内扩大活动范围，因此对那些时间有限的游客来说，或者对那些长途跋涉比较困难的游客来说，骑车观光非常有吸引力，因而愿意接受电动车。其次，观光旅游为许多主流消费者提供了廉价的骑乘体验，无须花费上千美元购买车辆（大多数观光费用在 50~100 美元之间）。并且他们可以同其他消费者一起体验，同时会有导游在现场指导，让人放心。第三，这种做法有可能会产生扩散效应，因为赛格威观光电动车在著名旅游景点（像伦敦或罗马这样的城市）

的成功有可能让其他景点也想得到类似的成功体验。在跨越扩散深渊的实际过程中，已经产生了许多相邻扩散的现象。例如，现在，骑乘赛格威观光电动车已经变成了冒险主题公园、动物园、大学以及淡季的滑雪场中一道常见的风景线。此外，在这些观光活动中尝试过使用赛格威电动车的消费者有可能会决定购买该车。事实上，赛格威公司经常让旅行社充当经销商的角色，如果他们愿意的话。已经有几家旅行社反馈说有一些骑乘赛格威电动车的观光客变成了该车的买主。

赛格威公司通过自身努力摆脱扩散深渊的尝试看起来颇有成效，造就了一批主流市场的接受者。这些人能够维持生意健康发展，并有可能影响到相邻的次级市场。为了推动这一进程，该公司还修改了营销渠道策略：感兴趣的个人和团体可以在数百家经销商和销售站那里体验驾驶赛格威电动车，并可以咨询授权专家。值得注意的是，赛格威公司所选择的用来帮助自己跨过扩散深渊的消费者既包括企业客户，也包括个人消费者。根据市场营销工作的本质（例如，动用一支销售力量直接同企业中相关人士对话）、获取具体经济收益的能力（例如，降低成本或者获得额外收入来源）以及解释创新产品如何解决某个众所周知的“痛苦点”的能力，赛格威公司的这种做法常常使得公司可以更容易跨过深渊。

至于所有这些努力将来能否让普通百姓广泛接受这种单人交通工具，或者赛格威公司的成功是否只局限于具体的企业用户，目前尚未有明显答案。对整个行业来说，出现了一种利好的发展趋势：数家汽车制造公司开始研发“微机动性”车辆，即小型电动车，只能搭载 1~2 名乘客，行驶里程和速度相对有限。国际咨询机构弗罗斯特 – 沙利文公司最近的一份报告指出，到 2020 年将有 150 多款新车型出现。一些人把最近涌现出来的更便宜的“悬浮滑板”（一种无须用手操作的自动平衡的两轮机动装置）视为另外一种相关产品，认为它甚至可能代表了赛格威电动平衡车的自然发展（尽管早期的一些产品看起来还存在安全隐患）。单人交通工具行业可能会借助这批涌现出的新车的东风，从中获益。在我们所介绍的多派别扩散模式中，这一评估会影响到我们所讲的主流市场消费者的长远潜力（m2）。

或许有些讽刺意味的是，当被问及赛格威两轮平衡车上市几年后的发展前景时，杰弗里·摩尔表达了这样的担忧：对于普通用户来说，该车存在太多不确定因素和接受障碍，因此这种产品“命中注定要永远处于深渊之中”。他评估赛格威电动车可能的命运时所采用的隐喻出自《格列佛游记》一书，书中描述了身高只有6英寸的小人国的居民是如何制服了身高6英尺[①]的正常人的。尽管这些小人儿手里只有小细绳（障碍），但他们将很多这样的小细绳连起来把格列佛（赛格威两轮平衡车）捆绑在地。换句话说，在摩尔看来，赛格威两轮平衡车存在太多接受障碍，难以摆脱。但巅峰战略投资公司（Summit Strategic Investments）似乎并不认同这种观点。该公司在2013年收购了赛格威公司，并正式宣布要在未来几年内大力发展这种产品。

不是尾声的尾声

我们把扩散深渊这种现象概念化，将其定义为创新产品扩散模式中的局部中断，并想方设法来克服它。我们的这种做法巩固了前一章介绍的主要内容。具体说来，有时候我们需要把创新产品的接受当作由几种不同的扩散过程组成的整体，其中每一部分都有各自的参数，包括长期市场潜力参数、个人力量参数以及社会力量参数。当不同派别间至少存在某种社会力量时，或者主流市场消费者具备足够的个人接受影响力时，我们就可以预测到会出现鞍状曲线：在某一段时间内会出现接受低谷，但最终销量会复苏回升。但是，如果这两种情况都

① 1英尺≈0.305米。——编者注

没有出现，那么在早期市场完成了接受之后，新的接受会慢慢停止，在早期市场和主流市场之间就可能出现深渊。此时就需要采取一系列市场营销活动进行“矫正”，跨过深渊，避开灾难，重回扩散轨道。

我们在本章开头部分曾经打了个比方，提到饥饿的企鹅，现在我们把它讲完。如果没有一只企鹅愿意主动跳入水中，那么必须有人推其中几只企鹅一下。尽管在自然环境下，这一下可能来自挤在冰雪边缘的其他企鹅，但对于创新产品来说，公司通常需要通过“完整产品”给部分顾客“一点儿推力”，让他们尝试接受该产品。

毫无疑问，本章所阐述的所有内容都与创新价值有关：接受群体之间可能会有差别，体现在他们以消费者身份参与进来的时机、争取他们所付出的成本、他们每一时期创造的利润幅度以及他们退出市场的方式上。有时候这些差异十分显著，以至于他们的接受时间会有很大差别。有目的的市场营销工作需要消除这种差别，而这些工作对于扩散过程产生的影响可以被纳入创新价值评估中。

要点回顾

- 市场中存在几种消费派别，每一派别对于创新产品的要求和态度差异极大，因而在产品扩散过程中可能造成停滞局面：其中的一个派别（有时被称作“早期市场”）会在另一个派别（有时被称作“主流市场”）开始考虑接受产品之前就已经完全接受。
- 这种现象也被称作“深渊”，其关键是派别间缺乏社会影响力，并且推动主流市场接受产品的个人力量也非常弱。如果不进行干预，主流市场的扩散进程是不可能开始的。但一旦介入之后，主流市场派别内部的社会力量就会发挥作用，推动产品的接受。这些观点可以在上一章提出的多派别扩散模式中找到。

• 想要让创新产品在主流市场获得最初的发展动力，常常需要提供一种能够彻底解决潜在主流消费者问题的产品，或者提供一种能够完全满足某些消费者需求的产品。在这一过程中，尽量不要扰乱消费者已有的行为方式，也应尽量减少对他们来说那种不确定的投资。这种改进的产品通常被称作“完整产品”。

• 想要在这一关键阶段催生对于产品的接受，我们建议必要时可以缩小目标市场的定位，侧重于主流消费群体中一些精挑细选出来的客户或小群体。这样做更有利于提供完整产品，也更有可能取得成功。一旦这些目标消费者接受了创新产品，他们就可以为主流市场中的其他客户和小群体充当可信的参考，而派别内部的社会力量也从此开始发挥作用。

第6章

竞争中求存：创新产品的品牌等级评价

无论是谷歌、苹果还是免费软件，我们都有一些实力强劲的竞争对手，让我们时刻保持警惕。

——比尔·盖茨

2001年春，XM卫星广播公司的两颗卫星（“Rock”和“Roll”）进入轨道，地面信号增强器也安装到位。人类历史上的第一次卫星广播服务XM卫星广播于当年秋天正式向消费者推出。其市场营销活动耗资1亿美元，包括以音乐家史诺普·道格、比比金和大卫·鲍伊为主的广告。这些人“从天而降”，进入写字楼、仓库和旅馆房间，通过影院大屏幕和电视机宣告了新型广播服务的来临。虽然原定于9月12日的上市因“9·11”恐怖袭击事件而向后推迟了两个星期，但XM卫星广播公司依然在短短几个月的时间里争取到了30 000多名接受者。这一结果让当时的公司总裁休·帕内罗备受鼓舞。他在出席2002年消费电子产品展时发表声明说：“人们愿意付费收听广播吗？答案是十分肯定的——愿意。”

在发表此番声明时，帕内罗是唯一一家提供卫星广播服务的公司的掌门人。全市仅此一家的感觉很好——事实上是全美仅此一家。但这种情况很快就会发生变化。2002 年 2 月 14 日，也就是在 XM 卫星广播公司首秀不到 5 个月之后，天狼星公司开始全面推出自己公司的服务，最初是在 4 个州，而到了夏天，就已经遍布全美。可以毫不夸张地说，从那一天起，XM 卫星广播公司就感觉天狼星公司一直如影随形，因此承受了很大压力。

尽管帕内罗说的没错，消费者愿意在未来几年内付费收听广播，但是每家公司要求他们支付的费用差别很大：XM 卫星广播公司推出的服务费用是每月 9.99 美元，而竞争对手天狼星公司把服务费用定为每月 12.95 美元。虽然价格高于对手，但天狼星公司夸下海口，声称它所有的音乐频道都是没有广告的。相比之下，在 XM 卫星广播公司的许多音乐频道中会听到 2~4 分钟的广告（两家公司的非音乐频道中都有一定数量的广告，比如脱口秀频道和新闻频道）。从顾客的角度来看，听音乐时没有广告是否值得每年多支付 36 美元呢？

对有些消费者来说，这并不是一种现实或实用的选择。随着车载广播日益普及，两家公司都竭尽全力确保同汽车制造公司单独合作，在新车里只预装他们公司自己的接收器，该接收器只能接收每家公司自己的信号，不能交替接收。在几年的时间里，XM 卫星广播公司设法与通用、本田、现代和丰田公司达成独家安装协议，而天狼星公司则与宝马、克莱斯勒、福特、马自达和三菱公司达成独家安装协议。这两家公司还向新车买主提供 3 个月的免费收听服务，让车主们体验一下，希望试用期结束后车主们可以付费收听。从某种意义上说，决定接受这种技术的新车买主都被 XM 卫星广播公司或天狼星公司吸引住了。

那些已经有车但对卫星广播感兴趣的人必须要购买、安装专用的接收器。为防止这种情况成为阻碍接受的一大障碍，两家公司同消费电器制造商合作，比如先锋公司和索尼公司，提供补贴，降低最终消费价格（大家可能还记得，我们在第3章中分析了此类补贴的好处）。

从最初两年的接受情况来看，先发优势似乎使XM卫星广播公司有所斩获。公司宣称，到2003年年底，自己拥有了136万用户。而同期的天狼星公司只有大约26万用户。然而，进入2004年之后，XM卫星广播公司开始担心自己会在新兴市场中输给天狼星公司。在零售中，大部分产品在汽车配件市场中被销售出去。天狼星公司采取的不在音乐频道插播广告的定位看起来迎合了某些消费者的需求，他们讨厌把大量的时间用于收听广告，也不喜欢收听有限的调频、调幅广播。为了消除这种明显的劣势，XM卫星广播公司于2004年年初宣布自己也将撤销音乐频道中所有的广告。

从增加用户数量的立场来看，撤销广告的做法很好，XM卫星广播公司在2004年增加了将近200万客户。但是，从客户盈利能力的立场来看，这使得事情变得难以管理。每月服务费用定价为9.99美元，这样一年下来每位客户的费用就是120美元。当初这样定价的初衷是通过一些广告收入补贴收益。然而，作为一种新媒体，卫星广播不但没有证明投放广告带来的效益，还规定音乐频道中不能插播广告。这样一来广告商就不会积极购买电台节目。XM卫星广播公司2004年的广告净收入“极高”，达到850万美元，但平均下来在每个月每位用户身上实现的盈利只有微不足道的0.33美元。每位新用户的平均购置成本超过100美元，运行成本也在增加，因而每位争取过来的客户最终成为盈利客户的时间看起来相当长。2005年春，XM卫星广播公司提高了服务价格。这是意料之中的。大家能够猜到新价格是多少吗？在针锋相对的激烈竞争中，公司把价格定在12.95美元——这一价格恰恰是天狼星公司一直以来执行的价格。

两家公司的音乐节目表类似，采取的限制插播广告的做法相同，订阅价格完全一样。如此一来，两家公司只剩下一种不同的办法：保证那些非音乐节目内容是独家所有的，以此来吸引消费者。这一办法很快演变成了一场昂贵的军备竞赛。体育赛事成了其中很重要的一部分，天狼星公司控制了全美职业篮球联赛和美国橄榄球联赛的转播权，而 XM 卫星广播公司则锁定了美国职业棒球联赛和全国赛车比赛的转播权。娱乐明星是另外很重要的一部分，像鲍勃·迪伦和奥普拉·温弗瑞这样的明星都成了签约主持人。正是在最后这一领域，天狼星公司于 2004 年秋扔下了一颗炸弹，宣布播音界最大牌的明星霍华德·斯特恩将于 2006 年 1 月加盟本公司。

霍华德·斯特恩素以“惊世骇俗”著称，原因在于他直言不讳、颇具争议的主持风格，其中包括情色八卦、粗俗的笑话和疯狂的政治内容。他在签约时的受欢迎程度是毋庸置疑的，因为数百万人每天都在收听他的节目，这在北美形成了无数市场。当时天狼星公司总裁约瑟夫·克雷顿把斯特恩转投卫星广播这件事称作一次“分水岭式事件”。然而，无论从哪个角度来看，这绝不是一次便宜的“转折事件”：天狼星公司同意在 5 年的时间里支付给斯特恩 5 亿美元，用于制作和播放《霍华德·斯特恩脱口秀》栏目，以及作为他加入后的股权激励。

在这一爆炸性新闻发生之后，两家卫星广播公司的高管们都开始评估霍华德·斯特恩签约带来的影响。对天狼星公司来说，这笔交易值得吗？ XM 卫星广播公司有多担忧呢？到 2004 年年底，两家公司全部签约用户数量大约是 400 万人，也就表明卫星广播市场刚刚达到其长期预期渗透水平的 15%。在斯特恩加入进来之后，争取剩余接受者的斗争会如何发展呢？天狼星公司是否期望可以在新客户接受方面大胜 XM 卫星广播公司呢？ XM 卫星广播公司的现有客户是否会在 2006 年 1 月到来之际，也就是斯特恩的节目在天狼星公司开始直播时转投天狼星公司呢？ “斯特恩的加入”是否真的是一次分水岭式的事件，淹没了其中一个或者两个针锋相对的竞争对手呢？还是说他们两个都可以继续浮在水面之上维持下去，齐头并进，获取更大收益呢？

本章将讨论这些问题的答案以及更多其他内容。

紧跟对手创新产品的扩散来争取客户

毫无疑问，面对竞争我们的第一反应是这不是个好消息，因为这通常意味着需要争取同一批客户、采取降低利润的行动，以此抢占先机或反击对手。然而，由于创新产品尚处于其产品生命周期的初始阶段，因竞争而可能产生的一些微妙影响并不全是负面的，至少对某些参与者来说不是这样的。

对于投放于同一市场空间的类似创新产品我们应当记住的重点是，在所有“竞争”发生的同时，也会有越来越多的新接受者涌入这一行业。因此，当我们寻找各种方法以在创新价值理论体系内展开竞争时，有效的做法是优先解决新接受者的获取问题，然后留意客户管理和客户保留中出现的变化。我们将首先从相对简单的方法入手，再将影响竞争互动的因素考虑在内。我们的阐述将以一种比较全面的模式总结投放创新产品的公司的客户群在面对竞争对手时的发展历程。

随着行业的发展，每家公司都会获取其“公平的”市场份额。我们当然没有忽略本书到目前为止所提出的竞争压力。我们给出的设想是这样的：让整个行业遵循基本扩散模式过程，其中新接受者（无论客户选择哪家公司）受到行业层面接受力量（p 和 q）的控制，这些接受源自单一的长远市场潜力群体（m）。然后假设所有公司都参与新接受份额的分配，即每个竞争者都得到一份。比方说，我们在第二章采用这种方法计算出了 XM 卫星广播公司的创新价值。当时为了阐述方便，我们假设 XM 卫星广播公司和天狼星公司平分了卫星广播行业的新接受者数量。决定份额分配的有多种因素：每家公司提供的具体条件、定价模式、服务条款、市场营销计划的成效，以及所涉及公司的品牌名称（如果必要的话）。公司可以采用针对消费者和专家的调研或者其他市场调查技巧（比如联合分析法，这种方法可以测出消费者的偏好。更多细节参见第 9 章），以此了解每种产品可能带来的新接受者比例。当然，如果这种评估是在产品上市不久后做出的，那么有关新接受者如何在竞争者之间分配的早期数据就可以用来作为未来预测的基础。随着时间推移，人们可能会根据公司行动和消费者的接受能力决定更改份额分配。例如，假如一家公司采取降低价格、修复产品缺陷、提升服务质量等手段，那么该公司有可能会获得更多份额，而其竞争对手则会损失份额。

各家公司创新产品的扩散速度不同，而接受者都来自同一个潜在接受群体。另外一个建立存在多个竞争者的市场发展的模型的方法是假设每一个竞争者都拥有其自身的基本扩散模式力量，体现出在吸引新接受者方面的优势和缺陷，同时依然假设只存在单一的长远市场潜力群体。当处在不同条件下的消费者价值定位存在显著差异时，或者当创造收益的商业模式（广告、客户支付、免费增值等）不同时，这种方法格外重要。

采用这种方法时，从共有市场潜力群体中获取新客户的速度根据公司的不同而不同。因此，不同竞争者的市场份额也会随着时间推移发生相应的变化，尤其是当某家公司的创新产品的扩散力量更强大时，就会形成对该公司有利的巨大差异。图 6–1 呈现的例子展示了两家公司市场份额随着时间推移而发生的变化，其中一家公司的扩散参数高出第二家公司 10%。我们可以看到，这两家公司的市场份额差距最初是 5% 左右，而 10 年之后，这种差距慢慢加大，达到了 10% 左右。

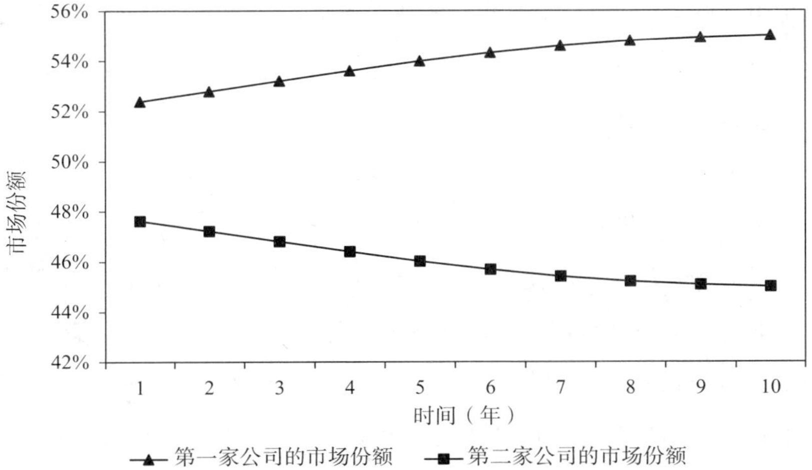

图 6–1　一家公司的扩散参数（p 和 q）更高时市场份额比例 *

* 参数 p_1=0.029；p_2=0.026；q_1=0.44；q_2=0.40

可以对这种方法加以改进，把竞争因素融合进来。具体做法是让每家公司从不同的市场潜力群体中获取接受者，这样一来就可以得到属于单独某个公司或某个品牌的所有基本扩散模式参数。然而，在为每一个参数（包括不同的长远市场潜力）选取数值时，应当考虑各个公司与其竞争对手相比所预计的竞争优势（或劣势）。对这种方法大家不应感到十分陌生：我们在第 3 章分析 Dropbox 公司产品的创新价值时曾采用过类似方法。尽管网络云存储市场竞争激烈，但 Dropbox 公司的商业经营模式比较特殊，客户可以通过推荐新客户获得更大的免费存储空间。这表明它的接受力量参数有别于整个行业。通过早期数据来看，该公司的市场潜力大约占整个行业预期的长期市场潜力的 20% 多一点。

暂时考虑一下行业同品牌层面扩散之间的关系

前面我们讨论了当消费者有多种选择机会时分析创新产品扩散的不同方法。这些讨论突出了一个重要的概念性问题：我们是应当把接受决定视作包含两个阶段的过程还是只有一个阶段的过程呢？在两个阶段的过程中，潜在接受者首先做出“重要”决定，接受这一行业，比方说智能手机或者电动汽车。只有在确信自己需要或者想要该行业的产品时，他们才会选择具体品牌，比方说选择苹果手机而不是三星手机，或者选择特斯拉S系车型而不是日产聆风。或者，在一个阶段的过程中，消费者实际上在决定进入这一行业的同时就决定了拥有哪个品牌。

很显然，用于调和竞争的第一种方法更符合两个阶段的过程，其中行业自身的发展可以带来新接受者，每一个竞争对手都可以从发展中获得市场份额。相比之下，另外两种方法更符合一个阶段的过程，其中每一种品牌都具备自身的接受力量，因而新接受者可以直接“汇聚”到每一品牌名下。在本章剩余部分，我们将研究一个阶段决定过程中创新产品的接受案例，同时在品牌层面研究扩散模式。除了反映现实生活中的许多具体情况之外，它还可以让我们更灵活地捕捉到各种现象，这些现象对于正确解释竞争之间的关联性至关重要。

在行业同品牌层面关系的讨论中，另外一个需要考虑的概念性问题是市场潜力。正如我们早些时候所提及的那样，不同品牌要么是从共有的市场潜力群体中获取接受者，要么是从各自独立的市场潜力群体中获取接受者。如果是后者，那么竞争激烈程度就可能较低，因为各个品牌不会进行内斗，去争取同一批潜在消费者的关注以及他们的腰包。看起来似乎每一种品牌都只吸引他们各自的群体，不会出现交叉现象。研究市场的一贯做法是遵循共有市场群体的假设，在这种市场中争取创新产品接受者的竞争非常激烈。我们在本章剩余部分中将采用这样的方法。

在澄清这些概念之后，现在我们可以开始讨论竞争中的两个重要问题——跨品牌沟通和争斗，如何能够融合成一个紧密的扩散结构。

口碑营销，交叉沟通

我们思考一下苹果公司2007年夏天推出苹果手机这件事。这实际上是第一款配备多触点触摸屏和不断增加应用软件的智能手机。该产品上市后出现了两种值得注意的情况。第一种，许多人对这种新设备赞誉有加，也就是说大家对苹果手机非常感兴趣，同时对其赞不绝口。此外，随着苹果手机销量增加以及拥有该设备的人越来越多，该产品进入人们视野的能见度也越来越高：经常可以看到这款手机，也经常看到接受者用手指在滑动手机屏幕。第二种，苹果手机上市之后，几家著名的手机制造商，比如三星公司和LG公司，也推出了他们自己的具有类似特点和功能的智能手机（虽然他们的产品以谷歌安卓操作系统，而不是苹果公司的iOS操作系统为基础）。在很短的时间里，这些竞争对手，尤其是三星公司，获得了接受力量。

在评估这个案例中的市场社会沟通力量时，人们可能想知道苹果公司的竞争对手究竟从苹果公司创造的口碑和能见度中获得多少收益（或许现在依然在受益）。进一步来说，我们讨论的问题是某一品牌所有者所创造的社会力量在多大程度上影响了其他人对于这一具体品牌的接受。苹果公司或许在操作时假设，人际沟通和苹果手机用户的能见度主要帮助推动其自身产品被人们所接受，其方式就是大家所熟知的"品牌内部口碑"效应。然而，行业内的其他产品也完全有可能从苹果手机造就的声势中获益，其方式就是大家所熟知的"跨品牌口碑"效应。事实上，行业内许多人都认为不应当忽视后一种效应。用当时威瑞森无线通信公司一位发言人的话说就是："我不得不承认，一次涨潮托起了所有船只。"意思是说，苹果手机带来的强劲的接受势头极有可能间接地帮助了竞争对手的智能手机品牌。

品牌内口碑效应的存在是完全有道理的：人们可能希望同使用某一特定品牌的消费者进行交流沟通，从他们那里获得有关产品接受体验的信息，比如这一品牌的信息，以及当初为什么考虑接受它。在克服创新产品接受障碍的过程中，信任信息来源是非常重要的。因此，当一个朋友或熟人称赞某一具体品牌时，通常可以影响他人也去购买同一品牌。为什么还可能存在着跨品牌口碑效应呢？其中一个主要原因与购买创新产品的决策过程有关（第 3 章简单概述过）。一些消费者确实会受到传言、口碑和所谈论品牌能见度的影响。然而，作为有心的消费者，这些潜在接受者在决定接受某一具体品牌之前还希望看一下除此之外还有哪些品牌。或者，由于曾听说过某一品牌的智能手机，他们可能更关注有关智能手机的广告或价格促销活动，甚至可能包括另一家竞争对手提供的品牌。由于消费者在品位、需求和购买意愿方面存在差异，苹果手机所引发的接受潮流可能会使他们发现并接受更适合自己的苹果品牌之外的手机品牌。这样一来就增加了其他品牌的机会。

类似的双重口碑效应也同样非常适用于平板电脑：当 iPad 用户向他们那些尚未购买平板电脑的朋友们讲述或展示这种新产品给他们的数字化生活带来的改变时，他们可能会强调 iPad 特有的优势，或者他们可能会大谈特谈拥有这种触屏设备的好处，因为该设备巧妙地弥补了智能手机和台式电脑之间的差距。如果这种沟通使得那些未接受者成功转变成 iPad 客户，那么我们就把这种社会力量视作具备品牌内口碑效应；相反，如果有心购买平板电脑的一些朋友最终购买了三星公司的平板电脑，那么出现的这种“授粉”现象就是跨品牌口碑效应。

如果你的直觉告诉你，品牌内口碑效应应当比跨品牌影响更强烈，那这种直觉就是正确的。这一问题曾在几个国家的手机行业内被研究过。具体说来，是在西欧的 16 个国家。结果发现，在创造新接受者方面，品牌内沟通产生的影响平均大约是跨品牌沟通的两倍。我们已经说过，在其中的许多国家中，如果把双重口碑效应都考虑在内的话，那就可以更好地理解几种有趣的竞争动态。

在 1982 年到 1992 年整整 10 年的时间里，瑞典手机市场一直由 TeliaSonera 一家运营商公司垄断。1992 年，随着手机以大约 10% 的渗透率向成人群体渗透，手机市场开始敞开竞争的大门，一家新的供应商 Tele2 进入瑞典市场。Tele2 的参与正好赶上全球移动通信系统（GSM）开始建立。这是一种新的移动通信数字技术标准。Tele2 公司发展非常迅速：在其运行的前 4 年，获得的用户数量超过 40 万。相比之下，TeliaSonera 公司苦苦经营了 9 年才达到这一数量，这也难怪 TeliaSonera 公司的高管们开始感到压力。当时的财经媒体报道说，公司管理层曾考虑缩小规模和裁减员工。因为毕竟从早期数据来看，Tele2 公司最终会成为市场领袖，把 TeliaSonera 远远抛在身后。这种预测是合情合理的。

然而，这些担心却被证明是没有根据的：Tele2 公司虽然在很短的时间内就争取到了首批 50 万客户，但这并不表明它就可以主宰未来市场。如图 6-2 所示，在 Tele2 公司进入手机市场的 12 年内，尽管用户数量持续快速增长，但该公司一直没有超过 TeliaSonera 公司，后者的用户数量和销售数量一直在增加。事实上，有那么几年它的发展速度甚至超过了 Tele2 公司，其竞争力和业绩相当不错。

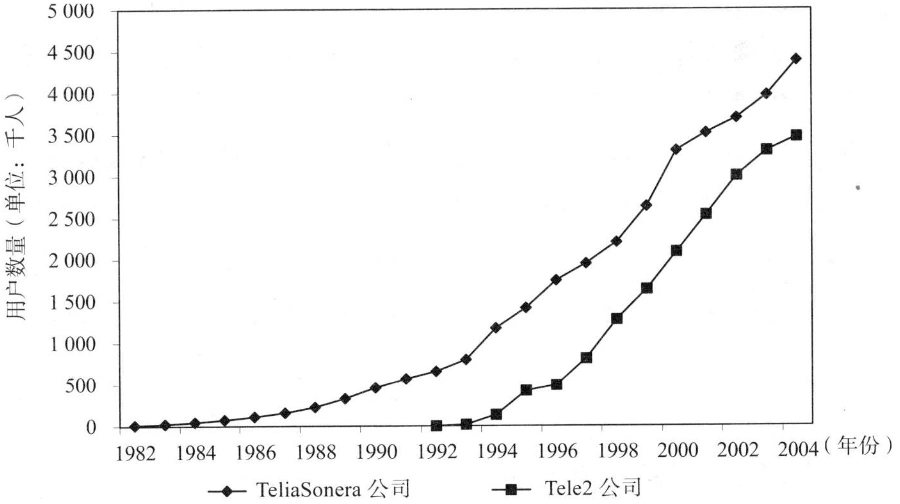

图 6-2　瑞典无线通信服务市场发展态势

多种品牌扩散时会存在两种口碑效应（品牌内效应和跨品牌效

应）。在理解了这件事之后，我们接下来分析一下瑞典手机市场的竞争态势。TeliaSonera 公司在 20 世纪 80 年代推出自己的服务项目，当时只有他们一家公司。因此，根据定义，唯一可以带来接受的口碑是品牌内口碑。相反，Tele2 公司推出服务时，它可以马上利用到来自竞争对手客户群体中的跨品牌效应。当时它的竞争对手已经获得了将近 70 万用户。这些人对于手机的使用以及对手机功能的炫耀有可能让那些尚未接受者参与到这一行业中来。这时，他们发现还有另外一种品牌的手机可以考虑。这有助于解释为什么 Tele2 公司比 10 年前 TeliaSonera 公司用了更短的时间就获得了 50 万用户，因为当时 TeliaSonera 没有可以利用的跨品牌效应。然而，TeliaSonera 公司那 70 万客户除了创造跨品牌效应、帮助快速提升新竞争者的社会力量之外，也创造了品牌内接受力量，让自身受益。鉴于品牌内效应的效果通常优于跨品牌效应，因此 TeliaSonera 公司继续快速获得新客户，尽管新竞争者的客户群体也在发展。

这一过程可以自我强化。随着原来拥有更多客户群的公司不断发展，客户数量不断增多，该公司同竞争对手之间在品牌内口碑效应方面的差距也在不断加大。这反过来会对那些还没有接受新产品的群体产生更大影响，促使他们接受资深公司的产品。因此，只要这些公司提供的创新产品在技术或创新特色方面没有太大差距，那么原有公司所拥有的首批客户群体就能够成为不断增加的效益资产，加大客户群体的差异。在许多西欧国家，以这种方式参与竞争的手机公司发展相对快速，同时，原有公司用户数量增长的趋势也明显加快。

有得必有失：客户流失与增加

到目前为止，我们已经重点讨论了创新产品的扩散在竞争背景下首次接受的发展方式。换句话说，我们考察了当多家公司争夺商业新客户的时候，各个公司从行业内尚未接受的客户群体那里获取客户的方式。然而，在客户已经接受竞争对手的产品之后，哪些因素阻碍了精明的公司去争取这些客户呢？各个公司几乎都不会把下面这种做法视作既成事实：一旦某个客户同竞争对手建立起联系，那么这个客户就不可能被抢走。客户就是客户——无论这个客户是来自尚未接受的群体还是来自竞争对手已经接受的客户群体。

公司常常采取各种方法从对手那里挖走客户：提供有利的交易条件，更优惠的价格；通过做广告或派遣销售代表指出同自己的产品或服务相比，对手的产品或服务中的缺陷；或者努力塑造独特、迷人的品牌形象；等等。还需要注意的是，对于创新产品来说，尤其是当这一行业本身相对较新时，客户可能不会事先知道他们从中选择的第一个品牌是否最适合他们。此外，刚开始不存在的新的竞争对手也会出现。这就表明，昔日的接受者很可能会更换品牌，尽管长远市场潜力远远没有耗尽，也就是说，行业自身依然在扩散。

但是需要注意的是，挖走别人客户的做法是条双行车道：在公司试图偷走对手客户的时候，自己公司的一些客户同时也可能会离去，转投到对手那里。事实上，公司在评估自身行业地位和承受竞争的能力时，常常测算每一时期内他们自己的客户群内有多少人会终止服务、转投对手的公司。这一数字通常被称作“客户流失率”。较高的客户流失率可能表明客户对公司产品不满意，或者对公司服务不满意，或者他们发现竞争对手的价值定位更具吸引力。

除了通过直接挖墙脚的方式从对手那里获得客户之外，还经常出现一种间接的方法。已经接受行业内某一公司产品的客户最终都有三种选择：坚持使用该公司的产品，转而使用竞争对手的产品，或者彻底退出该市场。在创新产品领域，最后这种做法非常普遍。那些不确定自己能获得多少价值定位的消费者愿意试用一下新产品或新服务，尤其是提供给他们的价位较低的时候。但是，等到了更新换代、再次购买或者继续购买附属产品时，他们就会决定彻底放弃这一行业。退出这一行业的原因有许多，其中包括，使用产品之后，事先很高的期望破灭了，他们发现了出人意料的缺陷；或者在实际使用该产品之后，能够更好地进行成本效益平衡的交易。这种使用某种品牌带来的不满情绪或糟糕体验可能会在一些客户心里留下浓重的阴影，使得他们决定彻底退出该行业，不会去尝试竞争对手的产品，免得再次失望。这种行为在新兴服务行业中比较普遍，比如卫星广播服务；与新生活方式有关的药品，比如治疗勃起功能障碍的医药行业（该行业经历了为期数年的相当高的市场退出率）；新型消费包装产品，比如新型乳制品。

某个行业内终止继续参与市场活动的决定通常被称作终止接受，因而在特定时期内公司客户做出该决定的比例被称作“终止接受率”。我们马上就开始解释竞争对手如何利用对手公司客户退出行业的机会来发展自己。

简要重述一下，我们曾阐述过两个不同的过程，这两个过程会导致公司失去它已经获得的客户：客户流失率指的是这些客户转投对手公司，终止接受率指的是这些客户不再继续使用这个行业的产品。这两种比率之和通常被称作“损耗率”。这样一来我们就可以得出下面的公式：

数学公式 6–1 流失率、终止接受率和损耗率

损耗率 = 流失率 + 终止接受率

为了弄清楚实际操作中这三个数值的具体情况，表 6–1 提供了几个例子。其中所有指标涉及的都是焦点企业。很显然，这些数值在不同公司和行业间差异很大。有些公司愿意把他们的损耗率同客户获取率相比较，这样就可以评估某一时期的客户净增加数量，并可以向股东汇报。

表 6-1　所选行业每年的流失率、终止接受率和损耗率

焦点企业	竞争对手	时期		客户数量（百万）	流失率（%）	终止接受率（%）	损耗率（%）
		起始	终止				
ETrade 电商（美国）	Ameritrade 网代 嘉信理财	1997.12	2005.3	3.6	1	4	5
Mobistar 电信（比利时）	比利时电信 BASE	1996.1	2004.12	2.8	16.1	6.9	23
韩国电信	韩国通信 LG 电信	1984.1	2005.3	19.0	18	9	27
XM 卫星广播（美国）	天狼星公司	2001.9	2006.12	7.6	1.8	16.5	18.3

流失的客户从行业中的一家公司转移到另外一家公司，这些人依然是客户，只不过成了别人的客户。在计算流失客户时，我们需要把他们从焦点公司的账目上去除，放到竞争对手的账目上。当然，对所有公司都是如此，这样焦点公司就可以从对手的流失客户中受益。但对于那些终止接受的客户怎么办呢？我们应当怎样计算他们呢？最终的结果是永远失去了这些人。这就表明永远不要指望这些终止接受的客户再购买行业内的任何产品了。因此，从实用角度来看，我们把这些人去除掉。这是一种基本做法，市场营销者在计算客户终生价值时采用这种方法处理离开的客户，也是我们在前几章进行评估时采取的一种固有的方法。从某种意义上说，当我们认定某个客户离开公司时，也就是说无法保留时，公司没有办法把他们再争取回来。这种办法的一个明显的好处是简便易行，可以进行相对直接的终生价值分析。

另外一种可能是，终止接受的客户只是“暂时”离开该行业，在产品或服务质量提升之后，或者在公司降价之后，他们可能还会回来。这种重新加入行业的情况比较常见，尤其是当早期的创新产品质量无法满足需要或者需要利用大量客户资源的时候。质量上的改进、使用

上的便捷、价格上的优惠以及社会压力的增加或个人情况的改变（比如婚姻状态、教育水平、工作情况等）都有可能让之前退出该行业的客户对现在的产品重燃希望，重新接受该产品。比方说，20 世纪 90 年代末，人们之所以付出极大努力改进网上金融服务质量，原因之一是意识到这种服务最初过低的服务认可度导致大量客户终止接受该服务。随着网上金融业务越来越方便客户，功能越来越齐全，早期那些使用过这种服务但感到失望的部分客户最后又回来了。

事实上，我们经常看到客户在行业中进进出出。除此之外，那些选择永远离开的客户是另有原因的：如果客户终止接受、永远不再回来的比例不是零，那么随着时间推移，任何公司都不会出现客户离开的现象。长远市场潜力终究会衰竭，因此将来不会再有吸引新客户的空间，终止接受的情况会使得公司现有客户群体日渐减少。这一结果可能反映了行业最终失去了同客户的关系，或者体现了一种趋势：短期内追随者热情高涨，但随后消失于无形之中。虽然如此，但是这并不是我们希望得到的一种基本模式，我们希望得到的是可以让创新产品长期发展的模式。因此，我们更希望研究出可以让终止接受的客户重新进入行业的模式——从而不至于让该行业消亡。

让终止接受者重回行业产生了这样一个问题：他们最有可能选择哪种现有品牌的产品？一方面，有人可能会说，他们对在终止接受前所使用的品牌的熟悉程度使得这一品牌成为首选品牌。另一方面，如果他们最后使用的品牌让他们感到失望，并导致终止接受，那么该品牌就最没有可能被再次选择。了解人们终止接受决定的细节需要大量个人层面的信息，更别提想要了解这些客户的内心想法了。

由于终止接受发生时该行业常常依然处于扩散之中，也就是说，各家公司根据他们自己的个人力量和社会力量，依然在从长远市场潜力客户群中吸引新的接受者，因此应对终止接受者的方法之一是假设这同样的力量依然会影响他们再次进入行业。这种方法对那些“没有接受经历”的终止接受者来说十分有效：他们在同样力量的推动下可能会再次接受现有的产品，而通过这些力量，也会产生新的（首次）接受者。从某种意义上说，这相当于把终止接受者置于长远市场潜力客户群之中，他们在那里成为所有竞争公司努力争取的对象。因此，间接说来，终止接受给一家公司带来的损失可能后来会成为另一家公司的收获，造成重新接受（反之亦然）。虽然这种方法无法体现每一个终止接受者的决定细节，但总体看来它在分析几个竞争行业的数据时还是相当有用的，比如表6-1中的几个行业。

问题的关键是，在试图掌握从由尚未接受的那些人组成的普通市场潜力客户群中发展出的某一特定品牌客户群的增长规律时，还需要计算转投和离开那些竞争品牌的客户数量、终止接受该行业的客户数量以及之前终结接受然后又返回行业的人员数量。这种情况就好比是往一只漏水的桶里加水一样：一些客户从一些地方向内涌入，同时有些客户也向外流失到其他地方。

把所有因素融合起来：竞争扩散模式

我们在上面的讨论中提到，把创新产品投放到同一市场空间的公司之间的竞争引出了相当多的活动部件，这主要与客户动态有关，并且都是有用的：我们可以在已经介绍过的模式的基础上，尤其是基本扩散模式和客户终生价值模式上构建新模式，并且展示一下如何采用相对直接的方法来接纳这些活动部件。

要想理解这种方法，有必要设想一下涉及多种竞争品牌的模式必须包含的内容。因此请注意一下图6-3，从中我们可以看到两家可以说是针锋相对的公司，每一家公司都不断从普通市场潜力客户群中增加客户。这个客户群被标记为“可用市场潜力”，意思是说终止接受的那些客户也被算在这个群体之内，可以被任何一家公司通过个人力量或社会力量争取过去（类似于那些尚未接受者，他们也被算作该群体的一部分）。该图进一步把处于竞争中的社会力量分成两类：品牌内口碑效应和跨品牌口碑效应。前者的作用类似于基本扩散模式中的社会力量，而后者体现的是来自公司客户的社会影响力最终能导致对手获取客户。最后一点，客户可能会决定改换品牌，从而导致两家公司客户流失和流入。请注意，公司可能会提供不同的产品或服务资料，在每一个客户管理阶段具备不同的市场营销能力，并且具有不对称的品牌力量，因此各个数据都带有属于具体公司的下标。这些跨品牌社会力量的下标意味着他们同各自的品牌内社会力量是不同的。

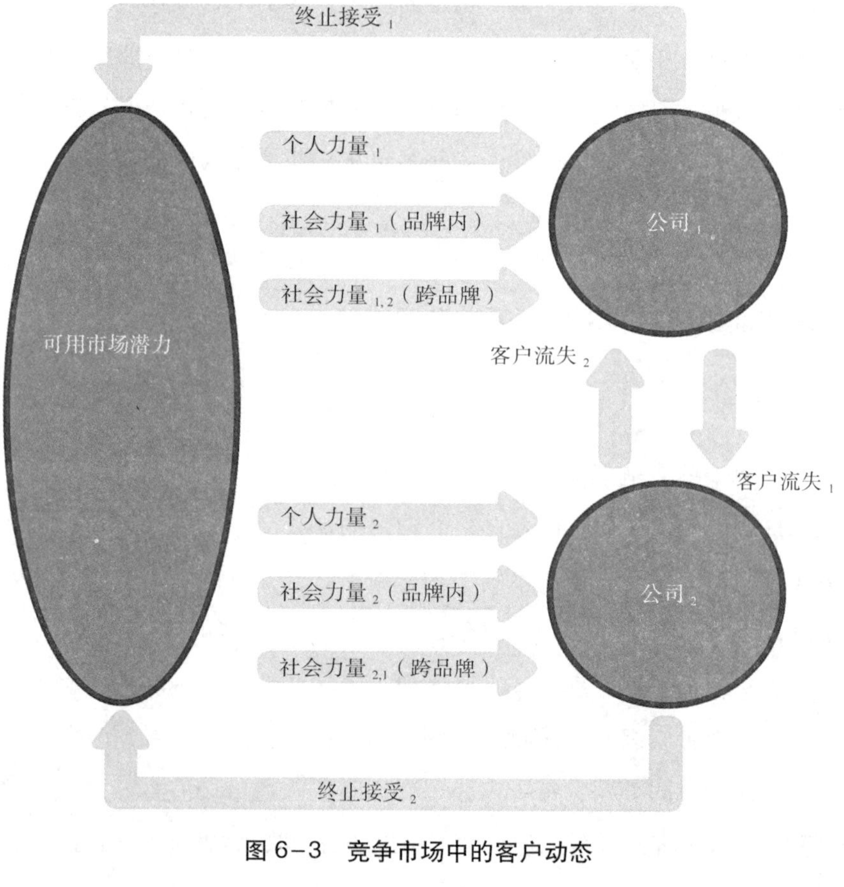

图 6-3 竞争市场中的客户动态

图 6–3 提供了一个明确的方法，可以列出一个包含竞争在内的基本扩散模式的总公式。公式 6–2 把这种方法转换成了我们熟悉的等式。

数学公式 6–2　竞争扩散模式

$$公司_1在这一时期获得的新客户净人数 = 可用市场潜力 \times（个人力量_1 + 社会力量_1 \times 接受客户群_1的比例 + 社会力量_{1,2} \times 接受客户群_2的比例）- 客户群_1 \times 损耗率_1 + 客户群_2 \times 流失率_2$$

我们也可以为竞争对手（公司 $_2$）列出类似的公式。请注意，在公式 6–2 中，社会力量是由每家公司现有的客户群产生的（作为该行业长远市场潜力的比例），而不是由昔日累加起来的所有接受者产生的。它体现了这样一种假设：那些流失的或终止接受的昔日接受者同这些过程没有关系。在本书附录中的第 6 个数学盒子中，我们给出了有关竞争扩散模式的正规表达。接下来，我们将通过一个例子，看一下如何将这种模式运用到创新价值的评估中去。

把所有因素融合起来：以价格折扣为例

我们在第 3 章研究了设备补贴对 XM 卫星广播公司创新价值的影响（补贴的目的是降低对消费者最终的零售价格）。我们认识到来自天狼星公司的竞争，但遵循本章开始时提出的那个方法，即“随着行业发展，各个公司都可以得到其应有的份额”，因此，整个行业按照基本扩散模式发展，每个品牌按照分配原则获得新接受者份额。为了进一步把事情简化，也为了阐述方便，我们假设 XM 卫星广播公司和天狼星公司都会对广播接收器实施补贴，因而他们可以平均分割新接受者（各占 50%）。

我们将再次评估当存在竞争对手时公司的市场营销活动是否合理。这一次采用本章提出的更精细的竞争模式（就像在图 6–3 和公式 6–2 中归纳的那样）。竞争扩散模式非常适合评估非对称情况下的利润关系。在这种情况下，某一家公司采取的市场营销活动，比如降低价格，

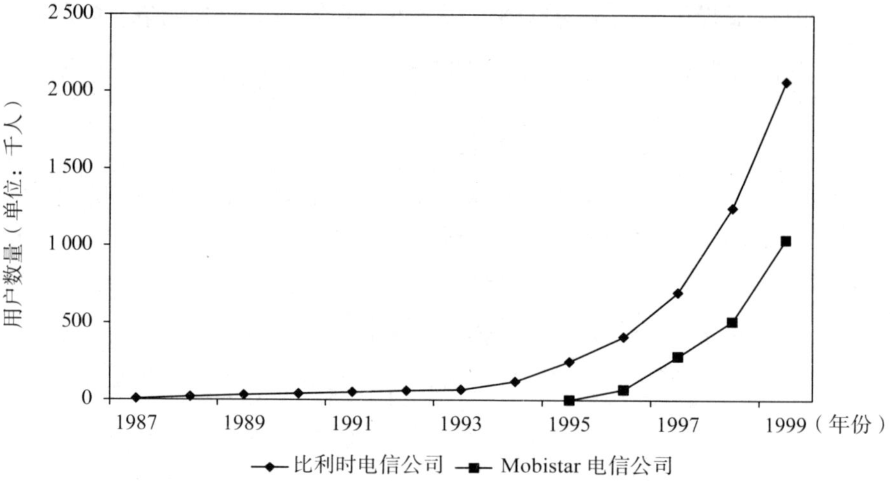

图 6-4　比利时早年移动电信服务

同其竞争对手采取的行动不是对称的。

为此，我们以比利时移动电信市场作为我们的研究背景：比利时电信公司（Belgacom Mobile，又名 Proximus）在 1987 年首先进入该市场，随后 Mobistar 电信公司在 1996 年加入进来。同我们在瑞典移动通信市场所看到的非常类似，Mobistar 公司一开始的发展速度比原有公司要快：比利时电信公司用了十多年的时间才拥有了 100 万用户，而后来这家公司用了不到 4 年时间就达到了这一数字（参见图 6-4）。

假设在考虑如何对抗这家新公司的快速发展时，比利时电信公司打算在其所提供的所有无线服务项目中永久性降价 10%。假定 Mobistar 这家新公司难以相应地降价 10%，那么这种不对称的降价行为对两家公司的市场份额以及比利时电信公司的盈利能力会产生什么影响呢？从创新价值的立场来看，比利时电信公司是否在事后才明白应当采取这种行动呢？

正如我们始终强调的，为了能够合理量化像比利时电信公司所提出的降价行为这样的市场营销活动的效果，我们需要从两个方面考虑其影响：创新产品的扩散和客户管理。回想一下，在我们到目前为止所使用的客户终生价值模式中，我们明确考虑到了客户有离开公司的可能性，所以使用了损耗率这一概念（损耗率 =1– 保留率）——此时公司不再从离开的客户那里获得收益。我们没有把损耗率进一步细分（流失率和终止接受率），也没有考虑客户在将来还有可能重返市场。然而，竞争扩散模式考虑到了离开的那些客户的去向，并允许公司可以在将来同这些失去的客户“破镜重圆”——毫无疑问，这是一种内容更丰富的模式。然而为了连贯，客户终生价值模式和竞争扩散模式中的损耗率在作为创新价值评估因素的时候，应当趋向一致。

我们可以从公开的数据中了解到或测算出分析比利时移动电信市场所需要的参数数值。如果想要量化降价行为对于这些参数的影响，有必要了解相关市场中需求的价格弹性，也就是当价格变动 1% 时，服务需求将如何变化。尽管我们没有比利时市场的具体数据，但可以借助移动电信市场的外部评估数据，其价格弹性为 –0.5。这意味着价格每降低 1%，需求就会相应增加 0.5%。价格每降低 10%，需求就会增加大约 5%。为了简便起见，假设在我们的例子中，比利时电信公司价格每变动 10%，与客户有关的参数就会受到类似的相应影响，也就是说，流失率和终止接受率各降低 5%，这表明产品现有客户认为价格降低时其服务更具吸引力，因而就不大可能离开比利时电信公司；而当扩散参数（p 和 q）各增加 5% 时，表明产品对新接受者更具吸引力。当然，从比利时电信公司的角度来看，降价的做法会导致来自每个客户每一时期的收益降低，这种收益也被称作“每位用户平均收益”（average revenue per user，ARPU）。如果人们认为降价之后客户会采用完全相同的方式使用公司提供的服务，那么比利时电信公司的每位用户平均收益就会降低 10%。然而，合理的想法是价格弹性的效果也适用于每位客户的使用程度，这种程度会增加，因此每位用户平均收益只会净减少 5%。我们将采用这后一种方法。这样一来，从每位用户平均收益中扣除每位客户的平均服务费用，就可以得到每一时期的利润幅度。

表 6–2 展示了价格降低 10% 时客户终生价值模式中各个参数的变

化。虽然保留率上升，但“每位用户平均收益”的降低减少了用户的客户终生价值，从 1 321 美元减少到 1 258 美元。现在的问题是，接受力量（p 和 q）的增加是否会弥补这种减少，因为接受力量影响了对于比利时电信公司服务需求的发展方式。

表 6–2　比利时电信公司在降价和不降价时客户终生价值模式参数与分析 *

	不降价	降价 10%
流失率（%）	16	15.2
终止接受率（%）	7	6.7
损耗率（%）	23	21.9
保留率（%）	77	78.2
每位用户平均收益（每年；美元）	686	651
每位用户平均成本（每年；美元）	250	250
客户终生价值（美元）	1321	1258

* 经济折扣率为 10%

在估算竞争扩散模式中的各个参数时，如公式 6–2 所显示的那样，我们采用了两家竞争公司没降价时用户发展的实际数据。我们发现，对比利时电信公司来说，p_1=0.001 3，q_1=0.999，而对于 Mobistar 电信公司来说，p_2=0.005，q_2=0.698。跨品牌社会力量是一致的，即 q_{21}=q_{12}=0.12（尽管我们这样解释，但鉴于比利时电信公司最初的用户基数会使这一参数成倍增加，因此它对 Mobistar 电信公司造成的跨品牌接受影响要强烈得多）。

表 6–3 总结了两家公司客户群的发展，以及在 Mobistar 电信公司进入市场前 5 年时间里从用户那里获得的利润。表格中的第二栏和第三栏显示的是在没有折扣的情况下比利时电信公司和 Mobistar 电信公司的用户数量。第五栏和第六栏显示的是实施价格折扣之后比利时电信公司的扩散参数增加 5% 时的各项数值。我们可以看到，在实施降

价之后的 5 年内，比利时电信公司的用户总数增加了将近 40 万人（从 330 万增加到 370 万），而 Mobistar 电信公司的用户群体由于面对低价的竞争对手而略有减少。从市场份额来看，与没有实施价格折扣的情况相比，比利时电信公司获得了 2.5% 的份额。尽管这听起来或许不算很大，但足以超过我们在表 6–2 中所见到的客户终生价值中的损失：从 1996 年开始算起，对比利时电信公司有利的创新价值变化采用的是净现值的方法，列在表 6–3 的第四栏和第七栏里（采取的现金折扣率为 10%）。这一计算结果显示创新价值整体增加了大约 2 亿美元（从 30.6 亿美元增加到 32.7 亿美元），表明值得采用降价的方法：比利时电信公司当初可以更大胆一些。

表 6–3　在 Mobistar 电信公司进入市场时比利时电信公司采取 10% 价格折扣所取得的效果

年份	比利时电信公司获得的用户数量（单位：千人）	Mobistar 电信公司获得的用户数量（单位：千人）	比利时电信公司从客户身上获得的利润（单位：千美元）	比利时电信公司获得的用户数量（单位：千人）	Mobistar 电信公司获得的用户数量（单位：千人）	比利时电信公司从客户身上获得的利润（单位：千美元）
	没有实施折扣时			实施 10% 折扣时		
1996	196	113	258 523	211	111	265 720
1997	357	212	471 023	394	211	496 403
1998	614	377	811 824	693	379	872 451
1999	949	609	1 254 111	1 079	613	1 357 819
2000	1 186	824	1 566 848	1 319	817	1 660 004

把高深的竞争话题同竞争扩散模式联系起来

充满竞争的市场需要公司在考虑客户管理时更具战略眼光。在同对手争夺潜在客户时，各个公司会采取市场营销策略，除此之外，一旦哪家公司开启竞争大门，随即就会产生许多其他有趣的问题。涉及创新产品时更是如此。在接下来的几小节中，我们将探讨这样的一些问题，目的是把这些问题同我们到目前为止讨论过的概念和建模方法联系起来。

标准之争和秘密策略

创新与竞争的结合有时候涉及的不仅仅是几家公司不择手段谋取产品或服务项目的市场份额。这些产品和服务总体说来是可以相互替代的。有时候这种结合会涉及更高风险，可能导致严重失衡的结果。始于20世纪70年代中期、贯穿整个20世纪80年代的盒式磁带录像机（VCR）当时的市场情况就是这样的一个例子。

尽管数家公司开发了他们自己的磁带技术，可以录像和回放（该技术可以录下电视节目用于日后观看、买卖或者出租录制好的电影，等等），但在这一领域，索尼公司（Sony）和日本胜利公司（JVC）才是主要的竞争对手。索尼公司把自己公司录像带的制式称作“Beta制式”，而JVC公司称自己的制式是“VHS制式”（家庭录像系统）。这两种制式是“不兼容的”，也就是说用Beta制式录像带录制的录像无法用专供VHS制式录像带使用的设备观看，反之亦然。索尼公司的录像带质量可能更好一些（清晰度高、音质好、图像稳定），但在最初几年中，每盒录像带只能录制一小时。相比之下，VHS制式的录像带提供的录制时间是两小时。尽管索尼公司坚信自己的制式更好，但在几年间，接受的天平开始向JVC公司倾斜。一旦倾斜开始，就再也没有回去过。虽然索尼公司比JVC公司提前一年推出了使用自己公司标准的产品，Beta制式的录像带也因此在开始阶段占据了盒式磁带录像机（VCR）市场100%的份额，但到20世纪80年代末期，情况发生逆转，当时VHS制式的录像带在美国的市场份额攀升到大约90%。尽管索尼公司采取了一系列的市场营销活动并且努力提升产品质量，但公司在1988年向市场推出了自己公司的 VHS 制式的录像带，事实上是承认了自己的失败。

索尼公司在这场“Beta-VHS 制式之争”中所犯下的严重错误同“规模效益递增”这个经济概念密切相关：从市场接受角度来看，一旦某一特定标准、制式或规程在群体中遥遥领先于他人，那么它就有可能走得更远。规模效益递增有能力把微弱的优势转化成无法战胜的优势。JVC 公司出牌正确，将自己置于有利地位，可以从供求双方的规模效益递增中获利，而索尼公司却没有做到。首先，JVC 公司允许其他电子产品公司生产 VHS 制式的录像带（条件是交付特许使用费）。而索尼公司一开始将其录像带作为专利，独家生产。结果这样一来，其他电子公司就有动力去推广 VHS 制式的录像带，他们之间的竞争带来了更低的产品价格。其次，事实证明，Beta 制式录像带较好的质量不足以让消费者认可其较高的价格，并且它还有录制时间较短的缺点（大家可以想象一下大部分电影需要用两盒磁带录制所带来的不便，中间还要换带。更别提存放这么多的录像带所带来的麻烦）。

随着越来越多的消费者开始接受 VHS 制式的录像带，一个恶性循环也就开始了：在供应方面，产量提高意味着可以在更多部件上采取固定成本，也可以提高生产过程中的效率。而这一切都会降低生产成本，反过来进一步压低价格。这样就使得索尼公司的产品变得相对比较昂贵。在需求方面，网络效应是个重要因素。大家应当记得，网络效应指的是客户利益，这种利益取决于使用某一特定产品或服务的消费者人数。对于录像行业来说，我们不难看到网络效应是如何产生的：当越来越多的朋友和家庭使用相同制式的录像带时，消费者就可以从中获益，因为他可以同这些人交换录像，可以把录像带到朋友家里播放，不必担心是否能播放出来，也可以请朋友为自己录像，不必担心录像带制式问题，等等。间接网络效应也可以出现在这种情况下：随着越来越多的消费者使用同一制式的录像带，影视公司也就越来越倾向于制作这种制式的录像，并让零售商加以传播。随着某一特定制式用户网络的发展，这些直接利益和间接利益也会发展。因此，尽管索尼公司在 20 世纪 80 年代中期调整了公司战略，允许其他公司得到 Beta 制式录像带的生产权，并延长了录像带的录像时间，但已为时太晚。在那个时候，VHS 制式录像带的生产效率和物流网络效益固若金汤，难以被从占统治地位的宝座上驱赶下去。

在由于没能正确利用规模效益递增而输掉盒式磁带录像机标准之争之后，索尼公司决定不能再输掉未来有关录像机标准的战争。幸运的是，整个行业继盒式磁带技术之后采取了统一的标准，20 世纪 90 年代中期，所有竞争公司都“和平地”接受了 DVD 标准（数码影碟机）。然而，随后自 2006 年兴起的新一代视频存储技术——高清光盘再次成为激烈竞争的焦点。在这一回合中，主要的竞争者是东芝公司和索尼公司，前者推出了 HD–DVD 格式，后者推出了蓝光格式。索尼公司清楚，要想赢得这场竞争，必须要争取到早期大部分接受者，使得天平向对自己有利的一方倾斜。因此，除了上市时采取的大量营销活动之外，索尼公司还采用了“特洛伊木马战术”：它决定将蓝光播放机融入公司新的游戏平台 PS3 里面，该游戏机在 2006 年 11 月上市。转眼之间，所有 PS3 的客户都成了“伪装的蓝光格式接受者”。

索尼公司十分坚决，一定要让蓝光技术传递到 PS3 游戏机买家的手里，让他们充当公司视频格式“潜伏的”垄断市场。为此，公司愿意承受利润损失。把蓝光播放机加装到游戏机的做法极大地增加了生产成本，意味着最初每卖出一台 PS3 游戏机，索尼公司是要赔钱的。但我们考虑一下这样一个因素：PS3 游戏机具备多种功能，既能当作蓝光录像播放机使用，也能够玩游戏、播放音乐、联网，所以其价格（根据内存空间不同价格为 499 美元或 599 美元）在很多情况下比许多只具备单一功能的蓝光播放机或 HD–DVD 播放机的价格（价格在 700~1 000 美元之间）要便宜。就连配制最低的单一功能蓝光播放机当时的价格也达到了 400 美元。

这种方法奏效了。PS3 庞大的客户群（到 2007 年年底，游戏机销量达到 750 多万台，远远多于单一功能蓝光播放机的销售数量）意味着许多消费者都采用配备了这个格式的设备观看影片，并且无须额外费用。随着强大的网络效应开始发挥作用，数家主要的电影公司宣布他们只支持蓝光格式的播放机。为此，东芝公司试图反击，允许自己生产的 HD–DVD 作为独立设备同微软公司非常成功的第 2 代家用游戏主机 Xbox360 联机。但此时消费者必须要做出明智决定，是否要额外花费 200 美元购买高清播放机，因为当时 Xbox360 游戏不用联机 HD–DVD，使用 DVD 格式的播放机（其格式同游戏机一致）也能正常播放。当时华纳兄弟电影公司是唯一一家同时采取两个格式发行电影的公司，所以当该公司宣布自己只支持蓝光播放机的时候，许多知名的美国零售商，比如沃尔玛和百思买集团，都把 HD–DVD 播放机从他们的货架上撤了下来。这之后不久，东芝公司于 2008 年 2 月投降认输，宣布不再生产 HD–DVD 设备。HD–DVD 的寿命很短：从诞生到灭亡持续了不到 2 年时间。

每当经过制式之争或平台之争后只有一家公司的标准保留下来时，这种情况通常被称作“赢家通吃”市场。录像存储（录制）行业清楚地展示了这一结果。即便如此，并不是所有的标准之争最后都只剩下一个赢家，有时候会保留下几个互不兼容的平台。智能手机的操作系统就是这样一个例子：苹果公司的 iOS 系统和谷歌公司的安卓系统都生存下来，共同作用于智能手机市场。（在撰写本书时，这两种标准占据了 90% 以上的市场份额。）尽管运行安卓系统的产品正在变得无处不在，但就利润而言，苹果手机创造的利润还是高出平均利润许多。尽管存在网络效应和其他规模效益递增的情况，但多种制式同时存在常常取决于消费者品位的差异以及不同制式满足这些不同口味的能力。品牌形象也有一定作用，可以让该公司维持强大的追随者队伍，坚持使用该制式的品牌，即使许多更看重功能或更在乎价格的消费者倾向于其他公司制式支持的产品。第三方软件生产商能够同时满足不同制式的能力——比如智能手机中的各种软件同样也是一个主要因素，它能够影响两个或多个竞争平台的长期生存。

关于在出现“赢家通吃”或“赢家大赢”结果的市场中构建客户接受模式，我们可以对竞争扩散模式进行几处调整。例如，当某种制式可以从某一特殊群体吸引接受者，而对手却无法做到的时候，就像用蓝光制式播放器吸引游戏玩家的那种情况，我们可以设想让那种制式的产品既能从普通潜在消费者群体中吸引接受者，也能单独从“被迷住的”群体中吸引接受者。另外，请注意，基本扩散模式中的社会力量已经体现了这样的思想：拥有更大消费群体的公司在把潜在接受者转变成客户方面具有一定优势。我们还可以进一步把流失率和终止接受率作为影响公司客户规模的因素，也就是说随着公司客户群的增加，公司客户不会轻易选择离开。把这些因素融入模式之中可能会引领公司发展得比对手的速度更快。其中也可能会出现一个限定值，在低于这个限定值时，如果某个公司的份额下降，那么这个公司就可能退出竞争。这些修改和加工有助于预测创新价值，借此分析此类市场。

播下规模效益递增的种子

正如我们所看到的那样，由于规模效益递增的意义重大，如果对手无法保持客户群增加的话，那么客户群早期规模的任何优势都能够迅速发展成对竞争对手的致命性打击，而网络效应和生产成本中的某个劣势动起来就好像无情的流沙一样。因此，除了要尽量第一个推出产品之外，公司还常常需要进行市场营销活动，尽可能早地确立骨干接受者。

应对这一挑战的办法之一就是采取一种“要么做大，要么回家”的心态，也就是说，竭尽全力展开媒体闪电攻势，向所有消费者提供低价商品，目的是尽可能广泛地撒开经销网络。虽然这种方法的确具有某种表面效度，可以激发广大消费者的兴趣，但它实施起来可能代价非常高昂，也不一定能够保证成功：有的公司可能最后做大了，却不得不卷铺盖回家，因为公司的银行账户出现巨大漏洞。如果所有公司都秉承这种心态，情况更是如此：消费者到后来整天受到来自所有竞争公司的信息轰炸，最好的结果是他们对此置之不理，最糟的结果是他们无所适从，被惹恼后决定什么产品也不购买。

另一个办法是把网撒得小一些，或许在这里更恰当的比喻是只抛下几根钓线。其想法是采用播种行动，“做得小”但高效。此类行动把目标瞄准非常具体的群体，让他们试用新产品或服务，希望以此把他们争取过来，之后再通过他们的宣传推动许多其他听过他们宣传的消费者快速接受该产品或服务。可以这么说，最初的这些目标消费者就是带动随后急剧增长的种子。下面有几个播种行动的例子，一些知名公司采取播种行动实现了他们的目标：

- 微软公司。在正式推出其 Windows 95 操作系统之前，微软公司把这款软件派送给美国 45 万具有号召力的个人电脑用户（估计约占美国市场潜力的 5%）。上市之后这款软件破纪录的销售速度部分原因在于此次派送活动。微软公司在 14 个国家举办了上千场“推介会”，帮助推销 Windows7 操作系统。公司预测这些推介会有可能最终获得 700 万用户。
- 惠普公司。2008 年，惠普公司向 31 位美国知名博客使用者提供了公司新的笔记本电脑 Dragon HDX，并要求他们展开在线博客竞赛，奖品就是 Dragon HDX 笔记本电脑。据惠普公司说，他们这项“Dragon 31 天”竞赛活动的效果非常突出：除了大量增加了网上搜索 Dragon 笔记本电脑的数量，Dragon 的销量迅速增加了 85%，公司网站访问量增加了 15%。
- 福特汽车公司。2009 年，福特公司向 100 位有影响力的博客使用者提供了崭新的福特嘉年华轿车（Ford Fiesta），希望这些博客使用者帮助推销这款新车，该车计划在 2010 年年初交付美国经销商。这些新车车主完成了为期一个月的竞争，发表了关于他们自身体验的视频和博文。这次活动在YouTube视频网站获得了620万的访问量，在网络相簿Flickr的点击量是75万次，在推特上的点击量是4 000万。另外，13.2万名司机报名参加以旧车交换新嘉年华的活动，6 000多人预订了该车。

考虑播种行动时一个重要的问题是应当寻找什么样的人作为创新产品的扩散种子。公司自然希望能把那些对他人具有尽可能大的影响力的人作为种子。因此，他们一直特别注意寻找“具有号召力的人物”，也就是那些被认为对他人具有很大影响力的人物。他们通常会考虑两种具有影响力的人物：社交达人和专家。社交达人指的是那些拥有相对广泛的社会关系和大量社交网络联系的人。在当今数字化社会中，许多公司认为他们可以从网络社交媒体的信息中发现社交达人，比如从脸书和推特上。这种做法的设想是假如某个社交达人早早地接受该产品，他就可以同许多人交流，或者那些人可以看到他的做法。普通人同他比起来社会关系要少很多（例如，他们在脸书上的朋友或推特上的粉丝没有社交达人的多）。至于专家，他们的影响不仅来自社会关系的数量，而且来自他们每次与人交流所产生的效果。专家在他们的社交网络中的口头宣传相对来说更具影响力，这主要是因为人们认为他们在具体领域中知识渊博。当然，此人有可能既是社交达人也是专家——比如某个知名的技术型博主。

但需要注意一点，因为在线社交网络中列出的许多社会关系可能体现不出实际的影响力。许多人的社会关系“有名无实”，其中的许多人虽然接受了他们的邀请、成为朋友，但对他们发的任何帖子毫不关心。因此，从这种渠道收集的信息可能无法提供可靠的证据，体现不出客户之间真正的与消费有关的互动关系。此外，由像凯勒费伊集团（Keller Fay Group）这样的公司提供的市场报告表明，大多数同消费有关的社交影响力依然来自线下交往，绝大多数是面对面的交往。这些关系和互动追踪起来相当困难。

另外一种不同的播种方法试图关注的不是具有众多社会关系或强大社会关系的有影响力的人物，而是那些“影响收益的重要人物”。这些人有可能是奢侈的消费者。把目标对准这些人有两个好处：第一，这些人接受新产品所创造的利润比普通消费者要高出许多；第二，他们的口头宣传常常能创造更多的创新价值。产生这种现象的原因在于社交网络中的人们常常愿意效仿与他们类似的人，也就是人们熟知的“同质性”。数据研究表明，一个人所创造的收益同此人朋友圈内其他人创造的收益之间具有正相关性。因此，影响收益的重要人物之所以创造价值不是因为他们影响了大量消费者，而是因为，从客户终生价值角度来看，他们影响了正确的消费者。当消费者中的利润分散程度较大、一部分人愿意接受某种创新产品并将其视为利基市场（刚开始甚至可能将其视为高等商品市场）而不是大众市场时，瞄准影响收益的重要人物，而不是瞄准有影响力的人物的战略被认为是有利可图的：这些人喜欢鹤立鸡群的感觉。识别这类人常常需要了解他们在几个行业中的购物习惯，并判断他们是否愿意购买公司的创新产品。

播种计划旨在赢取特殊群体消费者，他们反过来会影响其他潜在接受者。关于实施播种计划的讨论应当能让大家想起我们在第 4 章详细讨论过的多派别扩散模式。事实上，公司想要努力争取过来的“具有号召力的人物”就是我们所说的创新产品激进派，或者“有影响的人物”，他们对我们所说的创新产品温和派，或者“效仿者”具有强大的影响力。我们在这里介绍的方法是，你可能需要从竞争的观点考虑一下多派别理论体系，因为竞争对手也可能出于播种的目的“袭取”那些有影响力的人物。把多派别同竞争结合起来考虑无疑会导致建模任务变得复杂，而我们强烈建议将其简单化，比如假设不同竞争对手之间的某些参数是类似的，如此一来可以使事情变得可控。至少，我们希望在涉及多派别和多家公司时，对其中各种力量和方法的理解能够给我们提供一面镜子，通过这面镜子可以在这些因素有望发挥作用时评估所有提出的预测结果。

产品接受海域中的海盗：是朋友还是敌人？

提供实物商品需要获得原料、零件，需要包装和运输制成品，并且要确保通向客户的零售渠道畅通。这些步骤使得伪造实物商品的活动一点儿也不轻松，尤其是在那些政府当局清楚问题所在，并努力打击产品造假的国家中。山寨产品当然也有可能进入市场，但面临着生产和物流方面的困难。无论仿制品最终的质量如何（通常质量较低），成本依然较高。相反，数字化产品没有这么多的难题，成本也没有这么高：所有仿制和流通阶段的工作都是以数字化的形式完成的，并且在很大程度上都是免费的。此外，尽管生产实体的山寨产品可能需要收取一些费用，用于补偿生产和流通费用，并赚取部分利润，但在很多情况下，数字化产品，尤其是像游戏、电影、电视节目和音乐节目这样的娱乐产品，出于利他主义或社会方面的原因，常常是免费提供给消费者的。一些新技术，比如点对点文件分享服务（这种服务可以把非常大的文件分解成很小的下载文件，例如比特流 BitTorrent），简化了复制过程，极大地提高了用户体验。对于仿制数字化产品来说，版权问题通常是唯一的障碍。在世界许多地方，有关版权保护的法律不够健全，或者实施起来也是马马虎虎。因此，不会令人感到惊讶的是，盗版行为（这是非法传播受知识产权法保护的软件的通用术语）变得非常猖獗，因为全球越来越多的人用上了互联网和电子设备。

乍一看，对于原作品的生产商来说，盗版似乎是件可怕的事情：原创者在研发、设计、雇用艺术家、市场营销、拉动市场需求方面投入大量资金，但随后某个不法奸商出现了，顺手窃取了原创者的全部投入。原版产品可能更容易获取，因为可以在几个主流网站找到这种产品，并通过合法渠道进行下载（比如，对电影来说，人们可以在影院观看，或者可以从有线电视公司合法接收影片信号，也可以通过“亚马逊优惠计划”购买数字电影，或者从网飞公司或 Redbox 网络公司租借影片）。然而，随着社交网络的迅速发展和消费者对网络越来越熟悉，人们很容易就可以找到免费的盗版产品。可以确定的一点是，事实上，无论什么样的产品，总会有海盗愿意将其提供给消费者。如果消费者不花钱购买原版数字产品，而是下载或接受盗版产品，那么原创者就会损失收益和利润。

对许多人来说，他们认为自己从网上能够获得的任何东西都是（或者应当是）公共资源。这就使得该问题变得更为复杂。事实上，最近一项调查显示，70% 的消费者“认为网络盗版没有什么错误”。这一问题十分普遍，以至于各个行业组织公布了遭遇盗版最严重的 10 项数字产品。例如，2014 年盗版清单上的 10 部影片被非法下载的次数超过 2.7 亿次，其中《华尔街之狼》和《冰雪奇缘》高居榜首，分别被下载大约 3 000 万次。盗版数量增加的现象值得注意，因为前一年盗版清单上的电影被非法下载的次数大约只有 7 500 万次。

不可否认的是，盗版是一种竞争，这种竞争行为通常不是来自那些有办公场所、管理人员、雇员和股东的合法公司，而是来自无数隐秘的个人，这些人无处不在，可以随时行动，无论白天还是晚上。同对付其他竞争者一样，生产原创产品的公司面临着还击的困境。公司可以设置监督员，这些人在互联网上巡查，从各个网站上删除盗版产品。或者公司可以针对一些盗版个体采取法律行动，并公开这些案例，以此来震慑其他盗版者。尽管这些措施在打击盗版中的效果到底如何值得怀疑，但更重要的问题是公司是否应当打击盗版行为。盗版行为真的是一个有百害而无一利的敌人，必须不惜一切代价清除掉吗？

我们所考虑的第一个问题是评估一下这样一个假设：消费者使用的每一件盗版产品都会取代原本可以卖出的一件原创产品的合法销售。

我们完全可以想象到，大多数下载某一免费影片或游戏的人不会再去考虑重新购买该产品。如果情况果真如此，那么盗版行为的存在就极大地扩大了潜在接受者群体的规模。假如没有非法的盗版产品，也就没有相应的接受规模。所以说这种行为既没损失，也不违法。

第二个问题是，如果一旦有人使用了盗版产品，结果会是什么样子。如果此人把这件事告诉朋友、发表关于该产品的评论，或者向他人发送链接，那么他的行为就一下子突破了个人消费领域，进入社会传播领域。如果这种社会传播行为促使那些没有想要购买原版产品的人们开始使用盗版产品，那也是既没损失，也不违法。然而，如果这种社会影响力使得一些人在将来花钱购买原版产品，那么该产品的经理不但不应当称此举为违法行为，而且应当感到高兴才是。美国电视频道 HBO 推出的《权力的游戏》的导演大卫·彼特拉克似乎也有这种想法。他这部轰动一时的系列影片成为 2012 年最叫座的免费播放电视节目（每一集的非法下载次数都超过 400 万次）。他对这件事的评价让记者们感到惊讶。彼特拉克指出，他认为这种盗版行为是件好事。这并不是说他原谅非法行为，而是在他看来，像《权力的游戏》这样的节目“得益于文化热”，越多人观看这个节目，相应的文化热度就越高。他甚至说：“这就是此类节目的生存之道。”与此类似的是，在 2012 年戛纳国际音乐博览会（音乐界最大的博览会之一）上，《愤怒的小鸟》发行人兼 Rovio 公司首席执行官说：“盗版不一定是件坏事……它可以让我们最终获得更多的商业机会。”

从根本上说，我们在这里所讨论的大家不应当感到陌生。从对手的社会影响力中获益（在此处指的是从盗版产品中获益）正是我们在本章早些时候所讨论过的跨品牌口碑效应。因此，我们可以很容易就掌握竞争扩散模式中山寨产品所具有的消极、中立和积极含义。允许盗版产品从独立的潜在接受者群体以及普通接受者群体中吸引接受者的做法是有道理的，有些消费者永远不会考虑花钱购买原版产品，但有些消费者则愿意购买。另外，除了对于合法产品和盗版产品的品牌内口碑效应之外，我们也可以把跨品牌口碑效应包含在内，因为这种效应能够影响来自普通接受群体的潜在接受者，他们受到使用仿制品或非法产品的那些人的影响，开始购买合法产品。

我们已经深入探讨了竞争态势对创新价值的影响，也讨论了用各个相关因素进行建模的可行方法。现在，我们准备回到 XM 卫星广播公司和天狼星公司之间有关卫星广播的竞争传奇中去，这场竞争在 2004 年年底的时候达到白热化。

欢迎回到“霍华德・斯特恩秀”节目中来！现在您可以通过天狼星 XM 卫星广播公司收听现场直播

把两家卫星广播公司的名字写到一起、当作一个名字出现在这一小节的标题中并非打字错误，而是显示了一个包含 8 个字母（SiriusXM）的独立商业实体。但我们想要表达的不仅如此。

让我们回到 2004 年 10 月，当时天狼星公司正在对霍华德・斯特恩进行入职诱惑。为什么这位著名的大嘴巴节目主持人最初同意离开传统的广播电台呢？对于自诩为“媒体之王”的主持人来说，这是一步险棋：当时他的节目在美国数十家电台播放，巅峰时期的听众人数高达 2 000 万，并且任何一天的听众人数都超过 600 万人。2004 年秋，当天狼星公司同他达成协议时，公司的用户数量只有可怜的 60 万——这同斯特恩所习惯的海量听众相去甚远。

斯特恩之所以愿意更换门庭，主要原因无疑同经济动力有关：天狼星公司给他开出的条件非常诱人，远远高于他当时的东家——无限广播公司开出的薪水。然而，他之所以跳上地面无线广播这艘船的另外一个重要原因是，在对于哪些内容适合在电台和电视播出方面，形势正迅速发生变化。这促使负责规范这一行业的联邦通信委员会采取更加严格的立场，严控不合适的内容。

许多人认为，引发这一变化的是2004年2月第38届美式橄榄球超级碗总决赛。在这场比赛中，新英格兰爱国者队以32：29战胜了卡罗来纳黑豹队。但是引发联邦通信委员会怒火的既不是名人堂四分卫汤姆·布拉迪提前计划好的装腔作势的演说，也不是亚当·维纳特瑞具有戏剧性的最后一分钟赢球，而是中场演出时的短暂瞬间。当时，歌手贾斯汀·汀布莱克和珍妮·杰克逊正一起表演二重唱。当汀布莱克唱到最后一句"歌声结束时我要把你脱光"时，他拽开了杰克逊的演出服，露出了她右边的乳房。当时转播比赛的哥伦比亚广播公司声称此举不是有意的，并坚持认为从严格意义上说杰克逊女士的乳头并没有暴露出来，因为上面盖着"乳罩"。尽管有这些托词，联邦通信委员会最终还是处罚了哥伦比亚广播公司所属的传媒集团维亚康姆，为此次不雅的暴露事件罚款55万美元。罚款只是冰山一角。1.44亿观众目击了此次所谓的走光，舆论一片哗然，大家开始争论什么样的内容才可以出现在电视节目中。后续反响接连不断：人们发起了针对汀布莱克、杰克逊以及哥伦比亚广播公司的联合诉讼，而传媒集团的头头们也在考虑是否对播出内容采取更严苛的控制，是否把联邦通信委员会对违规媒体人的罚款增加10倍。此外，媒体公司的高管在管控淫秽、色情以及带有性色彩内容方面遇到的压力越来越大。倒霉的是此类内容恰恰是斯特恩的节目所赖以生存的保证。没过多久，美国重要的无线电运营商清晰频道通信公司（Clear Channel Communication）就把它从维亚康姆传媒集团购买的"霍华德·斯特恩秀"这个节目从公司的所有电台中撤了下来。斯特恩在提到他开始在维亚康姆传媒集团感受到的令人窒息的环境时说："超级碗那次事件把我们给毁了。"然后他又补充说这让他感到"心如死灰"。但是卫星广播却不一样。因为它是以用户订购为基础的，而不是面向大众的广播，因此在很大程度上是不受管制的，也没有联邦通信委员会的监督。斯特恩认为是时候卷铺盖走人了。按照合同规定，他有义务继续主持自己在无限广播公司的节目，直到 2005 年年底。但从他开始与天狼星公司在 2004 年 10 月底谈判时，他的一只脚就已经迈出了无限广播公司的大门。

斯特恩同天狼星公司签署的为期 5 年的合同包括两部分主要内容。第一部分是每年 1 亿美元的预算，用于节目制作和员工薪酬，其中大部分是对斯特恩进行的个人补偿（他的年度预算估计为 8 000 万美元）。第二部分是股权激励，这是以天狼星公司在未来能够获得的用户数量为基础的。说得更具体一点儿就是，斯特恩从天狼星公司获得的股权数量取决于超过预期目标的用户数量（这一预期目标在 2004 年签约之前就已经计算出来）。从某种意义上说，如果天狼星公司能够获得的用户数量超过了斯特恩没有加盟之前的预期数量，那么他就可以得到"奖励"。

评估"斯特恩效应"

尽管这笔交易明显对斯特恩有利，但对天狼星公司来说这种付出值得吗？换句话说，包括斯特恩在内的节目花费能为公司带来积极的投资回报吗？把一个能够创作市场需求很大的节目的名人招募进来就好比是提高产品质量或增加产品新的性能。从某种程度上来说，考虑到名人的知名度，此举也是一种市场营销沟通工具。因此，在评估某项正在向市场渗透的新的服务项目的投资回报问题时，我们需要看一下斯特恩这笔交易对两件事情产生的影响：未来客户终生价值和创新产品扩散参数。

关于客户终生价值所受到的影响，我们可以通过研究表 6–4 中的数据加以分析。这些数据来自天狼星公司和 XM 卫星广播公司的年度报告（采用 10–K 表格形式），时间跨度是"霍华德·斯特恩秀"节目在天狼星公司首秀之前的两年和之后的两年。我们原本期望的是当斯特恩在天狼星公司走马上任之后，客户损耗率会下降。然而这种期望落空了。与之有些相反的是，在接下来的几年里，损耗率略有上升。因此我们可以得出这样一个合理结论：签下霍华德·斯特恩对天狼星公司的客户保留率没有显著影响。2006年每个月的每位用户平均收益ARPU增加了大约7%，达到11美元，然而在接下来的一年里几乎降到了斯特恩没来之前的水平。我们从中可以得出的结论是签下霍华德·斯特恩对于用户平均收益没有太大影响。因此，假如每个用户每月的服务成本大致保持不变，那么天狼星公司每个用户获得的每一时期的利润也不会有太大变化。

至于XM卫星广播公司，2005年"每位用户平均收益"有所增加，并持续到2006年、2007年。这种增加几乎可以肯定是2005年年初物价上涨的结果，它致使XM卫星广播公司的订购费用同天狼星公司持平。并不令人感到惊讶的是，到2007年，两家公司的每位用户平均收益非常相似。顺便提一句，如果你在想为什么两家公司的每位用户的平均收益低于每月12.95美元的法定汇价或"证券"汇价，那答案就是，这与两家公司为了吸引和保留住客户而采取的促销手段有关。

表6-4　天狼星公司和XM卫星广播公司2004~2007年客户终生价值数据

每月损耗率（%）	2004	2005	2006	2007
天狼星公司	1.6	1.5	1.9	2.2
XM卫星广播公司	1.2	1.5	1.8	1.8
每月的每位用户平均收益（单位：美元）				
天狼星公司	10.2	10.3	11.0	10.5
XM卫星广播公司	8.7	9.5	10.1	10.8
用户获取成本（单位：美元）				
天狼星公司	177	139	114	101
XM卫星广播公司	62	65	65	75
市场营销费用（单位：1 000美元/每年）				
天狼星公司（报告中"市场营销和销售"部分）	202 848	197 675	203 682	173 572
XM卫星广播公司（报告中"广告和市场营销"部分）	88 076	182 438	164 379	178 743

斯特恩转投到天狼星公司唯一影响到的与客户终生价值有关的数据是购置成本。表中列出了两种与购置成本有关的数据：第一种是每增加一位新用户的用户获取成本（SAC），这通常包括补贴和物流费用（包括向汽车经销商和零售商支付的用于提升服务和签约新客户的所有费用）；第二种是与获取客户工作有关的市场营销费用，比如广告费用、媒体费用、促销活动费用等。对 XM 卫星广播公司来说，表中列出的市场营销费用直接同客户获取工作有关。因此，公司报告中还列出了一项总体收购成本（CPGA）数字，既包括用户获取成本，也包括广告和市场营销费用（后者除以当年的总体增加的客户数量，因此这些数据是以单个客户获取为基础的）。XM 卫星广播公司的总体收购成本从 2004 年到 2007 年分别是 100 美元、109 美元、108 美元和 121 美元。对天狼星公司来说，报告中的市场营销和销售费用体现了几种消费者管理方面的努力，包括客户保留方面的工作。因此，这些费用不能简单地转化成购置成本。尽管如此，从 2005 年开始，由于霍华德·斯特恩的强势加盟，天狼星公司发展势头逐渐增强，其在用户获取成本方面的花费开始减少，而其他与市场营销有关的花费也没有出现实质性的增加（事实上 2007 年的花费还要低于 2004 年）。相反，同竞争对手相比，XM 卫星广播公司显然在广告和市场营销方面的花费增加较多，因此我们看到，在 3 年里该公司的总体收购成本的增加幅度超过了 20%。

如果我们考虑一下从签署合同到离开无限广播公司之间的 14 个月内霍华德·斯特恩对自己下一步行动进行的海量宣传，我们就可以理解上述那些趋势了。斯特恩不但通过电视采访传递出这样的信号——卫星广播将成为“下一个重大事物”，而且他在自己的日常节目中毫不留情地痛斥无线电广播令人窒息的环境，大谈特谈自己转投天狼星公司的迫切心情。当时的情况变得非常糟糕，以至于无限广播公司甚至把他的节目暂停了一天，显然是因为他谈论天狼星公司太多。对于斯特恩的许多忠实粉丝来说，他们无须激励或任何额外的市场营销工作：

斯特恩到哪里，他们就会跟到哪里。这当然降低了天狼星公司的购置成本。但对 XM 卫星广播公司来说，这就像是一场争夺新接受者的拉锯战，而这些新接受者对天狼星公司的名字越来越熟悉，原因就是斯特恩和媒体提供的所有免费广告。XM 卫星广播公司不得不予以应对，推出更多的广告宣传和市场营销活动，以此吸引新接受者。

现在我们转向事物的扩散方面，也就是用户群体在霍华德·斯特恩加盟卫星广播前后的发展情况，此时出现了一种有趣的模式。图 6–5 呈现了整个行业（XM 卫星广播公司和天狼星公司用户总数）从 2001 年到 2008 年的两种扩散曲线。带菱形图标的曲线预测的是发展趋势，是以我们对产品上市前模式参数的预测为基础（数据来自第 1 章内容）绘制的。带三角形图标的曲线是实际用户总数量，这是两家公司在他们的季度财务报表中报告的内容。不难看到，虽然“实际情况”在 2004 年第 3 季度之前一直稍微落后于“预测情况”，但从该季度霍华德·斯特恩签约之后，形势开始发生惊人的逆转。看起来不可否认的是，斯特恩把卫星广播行业突然提升到了一个新的接受高度。现在关键问题是：谁能从中获益呢？

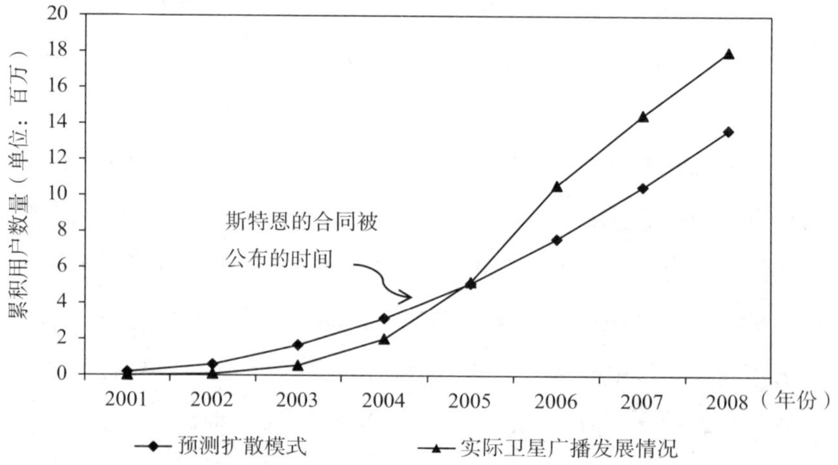

图 6–5 卫星广播行业用户预计数量和实际累积数量

在研究了这一时期的用户发展情况之后，行业分析师指出，他们认为这两家公司的发展至少部分应当归功于“斯特恩效应”——他们是这样称呼的。当这位“媒体之王”前来领取自己的股权奖励的时候，天狼星公司必须承认这一点——用户实际增长数量超过了合同中规定的天狼星公司在斯特恩加盟之前的预测目标数量（斯特恩在 2006 年和 2007 年得到的股权收益大约价值 3 亿美元）。当时 XM 卫星广播公司的首席执行官休 · 帕内罗也赞成分析师的分析，宣称“霍华德 · 斯特恩提升了对整个卫星广播行业的认知度”。这种观点同我们所熟悉的那个“一次涨潮托起了所有船只”的道理是一致的，我们曾在本章早些时候介绍过这个道理。我们能否印证这些定性分析并证明这两家公司在用户增加方面都受益了呢？我们能否提供一份大致的评估报告，看一下天狼星公司是否因为整个斯特恩事件而取得了积极的投资回报呢？

要想弄清楚这些问题，我们需要深入行业内部，把斯特恩没有到来之前每家公司所预测的用户数量同最终得到的实际用户数量进行比较。对于预测的用户数量，我们使用竞争扩散模式，该模式可以解释客户流失和客户终止接受的情况。我们还将使用产品上市前的预测数据来分析普通长远市场潜力和接受力量（数据来自第 1 章内容）。我们注意到，两家公司不得不在 2004 年秋天测算出这些数据，也就是说，在 XM 卫星广播公司推出产品仅仅 3 年之后（对天狼星公司来说还不到 3 年）就要进行测算。因此，并没有足够的实际数据来预测扩散参数。

在运用竞争模式之后，你会很高兴地发现，我们目前所用到的参数看起来具有表面效度。比方说，该模式预计，到 2004 年年底，XM 卫星广播公司的用户数量为 310 万，而实际用户数量是 320 万。天狼星公司方面，该模式对斯特恩合同公布之前做的预测同实际数据相比有些不相匹配，这表明最初天狼星公司的接受力量比 XM 卫星广播公司的要弱一些。许多分析师指出，也正是出于这个原因，天狼星公司才积极行动，引入斯特恩加盟。值得注意的是，天狼星公司自己对于2004年之后在没有斯特恩加盟的情况下用户数量的预测（对于这一点他们必须在合同中明确规定）比较符合竞争扩散模式的预测。比方说，公司对于2006年年底和2007年年底的预测结果分别是370万和530万，而使用我们在此提出的建模方法进行预测，结果分别是410万和500万。尽管我们不清楚天狼星公司是如何得出这些数字的，但我们的预测结果和他们的预测结果大致相同，这一点让人倍受鼓舞。

表 6–5　XM 卫星广播公司和天狼星公司用户数量（以整年计算）

	实际用户数量		预测用户数量		差别（实际与预测之间）		每一时期斯特恩带来的新用户数量	
	XM 卫星广播公司	天狼星公司	XM 卫星广播公司	天狼星公司	XM 卫星广播公司	天狼星公司	XM 卫星广播公司	天狼星公司
2005	5 932 805	3 316 560	4 134 045	2 256 000	1 798 760	1 060 560	1 798 760	1 060 560
2006	7 627 873	6 024 000	5 089 177	3 707 000	2 538 696	2 317 000	739 936	1 256 440
2007	9 100 000	8 321 785	5 950 552	5 291 000	3 149 448	3 030 785	610 752	713 785
2008	9 850 741	9 153 115	6 687 692	7 192 000	3 163 049	1 961 115	13 601	0

表 6–5 把所有这些因素整合到了一起。其中第二栏和第三栏给出的是公布斯特恩的合同之后的 4 年里两家公司实际获取的用户总数，这些数字是根据他们的年度报告得出的。随后的两栏是预测的用户数量——XM 卫星广播公司的用户数量是以竞争扩散模式为基础的，而天狼星公司是以公司预测为基础的（我们之所以把天狼星公司的预测结果列出来，是因为这些数据同斯特恩的奖金有关，因此对于评估他们的合同来说也非常重要）。接下来的两栏让我们看到了实际获取的用户数量同预测的用户数量之间的差异，表格中最后两栏计算了两家公司每一年的新增用户数量（如果有增加的话）。换句话说，最后两栏显示的是实际用户数量和预测的用户数量每年增加幅度的差异，体现了每一时期斯特恩带来的新用户数量。我们所看到的内容相当有趣：尽

管天狼星公司连续3年获取的客户数量要多于没有斯特恩加盟的数量，但XM卫星广播公司在同一时期获取的客户数量看起来增加得也相当多，其中主要的增加出现在2005年，这一年斯特恩极大地促进了卫星广播的发展。此外，到2008年似乎斯特恩没能给天狼星公司带来新增客户。这一年我们应当谨慎对待，略微分析一下原因。

把表6–4和表6–5结合起来看，我们就能够评估斯特恩效应给天狼星公司增加了多少创新价值。运用第2章中有关客户终生价值的分析理论，我们可以得到天狼星公司每位新用户的价值分别是234美元（2005年）、263美元（2006年）和242美元（2007年）。如果我们假设天狼星公司对斯特恩带来的客户支付最低的购置成本，那么我们就可以用增加的用户数量（表6–5中最后一栏的数据）乘以相应年度的客户终生价值（将该价值进行合理折算，这样一切都是按照2005年的货币价值计算的），然后算出总数。得到的结果就是增加的净创新价值，接近7亿美元（准确地说是6.92亿美元）。计算一下天狼星公司履行为期5年的合同需要支付的全部花费的净现值（包括让与的股票期权），得出的花费总数是6.5亿美元多一点（准确地说是6.54亿美元）。总的说来，这份合同看起来“收支平衡，恰到好处”。尽管对于6.54亿美元的投入来说，380万美元的回报（用净现值的方法计算）不应当成为欢庆的理由，但我们一定不能忘记的是在公布此项合同之前，同XM卫星广播公司比起来天狼星公司的处境岌岌可危，而说服斯特恩在天狼星公司的演播室中建立他的媒体王国无疑帮助公司扭转了局势。

如果无法击败对手，那就加入对手行列

从2005年到2007年我们所看到的竞争扩散增加的趋势来判断，人们可能会认为斯特恩加盟天狼星公司这件事的确如同天狼星公司总裁在签约后不久所说的，是一次“分水岭式的事件”。但是，这可能忽略了整个斯特恩事件所带来的竞争性涟漪效应。首先，正如前面所提

到的，XM 卫星广播公司大力强化其市场营销活动，目的是不要在争夺新接受者的斗争中失利。从天狼星公司的角度来看，消耗光斯特恩的忠实粉丝群体只是时间问题，他对于其他消费者的影响在 2008 年迅速消退。天狼星公司迟早也将不得不投入大量资金用于市场营销。其次，让客户满意并吸引新的消费者关键取决于准备好除了音乐节目和斯特恩的节目之外的一系列听众喜闻乐见的节目。这一点也十分重要。然而，由于两家公司都在尽力争取同相同的组织签署独家协议，并且都以斯特恩的合同作为参照，这些协议变得越来越昂贵。表演艺术家、知名人士以及体育联盟的管理者意识到，他们可以周旋于这两家卫星广播公司，看一下哪一家公司可以为他们的节目或转播权出价更高。XM 卫星广播公司的节目制作成本一路飙升，从 2004 年的不足 330 万美元增加到 2007 年的 1.8 亿美元以上（例如，同棒球大联盟的合同每年花费 XM 卫星广播公司将近 6 000 万美元，脱口秀主持人奥普拉·温弗瑞的节目费用为每年将近 2 000 万美元）。天狼星公司的情况也好不到哪里去，尤其是在斯特恩的合同有案可循的情况下。天狼星公司的节目制作成本从 2004 年的 6 300 万美元左右增加到 2007 年的 2.36 亿美元，其中 2006 年这一年尤其艰难，因为斯特恩的股票期权支出使得节目制作成本超过了 5.2 亿美元。

两家公司都不曾料到竞争态势能使得节目制作成本增加如此之多。如果说有什么不同的话，他们原以为这些花费在几年之后会稳定下来，然后分摊到不断增加的客户群体中去。此外，在 2007 年，尽管两家公司看起来都把每月费用固定在 12.95 美元，但他们谁也不愿意单方面抬高订购费用，因为他们都担心会输掉客户获取之争，或者担心放弃保留率之争，导致客户流失和终止接受。公司还有一些其他方面的大笔开销，比如计划中的卫星维修和更换，因而不可避免地会出现巨额净亏损。XM 卫星广播公司 4 年以来的净亏损超过 6.4 亿美元，而天狼星公司每年的净亏损额都在 5.5 亿美元以上（2006 年一年，这一数字近乎翻倍)。前景看起来比较惨淡。两家公司的激烈竞争使得他们的卫星服务项目坠入谷底（这里有意采用双关语）。对于投资人和公司管理者来说，似乎只剩下一条出路：合并！

2007 年，两家公司提出的“对等合并”的一些细节开始浮出水面。当时天狼星公司的首席执行官梅尔·卡尔马津将成为合并后公司的总裁，而来自 XM 卫星广播公司的加里·帕森斯将担任董事会主席。许多行业分析师对合并能否得到批准表示怀疑，因为有两大令人望而却步的障碍需要清除：联邦通信委员会和司法部。联邦通信委员会在 1997 年颁发卫星广播许可证的时候规定：一名执照持有人不得获得对于其他执照持有人的控制权。显然这样做的目的是避免形成行业垄断。因此，想要顺利合并，联邦通信委员会实际上必须撤销自己的规定。垄断行为有可能损害消费者，而对于此事的审查也被列入司法部的权限之内。必须要让司法部相信合并行为不会违反反垄断法。在为自己辩解时，天狼星公司和 XM 卫星广播公司的经理们坚持认为相关竞争领域十分广阔，不仅仅只有他们两家公司，因为在其获得执照后的 10 年内该行业得到了长足发展。卡尔马津同他在 XM 卫星广播公司的同行认为，除了传统的调频、调谐广播之外，他们现在也面对着来自其他形式的数字化和移动娱乐的竞争，包括苹果音乐播放器（iPod）、智能手机、平板电脑以及互联网流媒体服务——预计这些行业将继续爆炸式发展。这两家公司进一步指出，通过合并，他们可以为客户提供价值更高的服务，因为只需订购一次就可以马上得到两家公司的服务节目。还有一点他们没有明说，那就是合并可以让他们以更合理的成本获得节目内容，或许还会把节省下来的钱花费在客户身上。不管怎样，如果他们面临的商业窘境导致其中一家公司破产，那么最终结果也是只剩下一家卫星广播公司。

在经过了漫长的为期 57 周的审查过程之后，司法部认可了这些观点，同意公司合并。联邦通信委员会又用了另外 17 周的时间，最后以具有历史意义的 3：2 投票结果同意有条件合并，其中最重要的一个条件是订购价格保持 3 年不变。在清除了这些障碍之后，XM 卫星广播公司的股票在 2008 年 7 月 28 日停止交易，新公司的名字变成了天狼星 XM 卫星广播公司。节目制作在当年 11 月实施合并，几个月之内消费者就可以购买第一批既能播放天狼星公司，也能播放 XM 卫星广播公司音频节目的接收器。

合并后记

2008 年年中的合并发生的时候，刚好赶上美国经济中遇到的一个难关。全球性经济萧条导致许多消费者勒紧腰带，节约开支，而卫星广播被视作是个别人才负担得起的奢侈品。此外，汽车行业在接下来的一年中遭遇重创，这对天狼星 XM 卫星广播公司来说是个不好的消息，因为公司许多客户的获取都是同新车销售联系在一起的。事实上，新的净订购量在 2009 年暴跌。尽管如此，合并节省下来的巨大开销似乎达到了理想的结果。比方说，分析师预测说，合并之后，同以往相比，所有原创节目的谈判价格都降低了很多，交易价格降低了 50%。每位用户的购置成本在当年降低到 64 美元，而公司市场营销方面的花费当然也比两家公司合并前的总和要低。天狼星 XM 卫星广播公司在 2009 年首次实现了卫星广播行业净收益！但是，公司还需要更多资金来继续运作。自由媒体公司注意到这家目前唯一的行业玩家的良好势头，于是携带所需要的资金加入进来。

自由媒体公司的赌博得到了回报。2010 年经济开始回暖，尤其是汽车销量开始增加，与此同时新用户的数量也开始增加。同一年，天狼星 XM 卫星广播公司和霍华德 · 斯特恩把合同延长了 5 年，持续到 2015 年。尽管公司必须花费大价钱来留住这位明星节目主持人，因为他依然被视作广播领域最受欢迎的人物，但条件变得对公司更有利了：每年 8 000 万美元，不再支付股票收益。合同延期之后，形势发生了有趣的变化。斯特恩不再坚持认为由于之前的合同公司欠自己钱，而是提出自己的知名度发挥了主要作用，帮助天狼星公司和XM卫星广播公司完成了合并。因此，按照他的逻辑，XM卫星广播公司那些成为合并后公司客户的客户应当算作是超过目标用户数量的客户，应当算作自己的股票奖励。天狼星XM卫星广播公司的看法则不同，其认为奖金“只与天狼星公司的客户有关”。为此，斯特恩提出了价值3亿多美元的诉讼。法官站在天狼星XM卫星广播公司一边，驳回了诉讼请求。斯特恩在2013年再次上诉，结果也败诉了。判决似乎表明，把那些大约1 000万原来是XM卫星广播公司、后来一夜之间成为天狼星XM卫星广播公司的用户同斯特恩的客户群联系起来的做法纯属胡扯。然而，正如我们在表6–5中看到的那样，至少存在这样一种可能：斯特恩高调加入卫星广播的做法以及因此产生的反响在合并前就提升了XM卫星广播公司的扩散程度（甚至把XM卫星广播公司增加的市场营销预算都计算在内）。斯特恩的说法可能并非没有道理，他可能的确帮助XM卫星广播公司把一些原本争取不过来的客户争取了过来。因此，当XM卫星广播公司同天狼星公司合并时，他应当因为这些额外的接受者而获得奖励。大家可以裁决一下这个案子！

2011年年中时，对于订购价格的限制到期，天狼星XM卫星广播公司迅速行使自己的权利，把每月的费用增加到14.49美元，每位用户每年的费用大约增加了18美元。公司预计此举不会对损耗或购置成本造成明显影响，因为服务品质证明新价格是合理的。事实也的确如此：损耗率继续维持在每月1.8%~1.9%，用户购置成本继续稳步下降，2013年降至50美元。2014年年初，公司又进行了小幅提价（每个月增加0.5美元）。

我们相信，2014年之后天狼星XM卫星广播公司的传奇故事将更加丰富多彩：价格可能进一步提高，2015年12月斯特恩的合同又延长了5年（谁知道接下来还会发生什么）。大家需要记住的是，我们在企业发展的任何阶段完全可以使用创新价值理论体系来评估财务影响。我们必须把现有的客户群体当作已经获得的客户，根据扩散模式推断接受变量和运用客户终生价值模式（其参数现在是以以往的数据为充分依据的）。

要点回顾

• 通常说来，会有不止一家公司推出行业内的创新产品。这会带来一系列竞争态势和客户变化，影响创新产品的扩散过程，影响各个公司的创新价值。

• 有几种简单的办法来掌握多家公司争取新的接受者所带来的影响。办法之一是假设在行业层面只出现单一扩散过程，其中每家公司根据其相应的影响力获得新接受者份额。另一种办法为每家公司设定了单独的扩散过程，但这些公司需要从公共的潜在接受者群体中争取新客户。

• 竞争中存在两种社会力量：品牌内力量和跨品牌力量。在品牌内的情况下，某一特定品牌现有客户的影响力会促使潜在接受者购买相同品牌的产品（这一点同基本扩散模式十分相似）。在跨品牌的情况下，某一特定品牌现有客户的影响力会导致潜在接受者购买竞争对手的产品。

• 在竞争的情况下，很重要的一点是弄清楚如果留不住客户，客户离开公司时会发生什么情况。如果离开的客户转投竞争对手、购买对手的产品，这被称作“客户流失”；如果离开的客户不再参与行业任何活动，这被称作“终止接受”。每一时期公司蒙受的流失率和终止接受率被称作“损耗率”。这种损耗率应当同客户终生价值模式中使用的损耗率一致（损耗率是保留率的补足数）。

• 本章呈现的竞争扩散模式允许把各种社会力量的影响以及客户流失和终止接受的影响考虑进来，考虑一下当公司面对同一创新行业竞争对手时，它们对于公司客户群体发展的影响。

• 竞争扩散模式可以同许多涉及竞争的市场现象联系起来：相对于行业现有企业，新加入行业的企业所表现出来的高速增长率；通过播种计划尽早建立规模可观的客户基础；以及研究盗版行为——非法或免费提供创新产品或内容，如何使原创企业受益。

第7章
考虑代际效应：预先评估下一代产品

预测是件非常困难的事，尤其是预测未来。

——马克·吐温

“音乐让世界得以运转。”数百年来（如果不是数千年的话）这句话一直非常正确。人类喜欢听音乐，喜欢歌唱，喜欢随音乐起舞。由此产生了数不胜数的音乐形式和乐器，它们因文化不同而不同，并随着时代发展而发展。

今天大多数人认为，直到最近人们才不再必须亲临现场去欣赏音乐。过去，一个或几个音乐家，无论是专业人士还是业余爱好者，必须当场亲自表演，才能够让观众体验音乐带来的乐趣。音乐的这种现场表演特性直到140年前才得以改变。1877年，留声机问世，人们可以录制现场的声音，然后在后期重复收听。这标志着一个全新行业的诞生：音乐录制（当然，从更广义上说是声音录制）。

然而，随着第二个千禧年接近尾声，几乎没有人收听留声机播放的音乐了。总的来说音乐录制没有消亡，它依然存在并且相当强大，但它经历了多次质的变化，或者说经历了几代技术进步——这是我们在创新领域对它的称呼。比如说，经历了几代发展之后，到

1998 年，大多数人可能是通过他们的激光唱盘播放器收听激光唱片（CD）中的音乐的。

为什么我们把那一年单独挑出来？因为在那一年又发生了一次质的变化：MP3 音乐播放器被首次推向市场。该播放器使用了一种数字音乐编码格式，它被吹捧成音乐录制行业的下一代播放器。

帝盟多媒体公司（Diamond Multimedia）在 1998 年计划推出第一部 MP3 播放器——Rio PMP300。我们可以思考一下该公司一名顾问的观点，这名顾问受命预测这种新产品的销售前景。一开始，该顾问可能一心想预测整个 MP3 播放器的发展轨迹，但随后意识到可能会有更多公司推出这种采用新格式播放音乐的产品。那么此时这名顾问应当如何完成预测任务呢？你可能会提议："采用昔日创新产品的扩散参数。"的确，这个建议听起来有道理。对此，这名顾问可能马上会问道："哪些参数？"毫无疑问大家心里想的是激光唱盘播放器，因为毕竟它们属于同一产品种类。但是有两个问题可能会让该顾问犹豫不决，考虑到底是否应当用这种创新产品来帮助预测 MP3 播放器的发展轨迹。第一个问题是，激光唱盘播放器是在 20 世纪 80 年代初上市的——到 1998 年已经过去了将近 20 年，它的接受力量和市场潜力是否依然与当前形势有关联。第二个问题是，人们根本不清楚激光唱盘播放器在 1998 年是否已经停止扩散。相反，这名顾问调查了一下激光唱盘播放器的销售情况，发现它们的走势依然强劲。他开始研究把便携式激光唱盘播放器的扩散信息运用到 MP3 播放器上是否"恰当"，并且开始研究如何处理下面这件事情：这两代音乐播放器在市场上同时存在了数年时间。

往事回顾：便携式音乐创新产品的时代更迭

第一台随身听（Walkman）于 1979 年在日本诞生——该创新产品

的出现显然是因为当时索尼公司的总裁所施加的压力，他希望可以在经常性的飞行旅程中收听自己喜欢的戏剧节目。在这之前很早的时候，人们就特别需要能够播放录制好的音乐的设备，尤其是便携式设备。事实上，早在20世纪20年代，留声机就不仅在人们的家中使用，而且被用到野餐聚会以及其他户外活动中。经典影片《走出非洲》的拍摄背景是“一战”时期。在这部影片中，当卡伦·布里克森（由梅丽尔·斯特里普饰演）第一次在自己的农场听到提前录制好的音乐的时候，她发现丹尼斯·芬奇·哈顿（由罗伯特·雷德福饰演）正在一边摆弄一台留声机一边说道：“瞧，他们终于造出了一台真正有用的机器！”

我们已经提到过，第一台能够播放录制好的音乐的实用设备是托马斯·爱迪生在1877年发明的留声机。该机器使用了一个旋转的金属转台，录音用的留声机带有一个送话口，当人们对着它讲话或唱歌时，声音振动就会被录音针压缩到金属转台上。之后在回放时随着唱片的旋转，针头就可以找到转台上的凹槽，再现之前录制好的声音。当能够录制然后听到自己唱的《玛丽有只小羊羔》时，爱迪生极度兴奋。他的发明开辟了一个新行业，成了声音录制设备的销售开端。金属转台成了主要的录音制式，被使用了大约25年到30年。我们提到的梅丽尔·斯特里普电影镜头中的留声机在19世纪80年代被推出，这款留声机使用的是唱片装置，而不是金属转台。这两种制式之间最初的“标准之争”爆发了。让事情变得更加混乱的是，当时没有统一的唱机转盘转速规定（以每分钟旋转圈数来计算，也被称作RPM）。最终，唱片式留声机（转速为每分钟78转）赢得了这场战争，尽管爱迪生声望极高，并且也在努力争取。

留声机在一定程度上满足了消费者对于便携式音乐的需求：他们可以人工操作，复制音乐；他们只需摇动手柄开始旋转，不需要额外的电源。然而，这个设备体积较大，音质生硬，人们不喜欢重放时唱针摩擦唱片凹槽时经常发出的刺耳噪音。（多年之后，流行音乐主持人喜欢在酒吧中摩擦唱片，但其目的是增加音效，而不是将其作为音乐播放的一部分。)

20 世纪 40 年代开始出现电动留声机，不再需要人工操作。录音技术方面的进步带来了单声道和立体声音响系统，音质变得更好。但是就能够播放录制好的音乐的便携式设备来说，在 20 世纪 50 年代末之前还没有设备能够真正替代手工操作的留声机。20 世纪 50 年代末，以电池为动力的晶体管收音机登场亮相。这款设备体积小、重量轻，可以四处携带。20 世纪 60 年代中期事情发生了翻天覆地的变化。当时出现了使用磁条的卡式录音机，这是索尼公司的传奇产品随身听的前身——20 世纪 70 年代，第一台个人小型卡式录音机问世。随后出现了数码技术：便携式激光唱盘播放器在 20 世纪 80 年代问世，而像 Rio PMP300 这样的 MP3 播放器在 20 世纪 90 年代出现。

我们必须明确指出，尽管所有这些设备都被同“便携式音乐”行业联系在一起，但它们都不够完美，无法彼此替代。也就是说，它们缺乏固定的特征，之后的创新产品无法在它们的基础上改进。通常新一代产品能体现出之前产品所没有的新优势，因而可以在某些方面对其进行改进补充。在其他情况下，新一代产品可能也在某些方面存在不足，这就需要进行取舍，或者会导致消费者保留几代产品。比方说，收音机可以播放音乐（提前录制好的以及现场直播的音乐），却无法“按需播放”，因为广播电台决定了播出内容和播出时间。此外，收音机还播放新闻和其他形式的娱乐节目。即使那些看起来非常接近的替代品，比如卡式录音机和激光唱盘播放器，在某些重要特征上也存在差异：虽然激光唱盘播放器播放的音质更好，并且通常比磁带更耐用，但同磁带比起来，在光盘之间复制音乐就没有那么简单了。

我们提供的有关音乐录制行业的历史回顾以及其中重点的便携式产品肯定没有做到面面俱到。应当承认，我们省略了许多人们熟知的细枝末节。在此我们向所有人、向我们所没有提及的所有阶段真诚道歉。我们的初衷是让大家了解 MP3 播放器是紧随以前的音乐播放器的创新产品发展而来的，其中每一款产品都曾有过商业发展中的“黄金时期”。但不可避免的是，新一代产品的出现会取代之前的产品。尚且没有回答的问题是：依次出现的各代产品之间的过渡时期会持续多久；两代产品之间是否存在任何规律性的东西。

要解决这些问题，有必要向前翻看一下 10 年前的日历，看一下便携式激光唱盘播放器和 MP3 播放器的单位销售曲线。从图 7–1A 中我们可以清楚地看到，当 MP3 播放器在 20 世纪 90 年代末出现的时候，激光唱盘播放器的销量还没有达到顶峰。销售顶峰出现在几年之后，也就是 2000~2001 年的时候。从那以后，便携式激光唱盘播放器的销量开始迅速下滑。与此同时，MP3 播放器的销量开始增加，但直到 2004 年销量才开始激增，呈现快速增长趋势。请注意，在从激光唱盘播放器到 MP3 播放器的换位过程中，包括激光唱盘播放器和 MP3 播放器在内的整个行业销售在 2008 年间发展势头都相当不错。我们从图 7–1B 中可以看到这一点。

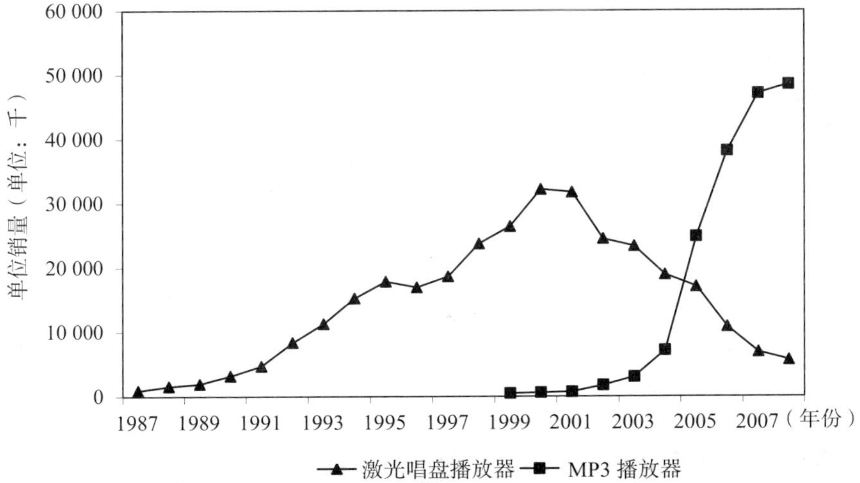

图 7–1A　连续两代便携式音乐播放器的销量（激光唱盘播放器和 MP3 播

放器）

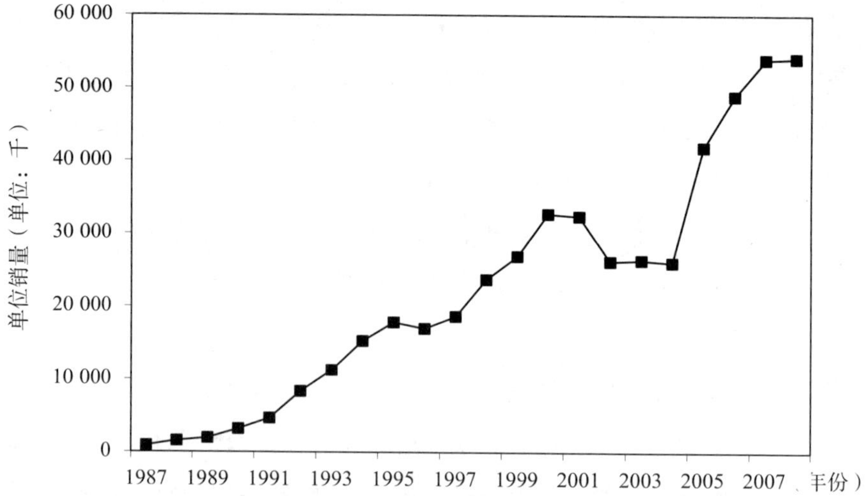

图 7–1B 便携式音乐播放器的行业整体销量（激光唱盘播放器和 MP3 播放器的总和）

图中呈现出的这些结果提出了一系列重点，值得我们关注。这里有两种过程在发挥作用：整个行业的持续不断的扩散——我们这里所指的是图 7–1B 所呈现的便携式音乐播放器的发展；以及同一行业中连续两代产品（便携式激光唱盘播放器和 MP3 播放器）的替代曲线，也就是图 7–1A 所呈现的内容。通常来说，随着新一代创新产品的出现，行业本身还会继续发展，其中，上一代产品在开始时持续发展，随后，随着新一代产品的赶超，上一代产品的销量快速下滑。

另外值得注意的一点是，有时候整个行业销量会出现短时期内的暂时持平甚至下降的情况——在这个例子中，这种情况出现在 2002~2004 年。导致这种情况的罪魁祸首通常是客户的观望态度，这造成他们做出推迟购买的决定。在开始销售了五六年之后，大部分消费者已经认识了 MP3 播放器，然而他们还是迟迟不肯购买，因为他们在观望，想看一下这种新产品是否会流行起来。此外，大多数人手里积攒了大量激光唱盘——请注意，这可不是一笔小的花费，要想利用新科技，这些唱盘必须要被替换掉。然而，许多人开始感受到流行方向的转变，意识到激光唱盘可能成了一种正在消亡的技术，因此不再购买激光唱盘播放器。这种观望的态度导致行业销量从 2001 年的水平开始连续下降 3 年。然而到 2008 年，随着消费者打消疑虑和 MP3 播放器的销量激增，行业销量达到了新高度。

通过进一步的观察，图 7–1B 可能会让我们想起本书早些时候我们遇到的类似销售轨迹——“鞍状曲线”。然而，从本质上说，这里出现的现象不同于我们在第 4 章讨论过的情况。在第 4 章，销量出现下滑的原因是某一创新产品在两个相对不同的客户群体——早期市场接受者（“创新产品激进派”）和主流市场接受者（“创新产品温和派”）中以不同的速度在扩散。而这里，MP3 播放器自己的销量在 2001~2005 年并没有呈现出鞍状曲线。呈现出这种特点是整个行业——便携式激光唱盘播放器和 MP3 播放器的销售总量。为了再次阐述为什么会出现这种现象，我们需要注意，在有两代连续产品的情况下，它们彼此之间的扩散时期存在交集，上一代产品（激光唱盘播放器）销量的快速下滑是由于消费者认识到这种老化的技术可能正走向灭亡，因而不愿对其投资（这一代产品可能已经过了接受高峰）。与此同时，他们也迟迟不肯购买下一代产品（MP3 播放器），因为该产品还没有证明自己。

各代产品之间传递的是什么？

许多行业专家，尤其是高科技市场行业专家通常认为，新一代产品在市场中的扩散速度比行业内上一代产品的扩散速度要快许多。我们经常听到的大众说法也大致如此，比如下面这位英国分析师在数字化视频播放器（DVD）出现几年之后对于该设备销售情况的评论：“（数字化视频播放器）8 年里达到了目前的销售水平，这比录像机的销售快了许多，后者用了 20 年时间才达到这一销量。”从表面上看，这种说法似乎很正确，不但对视频录制和播放行业适用，对其他行业也适用。的确，如果你看一下图 7–1A 就会发现，MP3 播放器比激光唱盘播放器的销量增长速度要快。激光唱盘播放器用了大约 12 年销量才达到 2 500 万台，而 MP3 播放器仅仅用了 6 年时间就达到这一销量。

然而，如果你关注的是渗透水平而不是销售情况，那么就会发现不一样的图。让我们详细阐述一下我们想要表达的意思。创新产品的渗透水平指的是在某一时间点上接受该产品的全部相关群体的份额或比例。用我们基本扩散模式的术语来说，它指的是在某一特定时间内创新产品新接受者的数量除以该创新产品的长期市场潜力所得出的结果。累积渗透水平指的是在某一时间点上已经接受该产品的全部市场潜能的比例。图 7–2 呈现的是我们一直在研究的便携式音乐播放器在美国家庭中的累积渗透数据，即产品上市几年后所有拥有至少一台激光唱盘播放器或 MP3 播放器的美国家庭的比例（家庭中任何成员拥有都可以）。为了能够比较这两代产品的渗透轨迹，请注意图 7–2 中的横坐标指的是每一代产品上市后的前 10 年——激光唱盘播放器是从 1987

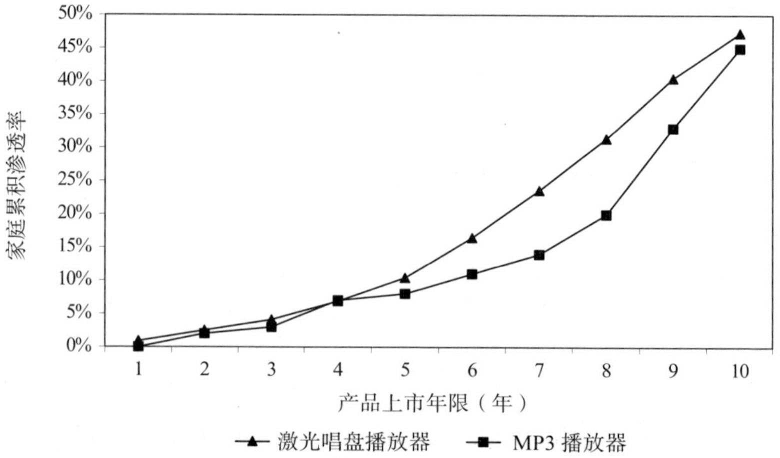

图 7–2 激光唱盘播放器和 MP3 播放器家庭累积渗透水平

年至 1997 年，MP3 播放器是从 1998 年至 2008 年。从图中的曲线中我们可以清楚地看到，两种产品在发展曲线上几乎没有差异。如果要说有差别的话，那就是激光唱盘播放器的渗透速度略快一些。因此，尽管 MP3 播放器的销量的确更多一些（参见图 7–1A, 比较相应时期的销量），但美国家庭的数量也在增加（例如，1990 年大约有 9 000 万个家庭，但到 2005 年，大约有将近 1.1 亿个家庭，增加幅度超过 20%）。

从图 7–1A 中可以发现的另外一个重点是，即使是对于像激光唱盘播放器和 MP3 播放器这样非常成功的创新产品来说，在达到长期目标市场渗透率 50% 之前也需要整整 10 年。这两代产品都把美国家庭总量当作长期目标市场，以期认同并购买创新产品。

在比较连续几代科技产品时，我们发现几乎没有出现渗透加速的情况。对此，有关这一主题、涉及不同行业的学术研究都曾报道过。关于这种现象还有另外一个例子，大家可以回忆一下家用视频游戏机行业，我们在本书中曾提到过几次。到目前为止，家用游戏机可以清楚地分成 8 代：一开始是 Atari2600，这款机器事实上在 1977 年开创了行业先河；到后来一直发展到 PlayStation4（PS4）、Xbox One 和 Wii U，这些第八代产品在 2012~2013 年推出。图 7–3 描绘的是 15 年里（从 1989 年到

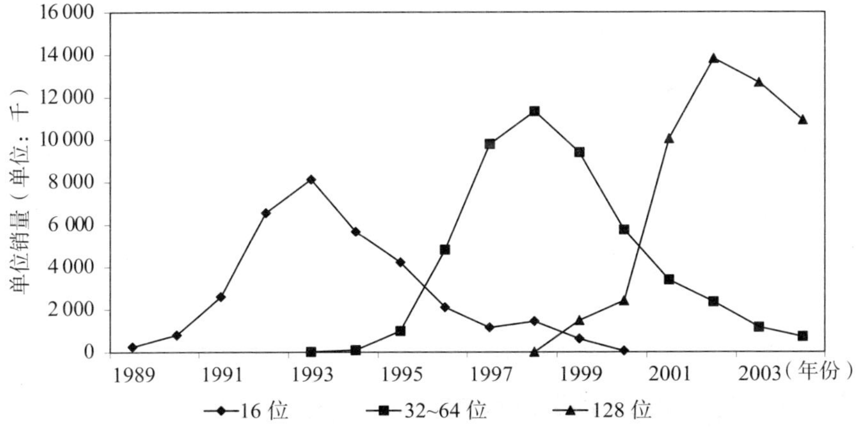

图 7–3 连续 3 代家用游戏机在美国的单位销量

2004 年）连续 3 代家用游戏机（所有品牌）在美国的单位销量。这几代产品的销量从发展中间的某一点开始下滑，表示行业序列中第 4、第 5 和第 6 代产品开始上市。标注中的“bit”这个术语指的是计算机处理器（被称作“CPU”）技术，它被应用于每一代游戏机里。因此，举个例子来说，16bit 的 CPU 可以一次处理 16 位数据。我们可以这样推测：bit 值越高，处理器的功能越强，游戏机也相应地更愿意采用它。

通过这个单位销量图，我们可以清楚地看到各代游戏机的发展曲线几乎是相同的，尽管每一代游戏机所取得的市场潜力不同，呈现依次递增的趋势。事实上，即使是后来的第 7 代产品［这一代产品开始自 2005 年，包括 Xbox360、PlayStation3（PS3）以及 Wii 游戏机］，其总体市场潜力也比之前所有的都要高，到 2013 年年底单位销量达到 1.1，其亿台（到 2015 年年中有所增加，达到 1.13 亿台）。

我们再回到音乐行业中去：当再次回顾那名顾问所面临的挑战——预测 MP3 播放器的销量时，我们希望能用上下面有关行业内连续几代科技产品的看法：（1）它们在扩散速度中表现出的相似性；（2）市场潜力中可能存在的差异性。但在这之前，对于有关客户接受方面的内容，有必要更仔细地研究一下连续几代产品扩散曲线“背后的”故事。

连续几代创新产品的需求源头：新用户、跳级用户和产品升级用户

当具有突破性的创新产品——第一台播放录制音乐的设备、第一台视频游戏机、第一台大型计算机开创一个全新的行业时，我们在需求方面实际上是“一片空白”。每一位接受者都来自独立的群体——“对行业陌生的”消费者群体。然而，当随后的创新产品遵循行业开创者的脚步时（即下一代产品的迭代），事情就会变得更加复

杂。此时形成的接受“群体”不是一个、两个，而是三个，并且需要进行解释。为了弄清楚这三种接受者的来历，请大家看一下图 7–4，并重点关注一下上方两个圆圈。

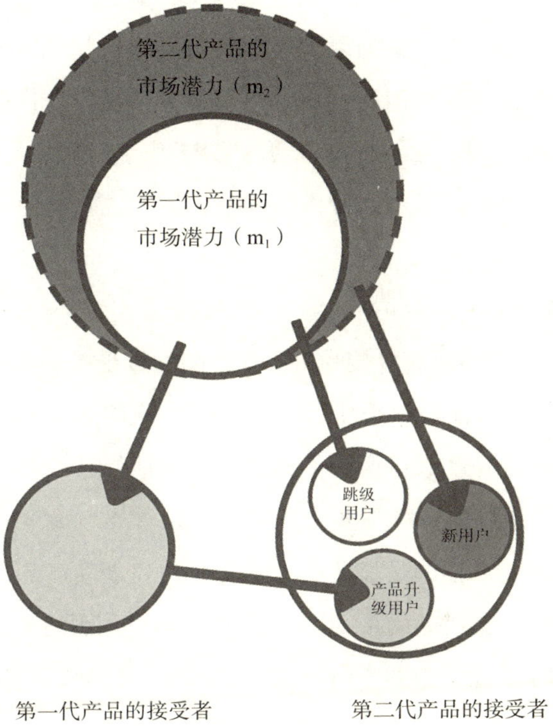

图 7–4　连续几代创新产品的需求源头

里面的白色圆圈代表的是与开创行业的第一代产品有关的潜在接受群体——这是一个独立的群体，创新产品从中获取客户。这一群体中决定接受该产品的人员被抽取到“第一代产品的接受者”的灰色圆圈中。当第二代产品出现时，由于它通常进行了重大改进、具有了新的特点——也可能是人口统计方面发生变化的结果，相关消费者的数量通常会超过愿意考虑接受第一代产品的消费者数量。因此，外面的（虚线）阴影圆圈——代表第二代产品的全部市场潜力，会更大一些。

请注意，表示第一代产品市场潜力的圆圈被嵌入在第二代产品市场潜力的圆圈之中，然后用一个独立的圆圈来表示第一代产品的接受者。这有助于形象地表示下一代产品的需求源头，也就是大家熟知的新用户、跳级用户和产品升级用户。

新用户指的是由于受到第二代产品造成的行业发展影响而加入进来的那些接受者。这些消费者不仅仅是没有接受第一代产品，如果第二代产品没有出现，他们根本不可能参与到行业中来。在图 7–4 中，新用户来自虚线圆圈和实线圆圈之间的区域，也就是两种市场潜力之间的区域。

跳级用户指的是那些来自属于第一代产品市场潜力，但实质上又“跳过”那一代产品而直接接受下一代产品的接受者。用创新领域的一句行话来说就是：他们“跃过了一代产品”。在图 7–4 中，他们来自代表市场潜力的白色实线圆圈，但重要的是，他们并没有移向左下方的表示第一代产品接受者的圆圈。

产品升级用户指的是那些已经接受第一代创新产品，但又受到影响转而接受下一代产品的接受者。在图 7–4 中，他们来自左下方表示第一代产品接受者的圆圈（因而之前属于第一代创新产品市场潜力圆圈的一部分）。

升级和跳级行为能够把吞噬效应引入下一代产品中。如果客户购买的产品或服务能够带来一次性收益，比如购买耐用品，那么升级行为通常会为公司带来积极结果，因为这代表可以从同一个客户那里获得两次利润。而对那些能给公司创造重复收益的产品或服务来说，比如重复购买消费品组件或金融服务，如果客户选择升级产品，那么他就会停止购买老一代产品，开始购买新一代产品。这样一来新一代产品就会削减上一代产品的收益来源。这样做是否有利可图在很大程度上取决于新一代产品从每位客户那里获得的每一时期的利润幅度。如果利润幅度高于以往，那么对公司来说这种吞噬效应就是有益的。

对于跳级行为来说，客户完全放弃了第一代产品，因此对一次性购买的产品来说，从某种意义上说，第一代产品完全被吞噬了，公司从两代产品中只能获利一次。正如大家所猜测的那样，第二代产品上市的时间越早，第一代产品从其长期市场潜力中获利的机会就越少：许多人都想放弃第一代产品，转而使用第二代产品。对于那些能反复购买的产品或服务来说，只要客户每一时期的利润幅度都不低于上一代产品，那么升级行为就是有利可图的。

当第三代产品出现的时候，事情就变得有些复杂，因为跳级行为涉及多个群体：其中既包括第一代产品或第二代产品市场潜力中的那些还没有接受任何产品却直接跳到第三代产品的人，也包括那些接受了第一代产品但跳过第二代产品、直接升级到第三代产品的人。而这之后每一代产品上市时都会出现类似情况，尽管有时候以往的各代产品会完全消失，再也没有人购买或支持它们。

事实进一步证明，跳级行为高度依赖实际的技术和行业。比方说，移动电话市场中出现跳级的情况不多，尤其是在欧洲。原因可能是每一代移动技术产品上市的时间间隔较长——第一代和第二代产品上市的时间大约相隔 10 年，第二代和第三代上市的时间间隔也大致如此。例如，在丹麦，第一代移动电话出现在 1982 年，采用的是模拟技术；第二代移动电话出现在 1992 年，采用的是数字技术；第三代移动电话出现在 2003 年，采用的也是数字技术。到 2003 年，采用模拟技术的移动电话被人们视作古董，因为丹麦最后一批冥顽不化、坚持使用模拟技术移动电话的用户（总共是 18 000 人）在 2002 年（在第三代产品上市之前）升级成为数字手机用户。因此，在移动电话行业中极少出现跳级行为。这种假设是正确的。换句话说，对于欧洲手机市场来说，在新一代产品出现的时候，10 年或更长的时间足以让每一代产品市场潜力中的所有人接受那一代产品。

相反，如果两代产品上市的时间间隔较短，那就可以预见到跳级行为会发挥重要作用。微软公司的操作系统就是这样一个极好的例子——当然也是一个经常被拿来开涮的例子。我们以该公司的 Vista 操作系统为例。Vista 操作系统于 2007 年年初大张旗鼓地在全球发布，时间上比上一代产品 Windows XP 晚了 5 年。Vista 系统的市场表现有些不尽如人意，销售数量令人失望。不到 3 年之后，微软公司于 2009 年发布了新一代操作系统 Windows7（公司否认加快了发布日期）。Windows7 上市后出现了跳级行为，该行为表现出两种特点，都符合上面我们对这种行为的描述。第一点，在 Vista 系统上市两年多以后，大部分电脑制造商继续销售装有微软 XP 操作系统的机器，也就是说在 Windows7 上市时许多终端用户依然保留 Windows XP 操作系统。第二点，当微软在 Windows7 操作系统上市前一年公开宣布这一消息时，一些 Vista 操作系统的潜在接受者决定等待观望，不急于升级。这样一来就延长了他们使用 XP 系统的时间。简单说来就是，许多消费者发现他们可以从 Windows XP 直接跳级到 Windows7，完全忽略 Vista 这代产品。事实也是如此，到 2010 年 4 月，Window7 操作系统在上市 6 个月之后销量超过 1 亿套。

在撰写本书时，类似的情况可能会发生在 Windows8 操作系统上，该系统是 Windows7 的下一代产品，于 2012 年年末推出。消费者对这款系统的质量褒贬不一，其中市场中许多人看起来愿意从 Windows8 操作系统跳级到下一代产品。顺便说一句，下一代产品叫“Windows10”，而不是 Windows9。这种“命名上的跳级”战略或许反映了微软公司的愿望：希望这代产品与之前的产品相比，发生重大或根本性变化，吸引来更多客户。

下一代产品的扩散模式及其应用

在理解了连续几代创新产品的需求源头之后，我们接下来准备详细梳理一下这些情况。相对直接的方法是利用第 1 章介绍的基本扩散模式来确立市场中同时存在的两代产品的扩散模式。我们习惯于把这连续的两代产品称作“第一代”（G_1）和“第二代”（G_2）。需要注意几个问题有以下几个。第一，每一代产品的长期市场潜力应当不同，能够体现出不同的特点，比如下一代产品的市场扩张效应或者人口统计方面的变化。第二，我们可能不希望事先排除这样一种可能：连续几代产品的扩散率各不相同。因此，每一代产品都应当允许有各自的接受力量参数。第三，在确立社会力量时，我们必须确保对每一代产品来说，只有相关的昔日接受者才能够影响未来的潜在接受者。具体说来就是，尚未升级的第一代产品（G_1）的接受者（也就是说，他们依然是当前 G_1 的用户）只能影响余下的 G_1 的潜在接受者，而 G_2 的接受者只能影响余下的所有 G_2 的潜在接受者。

有了这些指导方针，再结合图 7–4 的内容，公式 7–1 提供了一种简便的方法，用于思考如何确立每一代产品新接受数量的模式。

数学公式 7–1　下一代产品的扩散模式

第一代产品（G_1）：某一时期第一代产品新接受者数量 = G_1 尚未接受的潜在客户数量 ×（G_1 的个人力量 + G_1 的社会力量 × G_1 的接受比例）

第二代产品（G_2）：某一时期第二代产品新接受者数量 = G_2 尚未接受的潜在客户数量 ×（G_2 的个人力量 + G_2 的社会力量 × G_2 的接受比例）

把这两个公式同我们关于需求源头的概念性讨论结合起来，其中有几点需要指出来：“G_1 尚未接受的潜在客户”相当于图 7–4 中上方白色圆圈中余下的那些人，他们还没有离开这个圆圈（前往第一代产品或第二代产品），而“G_2 尚未接受的潜在客户”相当于图 7–4 中三个圆圈中的任何一个里面的人员（上面的两个圆圈和左下方的一个圆圈），从这三个圆圈中用一个箭头通向表示“第二代接受者”的圆圈。还需要注意的是，第一代产品的这个特殊术语可以用来指代那些在这一时期决定接受第一代产品的人们。然而，众所周知，昔日第一代产品接受者中还有一部分人决定升级到第二代产品。因此，如果想要表示这一时期第一代产品新接受者的净人数（也就是第一代产品客户群体规模的变化），我们需要从表示第一代产品的公式中减去升级的那部分客户。第一代产品新接受者的净人数有可能是负数，可以用来计算“第一代产品的接受比例”。这一比例考虑到这样一个因素，即并不是所有在过去接受第一代产品的人依然可以为将来接受第一代产品创造社会力量（因为其中有些人已经升级到了第二代产品）。本书附录中的第七个数学盒子正式阐释了这些思想，并且说明了如何把第二代产品接受者分解成不同的需求源头。

下一代产品扩散模式的意义之一是可以把它同历史数据结合起来使用，比较一下连续几代产品之间的接受力量——参数 p 和 q，看一下这些参数是相似还是全然不同。比方说，人们可以首先预测一下第一代产品扩散率的参数，然后乘以常数参数，再代入第二代产品的扩散公式。然后利用第二代产品扩散的历史数据，人们就可以预测这一常数参数（其中没有限制长期市场潜力的参数 m，也就是说，让它成为一个自由参数，可以根据数据预测出来）。如果预测的常数参数不等于 1，这就表明两代产品之间的接受力量发生了变化。否则，如果从统计数据看常数参数等于 1，那就表明各代产品之间的扩散率是类似的。

表 7–1 呈现的就是对 12 个行业进行此类分析的结果。其中 11 个行业涉及 39 代产品中的 37 代。在这 11 个行业中，有关“连续几代产品中是否存在任何扩散加速现象”这个问题，答案是十分肯定的：“不存在！”只在一种行业产品中——钢铁冶炼业的几代产品之间出现了表示接受力量的参数增加的现象，也就是说，每一代后续产品都出现了扩散加速的现象。

表 7–1　12 种行业各代产品的扩散加速趋势研究

行业	地理范围	各代产品	上市年份	每代产品之间的时间差	扩散加速趋势
音响系统	美国	磁带机	1953		
	美国	激光唱盘播放器	1983	30	无
软盘驱动器	全球	5.25”	1976		
	全球	3.5”	1981	5	无
家庭娱乐系统	美国	磁带录像机	1972		
	美国	数码影碟机	1997	25	无
IBM 通用计算机	美国	650，701-709	1955		
	美国	1620,140x,70xx	1959	4	无
	美国	360,1130,1800	1965	6	无
	美国	370，系统 3，系统 7	1970	5	无
石油裂化	美国	催化裂化	1938		
	美国	加氢裂化	1962	24	无
光盘驱动器	全球	只读光盘驱动器	1985		
	全球	数字只读光盘驱动器	1996	11	无
个人电脑	美国	台式电脑包	1975		
	美国	成品电脑	1977	2	无
	美国	软件应用电脑	1979	2	无
	美国	IBM 兼容电脑	1982	3	无
	美国	硬驱家用电脑	1984	2	无
	美国	32 数位台式电脑	1987	3	无

（续表）

表 7–1　12 种行业各代产品的扩散加速趋势研究

行业	地理范围	各代产品	上市年份	每代产品之间的时间差	扩散加速趋势
个人电脑	美国	Windows 系统电脑	1990	3	无
	美国	多媒体电脑	1993	3	无
	美国	互联网电脑	1997	4	无
硬盘驱动器	全球	5.25”	1980		
	全球	3.5”	1983	3	无
	全球	2.5”	1988	5	无
钢铁冶炼	美国	平炉炼钢技术	1868		
	美国	电炉炼钢技术	1905	37	有
	美国	氧气吹炼钢技术	1954	49	有
电视机	美国	黑白电视机	1939		
	美国	彩色电视机	1954	15	无
	美国	数字电视机	1998	44	无
帘子线	美国	天然棉	1910		
	美国	人造棉	1938	28	无
	美国	尼龙	1947	9	无
	美国	聚酯纤维	1962	15	无
视频游戏机	美国	16 数位游戏机	1989		
	美国	32–64 数位游戏机	1993	4	无
	美国	128 数位游戏机	1999	6	无

表 7–1 还详细说明了所研究的行业中每一代后续产品上市之间所用的时间——也被称作“每代产品之间的时间差”。人们通常认为，某

一行业中每一后续产品的时间差会减少。但是至少从这份综合研究中，我们发现情况并非一直如此。在5种行业的产品（电视机、视频游戏机、个人电脑、硬磁盘驱动器和钢铁冶炼）中，每代产品之间的时间差实际上出现了增加的现象。在另外两个行业中（IBM通用计算机和帘子线），各代产品之间没有清晰、一致的时间模式。对另外5种行业来说（音响系统、软盘驱动器、家庭娱乐系统、石油裂化和光盘驱动器），因为只有两代产品的数据，所以该研究在进行的时候不可能确定每代产品之间的时间变化。

钢铁冶炼行业后续几代产品的扩散速度的确呈现加速现象，其中每一代创新产品上市之间也是经过了几十年：平炉炼钢和电炉炼钢技术之间的时间差是37年，而电炉炼钢和氧气吹炼钢技术之间的时间差是49年。这似乎表明如果两代连续产品之间相差不是太久的话，那么扩散率的参数（即接受力量p和q）有可能非常相似。

然而，如果两代产品之间相差很久，那么人们在依据上一代产品扩散参数来计算当前这一代产品的扩散参数时需要格外谨慎。这样做是有道理的，因为每一代连续产品之间的时间跨度越长，中间涉及的情境因素就越多：这些因素包括新的沟通渠道（既有公司同消费者之间的沟通，也有消费者之间的沟通，比如数字化社交媒体）；某个国家内部社会经济因素的变化（国内生产总值会增加或减少，人均可支配收入水平会增加或减少）；调控政策的变化；人们文化品位的变化；等等。所有这些都可能对接受力量产生影响。时间流逝得越多，各代产品之间参数的“稳定性”就越低，这也是为什么我们只对相邻的连续两代产品进行比较的原因。此外，似乎还有一些“宏观层面的”证据表明，在20世纪后期上市的全新技术产品，（事实上是行业中的第一代产品，比如互联网和电脑）的扩散速度要比20世纪初上市的全新技术产品（比如汽车）的扩散速度快很多。毕竟一百年是较长的一段时间。

表 7–1 还总结了该研究的另外一个方面：它不但涉及了美国单方面的数据，还在 3 个例子中涉及了全球性数据，因此得出的结论看起来具有普遍性。为了能够从国家层面更详细地来研究全局稳健性，我们要再次回顾一下之前提到的与升级行为有关的（以及与此无关的欧洲）移动电话行业。

表 7–2 呈现的是 28 个国家在移动电话技术两代产品方面的信息。运用表 7–1 中介绍的类似经验分析法我们发现，在所有这 28 个国家中，都不存在数据上的显著加速趋势。在北美、南美、欧洲、中东以及远东地区，影响扩散率的接受力量相对保持不变。让这一结果显得更加不同寻常的是，人们发现根据数据预测得到的长期市场潜力在所有被研究国家的两代产品之间差异很大（比较表 7–2 中的第三栏和第五栏）。尽管数字手机确实拓宽了市场，但其扩散速度同上一代模拟手机是一样的。

表 7–2　相关国家两代移动电话比较

国家	G_1（模拟手机）上市年代	百万用户中 G_1 市场潜力	G_2（数字手机）上市年代	百万用户中 G_2 市场潜力
澳大利亚	1987	2.36	1993	23.1
奥地利	1990	0.33	1994	8.3
比利时	1987	0.05	1994	8.3
智利	1991	0.38	1997	15.8
丹麦	1982	0.30	1992	5.4
芬兰	1982	0.70	1992	5.1
法国	1985	0.40	1992	44.3
德国	1985	0.77	1992	67.3
匈牙利	1990	0.11	1994	8.5
印度尼西亚	1988	0.12	1994	79.9

（续表）

表7–2 相关国家两代移动电话比较

国家	G_1（模拟手机）上市年代	百万用户中 G_1 市场潜力	G_2（数字手机）上市年代	百万用户中 G_2 市场潜力
爱尔兰	1986	0.19	1993	4.0
以色列	1987	1.10	1994	7.5
意大利	1990	4.90	1993	66.1
韩国	1984	1.80	1996	38.7
马来西亚	1985	0.84	1994	30.0
荷兰	1985	0.27	1994	14.7
新西兰	1987	0.91	1993	4.7
挪威	1981	0.53	1993	4.6
菲律宾	1990	1.10	1994	36.4
波兰	1992	0.12	1996	40.0
葡萄牙	1989	0.02	1992	10.4
波多黎各	1986	0.64	1995	2.1
沙特阿拉伯	1985	0.02	1996	29.9
新加坡	1988	0.14	1994	5.7
西班牙	1990	1.20	1995	39.2
瑞典	1982	0.98	1992	9.8
瑞士	1988	0.26	1993	6.2
英国	1985	3.10	1992	63.5
平均值	1987	0.84	1994	24.3

需要强调的是，因为在所有国家中长期市场潜力从一代产品到下一代产品增加幅度巨大而接受力量参数相对保持不变，所以我们在比较产品上市后每年的相应数据时，有望看到同上一代产品相比，下一代产品的单位销量会出现大幅增加。然而，累积渗透水平（长期市场接受比例）会表现得相对类似，渗透扩散曲线的基本形状也会大致类似。

预测者的喜讯

正如马克·吐温那句生动的妙语所言（本章开篇引用的那句话），预测是件非常困难的事。他这句话的玄妙之处，以及这句话能让人哑然失笑或者至少会心一笑的原因，在于他在后面加上了一句“尤其是预测未来”，这就凸显了预测的难度，仿佛在说还有什么诸如预测现在或过去的事情。我们先把笑意放在一边不管，从某种意义上说，的确有“预测过去”这样的事情：本章所展示的概念、模式、分析方法以及有力的证据都证明了这样一个事实——“预测”过去，换句话说就是仔细研究昔日的创新产品并量化它们的扩散曲线——一定有助于预测未来。对于同一行业中连续的几代产品来说尤其如此。测算上一代产品的接受力量参数对于预测下一代产品的扩散轨迹来说非常重要。其中较为重要的一点，而且也证明了吐温的说法的一点是，长期市场潜力（m）或许同上一代产品的市场潜力的关系并不紧密。在通常情况下，存在着一种新接受者扩散影响——这不仅是人口统计学（人口方面的变化）的原因，也是因为尽管有些人很活跃，却不属于上一代产品目标市场中的一部分。这可能是因为下一代产品在性能、增值效益或者方便实用方面远远优于上一代产品。

对于那位试图预测 20 世纪 90 年代后期的 MP3 播放器销量的顾问来说，这些结论听起来应当算是喜讯了。当然，此人并没有我们早些时候展示的那些有关第一个 10 年内 MP3 播放器单位销量的信息（参见图 7–2），也无法支配使用这些信息（这是预测未来中的关键点）。然而，这一办法的指导思想是有着坚实基础的。利用 1998 年有关行业内上一代产品的历史渗透数据，我们可以有足够的证据来预测 MP3 播放器的渗透程度。具体来说就是，这名顾问可以将测算出来的便携式激光唱盘播放器基本扩散参数 p 和 q 运用到 MP3 播放器中。至于长期市场潜力（m），该顾问可以以便携式激光唱盘播放器的价值作为出发点，但我们强烈建议，对于那种具有普遍消费吸引力的行业来说，尤其要核查人口方面的变化，并进一步进行市场研究，分析一下是否存在可观的市场拓展效应，比方说，把初期的MP3播放器的样机展示给消费者，看一下他们有没有可能考虑接受它们。此外，根据主要接受障碍有可能得到解决的方式，我们可以精准地描绘出乐观的市场潜力局面和悲观的市场潜力局面。比方说，关于版权持有者应当赋予数字音乐多宽的自由度以及购买价格问题，曾经出现过较大争议。乐观的局面就是认为所有的歌曲都应当以相对较低的价格购得，而对于悲观的局面来说情况刚好相反。

（后期）客户终生价值

此时，你或许开始思考创新价值理论所有其他方面的内容——有关客户管理方面的内容。在连续几代产品中，客户终生价值方面是否存在着一定的规律或模式呢？遗憾的是，我们还没有发现任何能充分揭示这一问题的答案的任何有意义的研究。显然，如果相继出现的创新产品属于一次性购买的产品——每个消费者在接受时购买该产品，之后不再产生后续收益，那么评估商品价格随着时间推移所发生的变化以及把握折现率对于预测创新价值就大有帮助。在这些情况下，弄清楚损耗率就不那么重要了，因为在公司获得客户的同时，客户已经缴纳了所有费用。在其他情况下——比方说，在那些需要每月支付费用的服务项目中，公司可能会关注以往几代产品的数据，比如损耗率、每一时期的收益或利润幅度等，并以此为出发点进行调整。

举个例子来说，在家庭视频游戏机市场，损耗并不是一个重要问题，因为每代产品之间的时间差通常是5~8年（在这一时间段内，大部分游戏者都会一直使用他们的游戏机，因此不大会出现下一代产品问世之前就终止接受的情况）。然而，游戏机制造商采取的商业模式主要是基于对这一时期从游戏软件销售中获取的利润或版税进行的预测做出的。一个常见的用于测算某一公司从本行业获取的客户那里创造利润的成功程度的衡量标准是“软件主机销售比”。这一数据是用某款游戏机游戏软件销售数量除以这一时期该款游戏机的销售总量得来的。换句话说，它计算的是每位游戏者为他们的游戏机购买的平均软件数量。在该代产品的生命周期内，这一数据通常会增加，因为大多数游戏者会不断地在自己的藏品中增加新游戏。表 7–3 提供的是最近第六代和第七代两款游戏机的软件主机销售比，时间跨度是从·2000 年至 2015 年中期。

表 7–3 两代游戏机的软件主机销售比（截至 2015 年 7 月）*

第六代			第七代		
	北美	全球		北美	全球
Xbox（微软公司）	12.16	11.01	Xbox（微软公司）	11.87	11.28
PS2（索尼公司）	12.27	10.54	PS2（索尼公司）	12.76	10.63
GameCube（任天堂公司）	10.76	9.60	Wii（任天堂公司）	0.97	9.33

* 软件主机销售比 = 每台游戏机所销售的游戏软件数量

我们从表格中可以看到，两代游戏机的软件主机销售比非常相似，无论是在美国国内还是在全球范围内都是如此。这表明一旦某个客户购买了某一品牌的游戏机，他就有可能在使用该游戏机的时间跨度内购买相同数量的游戏软件。尽管在 2015 年年中的时候，第七代产品（G7）依然“充满活力”，因为拥有这一代产品的消费者依然在购买他们的机器所使用的游戏软件，并且决定推迟或暂不升级到在 2013 年年底上市的第八代游戏机（G8），但我们还是很难想象 G7 的软件主机销售比会有太大增加。当时生产厂商几乎不再发布适用于 G7 游戏机的游戏软件，因为销售的大多数新硬件都是与 G8 产品有关的。事实上，到 2015 年年中的时候，Xbox One、PS4 和 Wii U 游戏机的软件销量超过了对应的上一代游戏机。我们单独看一下 Wii 游戏机的情况。从中可以清楚地发现 G7 的软件主机销售比从 2012 年年底开始就已经不再增长，因为当时 G7 的下一代产品 Wii U 游戏机作为第八代产品开始上市。行业数据表明，从 2014 年 3 月至 2015 年 7 月，Wii 游戏机的软件主机销售比的变化幅度没有超过 3%。

对于那些在 2014 年年初想要评估 G8 游戏机创新价值的人来说，通过综合考虑上面所有信息，下面这个办法或许比较可行。(1) 在确立扩散模式时，采用 G7 的接受力量参数（p 和 q）。计算出 G7 在行业中取得的长期市场潜力，并结合人口统计方面的变化，通过调查来评估市场拓展效应的可能性（m）。把 G7 和 G8 的参数代入下一代产品的扩散模式（公式 7–1）中。(2) 至于每一时期利润幅度的数据，在硬件方面，利用相关游戏机上市时的价格和上一代产品的价格变化，同时结合分析师对于产品成本的测算数据进行计算。在软件方面，利用 G7 游戏机的软件主机销售比（数据每年都可以得到，或者可以在产品预期寿命内假设出一个呈线性增长的软件主机销售比），把这一数据同每款游戏软件的通常版税结合起来（价格在 50~60 美元左右的游戏，其版税大约是 15%）进行计算。可用的合理折现率大约是 7.67%（这一数据是基于娱乐技术行业的公共资源得出的），而平均每代产品之间的时间差大约是 7 年。

在评估 G8 的创新价值时，唯一棘手的部分是预测各个品牌客户群体中的接受者份额，这一部分大致出现在第一步和第二步之间。人们可能需要对 G7 所获得的已知标准市场份额加以补充，所补充的信息是新一代游戏机彼此之间的差异以及客户如何评估这些差异。现有的许多市场调查工具可以被用来完成这一任务。我们将在第 9 章讨论其中的几种工具。

时机选择乃重中之重：IBM 公司应当在什么时候推出自己下一代的主机系统呢？

人们能够怎样利用积累起来的有关下一代创新产品的智慧来提高财务业绩呢？关于这一点，大家可以考虑一下下面这种情况：有家公司的产品在市场上的销售非常火爆，创造了相当可观的收益。但是公司意识到自己将来肯定希望推出当前市场上这种产品的下一代产品——这样就可以从产品升级和市场扩张中受益，同时还可以阻止潜在竞争对手，打消他们进入市场的想法。对该公司来说，何时是推出下一代产品的“恰当时机”呢？

推出下一代产品或服务项目的时机选择非同小可，尤其对于技术密集型企业来说更是如此，它能够产生很大影响。具体说来，研发项目风险大、费用高，因此如果某家公司确定了具体的产品上市日期，那么它需要确保所有的开发资源（人员、设备、资金、管理等）全部到位，能够满足预期上市时间的需求。加快产品开发速度通常需要更多的资金投入。此外，还需要确保生产顺利，确保制定出市场营销计划，这也需要提前计划和资源投入。尽管对于任何创新产品来说，其中许多情况都是如此，但选择下一代产品的上市时机之所以复杂是因为它同当前产品之间的关系。一方面，你不想等待太久，因为新产品上市后你可以享用市场扩张效应，并让当前许多产品接受者尽早升级。如果下一代产品带来的客户每一时期利润幅度更大，那么上市的动力就更明显。另一方面，你可能不想太早推出下一代产品，因为这样做可能会有鼓励跳级行为的风险，因而会失去把两代产品卖给一个人用的机会（或者同一个客户，这里指的是企业对企业的客户）。

我们将通过 IBM 公司通用计算机（也被称作“大型计算机”）的例子，展示一下关于时机选择方面的考量，以及如何整合我们从本章所得到的有关下一代创新产品的观察结果。图 7–5 描绘了 4 代 IBM 大型计算机在25年时间内上市的情况，这期间该公司在这一行业几乎处于垄断地位。

我们首先简要介绍一下这4代产品，其每次上市间隔时间大约是4~6年。第一代产品是以当时最先进的真空管技术为基础的；第二代产品以晶体管为基础；第三代产品被称作“360家族”，装备了集成电路；第四代产品被称作“370家族”，是以硅片为基础的。我们从图7–5中既可以看到上方带空心菱形标志的曲线表示的整个行业的扩散曲线（IBM大型计算机），也可以看到连续4代产品的替代模式。

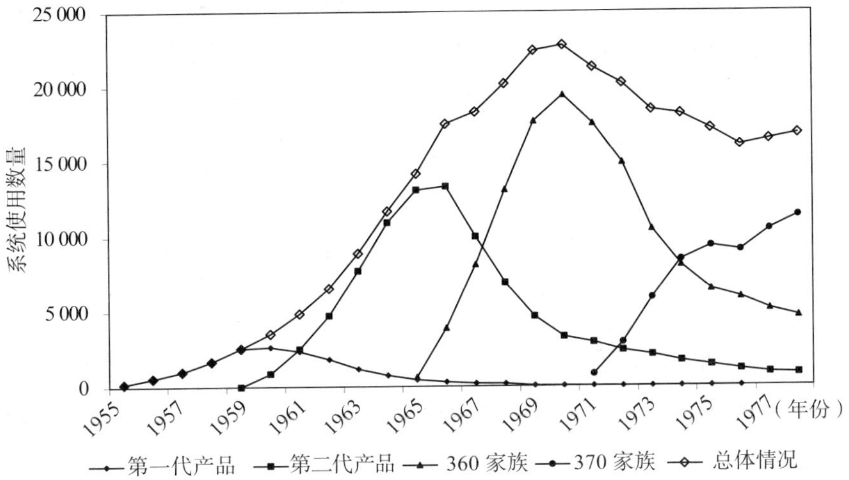

图7–5 IBM四代大型计算机

请大家注意一下图表中的分析单位：每一代产品的“系统使用”数量都等于当前使用该系统的客户数量。这一数量并不等同于接受特定某一代产品的所有人员数量，因为这些昔日接受者中的某些人可能已经接受了升级到下一代的产品，或者终止接受该行业的产品。因此，系统使用数量提供了一个很好的衡量标准，让我们可以清楚地看到任何时间点上每一代产品的实际客户数量。

为了阐述方便，我们着重研究四代产品中的第二代和第三代产品的扩散情况（从1965年到1972年——第四代产品一年之后上市并带来市场需求）。我们将评估360系列产品的上市时机，并研究推后一年上市对利润可能产生的影响。的确，这是一项回顾性研究，但是，它可以给我们以启发，使得这一章中所介绍的概念和模式能够鲜活起来。

我们利用早些时候介绍的下一代产品扩散模式（公式7–1），并根据其数据预测各种与接受有关的参数。比方说，我们发现360系列产品的长期市场潜力几乎是第二代产品的两倍（26 996位客户对13 383位客户）。因此随后的第三代产品明显受到市场扩张效应的影响，可以吸引许多新客户。该模式还可以让我们把360系列产品的接受者分成三种：新客户、来自上一代产品的升级客户以及跳级客户，跳级客户指的是第二代产品市场潜力中那些没有接受第二代产品而直接接受第三代产品的客户。

对于其创新价值来说，下一代产品需求者主要是由新客户、升级客户还是跳级客户组成，是具有不同意义的。新客户代表的是额外需求，同上一代产品没有关系，因此公司有动力尽早“预订下”这些接受者；相反，升级客户和跳级客户属于调拨“装备”：他们是上一代产品的使用者或者计划使用者，却转而使用新一代产品或越级使用新一代产品。因此，在评估所推出的新一代产品的净创新价值时，我们必须减去属于上一代产品的收益。这些“失去的”收益体现了没有推迟新一代产品上市所产生的机会成本。

360家族大型计算机的实际上市时间是1965年。假如IBM公司提前一年，也就是在1964年推出该家族系列产品，那会产生什么样的财务后果呢？为了弄清楚这一问题，我们利用对两代产品实际扩散数据进行预测而得出的参数，回到第三代产品上市的前一年，看一下这会对创新价值产生什么影响。图7–6通过比较产品实际扩散情况（1965

年上市）和假设扩散情况（假设 1964 年上市），精准地捕捉到了产品提前一年上市对两代产品造成的抵消效果。360 家族系列产品两条曲线之间的阴影区域表示的就是这种需求变化。第二代产品的使用率较低，原因是失去了需求，这些需求原本可以从选择下一代产品的客户（跳级客户和升级客户）那里获得。第二代产品两条曲线之间的阴影区域表示的就是这种需求。

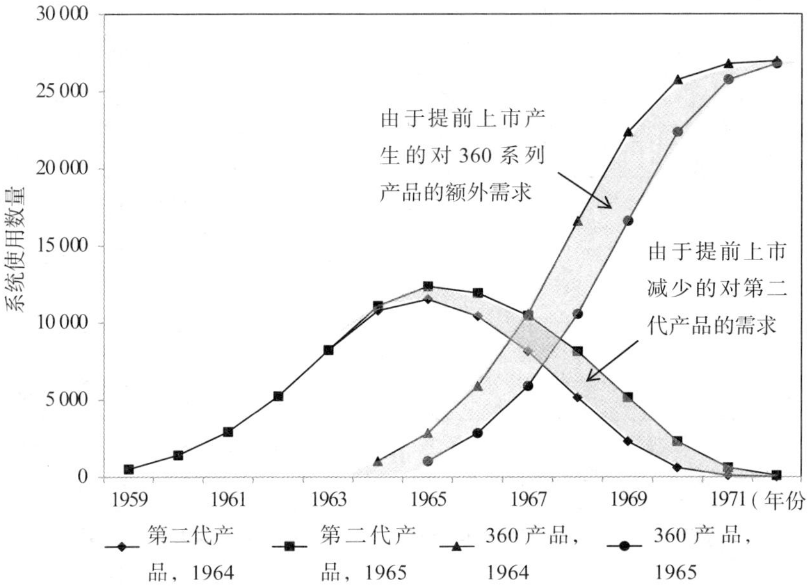

图 7–6　IBM 公司 360 家族系列产品两种上市时间所产生的系统使用数量 *

* 第二代产品，1964 表示的是如果 360 系列产品在 1964 年上市，第二代产品的发展情况。以此类推。

表 7–4 A 和 B 提供了图 7–6 中的扩散曲线所使用的数值。具体来看，表 7–4 A 中的第二栏提供了 360 家族系列产品在 1965 年（实际年份）上市时的扩散数据，而第三栏列举了假如上市年份是 1964 年的相关数据。同样，表 7–4 B 中的第二栏和第三栏提供的是在两种不同年份下第二代产品的扩散数据。

表 7–4A 360 产品提前一年上市的收益：对 360 系列产品的影响

	360 产品在 1965 年上市	360 产品在 1964 年上市	差异	每套系统利润总额	差异程度
	系统使用数量			美元	美元（千）
1964	–	1 026	1 026	51 240	52 564
1965	1 026	2 842	1 816	53 568	97 271
1966	2 842	5 895	3 054	55 800	170 392
1967	5 895	10 568	4 672	60 180	281 189
1968	10 568	16 594	6 026	61 248	369 097
1969	16 594	22 360	5 766	76 860	443 189
1970	22 360	25 762	3 402	92 988	316 302
1971	25 762	26 798	1 036	91 512	94 832
1972	26 798	26 971	173	80 520	13 898

表 7–4B 360 产品提前一年上市带来的损失：对第二代产品的影响

	360 产品在 1965 年上市	360 产品在 1964 年上市	差异	每套系统利润总额	差异程度
	系统使用数量			美元	美元（千）
1964	11 085	10 772	313	32 940	10 297
1965	12 350	11 520	830	33 480	27 775
1966	11 913	10 409	1 504	49 104	73 830
1967	10 455	8 140	2 315	45 878	106 226
1968	8 144	5 156	2 987	43 152	128 911
1969	5 157	2 298	2 859	45 384	129 731
1970	2 298	612	1 686	46 872	79 039
1971	612	98	514	46 128	23 697
1972	98	13	86	27 084	2 318

360 家族系列产品在市场中深受好评，虽然价格较高，但企业客户愿意花钱购买。这一点体现在每个表格的第四栏中，这一栏列出了 IBM 公司每套设备每年获得的利润总额。这些数据表明 IBM 公司的确愿意早一点儿让客户购买 360 家族系列产品，因为这些设备的利润总额高于第二代产品。没有解答的问题是应当提前多久上市。两个表格中的最后一栏有助于提供答案。

把相关的资本成本（折现率）定为 15%，然后将每一年的所有数据运用到 1964 年，我们发现由于过早推出 360 系列产品而使第二代产品遭受的全部损失的净当前价值（NPV）大约是 2.98 亿美元，而 360 系列产品的全部收益大约是 9.2 亿美元。二者的差异大约是 6.2 亿美元。如果 IBM 公司提前一年推出 360 家族系列产品，这笔差额就是 IBM 公司的“创新价值”收益。如果全方位来看待这种潜在的净收益，我们可以利用所有产品的实际接受人数，并结合表 7–4A 中每套设备每年的总利润，计算出 360 家族系列产品的总价值。净当前价值的总数大约是 30 亿美元。因此，假如 IBM 公司提前一年推出 360 家族系列产品，那么它就可以从中获得另外 21% 的利润。

尽管这一评估结果表明 IBM 公司如果提前推出 360 家族系列产品，那它可能获得巨额收益，但是这一评估没有把产品研发、生产以及市场营销困难和费用考虑在内，而这些因素是产品做好准备、提前上市所必需的。此外，尽管产品是提前上市，但这些计算方式都假设每年的利润总额保持不变。但也许有人会说，如果 IBM 公司改变产品上市时间，那么它必须表现得更加主动。尽管如此，这种评估方法创造了一种十分有用的衡量标准，可以用来评估是加速还是减缓下一代产品的研发和上市。

再次聆听吐温先生的教诲

历史不会重演，但总是惊人地相似。

——马克·吐温

大家在读完本章的时候当然不会认为每一代新产品会在扩散数据和客户终生价值方面完全反映出上一代产品的特点。当然事实上也并非如此。整体相关市场可能会出现差异，通常会逐代拓展，整个需求源头（新客户、升级客户和跳级客户）也会发生变化。此外，每一时期的收益，或者维持收益所付出的成本，以及折现系数常常不会一成不变。两代产品间隔的时间越长，我们就越能够想象得到：沟通方式和环境（社会环境、经济环境或政治环境）可能会发生变化，从而影响创新产品的接受。

虽说如此，还是有证据表明各代产品之间存在着某些规律性的东西。接受力量，无论是个人力量还是社会力量，在连续几代产品之间的确显示出相似之处，并且商业模式在某些方面也十分类似。至少，除了长期市场潜力之外，上一代产品的某些特点为预测工作提供了很好的出发点。对于那些可能发生变化的因素，人们可以进行市场调查，修改上一代产品的预测数据，运用从最近推出后续产品的类似行业那里得到的知识来了解所需要进行的调整，并且运用与人口统计和社会经济方面变化有关的次级信息来辅助这些工作。如果依然存在不确定因素，我们可以围绕上一代产品的数值设计乐观的和保守的方案。

正如马克·吐温提醒我们的，预测工作十分困难。但他也提供了另外一条建议，值得我们聆听：回顾历史是非常有用的——我们在这里讲的是上代产品，因为前后两代产品在有些方面的确“相似”，了解上一代产品有助于预测下一代产品。

要点回顾

• 创造出新行业之后，随着时间推移，人们通常会关注这一行业内后续几代创新产品的上市情况。

• 尽管人们普遍认为，新一代产品的扩散速度要快于以往的产品，但本领域内的研究表明，各代产品之间的差异常常反映了长期市场潜力中的发展，而不是扩散速度发生了根本变化。我们要关注市场渗透水平，而不应关注绝对接受，这样做有助于对后续几代产品进行比较。

• 后续几代产品中经常会出现时机重叠的现象，其中上一代产品依然在扩散的时候，下一代产品已经开始招徕客户。

• 下一代创新产品能够从3个需求源头吸引接受者：那些接受了上一代产品，然后转而改用或者另外又使用新一代产品的客户（升级客户）；那些属于上一代产品市场潜力，但放弃了那代产品，直接跳到下一代产品的客户（跳级客户）；那些受到下一代产品市场扩张效应的影响，变成行业内新的潜在接受者的客户（新客户）。

• 本章介绍的下一代产品扩散模式可以让我们同时把握数代产品的动态，并解释了各种不同类型的接受行为。

• 本章一方面介绍了针对下一代产品客户终生价值的评估和长期市场潜力参数的评估，另一方面介绍了有关上一代产品扩散率（也就是接受力量）参数的知识。把这两方面结合起来，我们就可以利用所提出的模式，使用公式来表示后续几代产品的创新价值。

第8章
国家间差异：构建全球扩散模式

据说，质疑全球化就好比是质疑万有引力定律。

——科菲·安南（联合国前秘书长）

智能手机在这本书中出现过不止一次。我们曾讨论过智能手机的基本扩散过程、影响其商业业绩的市场营销因素以及该行业中的竞争动态。在大多数情况下，即使没有明确指出，我们一直讨论的也是一种市场——美国市场。我们讨论的其他几种创新产品也是如此。为了公平起见，我们偶尔也会提及其他国家的情况，比如我们曾分析过欧洲的移动电话行业。但即使是在那种情况下，我们在分析诸如公司间的竞争以及下一代产品的预测等问题时，也是把每个国家单独拿出来研究的。我们偶尔也会从总体上介绍世界范围内创新产品的数据，比如家庭游戏机的数据，而不去考虑每个国家的数据构成情况。然而，事实上我们所能想到的所有重要的创新产品随着时间推移似乎都会跨境发展，推出创新产品的公司无不试图超越新产品最初的发源地而继续发展。因此，针对单独某一个国家的分析看起来有些目光短浅，而彻底将这些情况整合起来进行分析或许更有远见。

或许下面这个例子不能带来太多的启示：苹果公司希望自己最为

珍贵的智能手机——苹果手机——能够畅销全球。从设计之初，该产品就被定位为全球热销产品。我们所不明白的是，对于该产品最终进入的每一个国家的接受能力和盈利可能，当初公司是怎么设想的，又是如何计划和运作的。第一代苹果手机于2007年6月首次面世，只在少数几个国家上市——准确地说是6个国家。相比之下，2008年7月首次面世的第二代苹果3G手机最终进入到80多个国家中。除了每一代苹果手机所设定的目标国家的数量之外，还有另外一个问题：苹果公司为什么每次都选择特定的国家？此外，无论选择哪些国家，都存在这样一个问题：如何开展新产品的首次展示活动？同时在所有这些挑选出来的国家开展活动、采取同样的营销力度是否最符合苹果公司的利益？还是交叉进行的办法能够保证最大化地实现商业机会？如果采用交叉进行的办法，所选定的这些国家或地区应当按照什么样的顺序排在不同时间呢？

为了解决这些问题，我们需要深入研究一项长久以来未能平息的争论——有人可能把它说成是一项有关全球比例分配的争论。

有关全球化的争论

早在1983年，哈佛商学院知名教授西奥多·莱维特就撰写过一篇富有创意的文章。在这篇文章里，他创造了“全球化”这个术语，认为公司应当把世界看作一个大市场，而不是由许多单独的市场组成的世界。莱维特指出，技术开始影响人们的出行和沟通方式。受其影响，世界将很快朝着国家共性，而不是特性的方向发展。多年来，这种观点在学者、公司经理和新闻工作者中得到越来越多的认同。所有这些人都认为世界正在“趋于会合”，或者正在变成一个单调的竞技场。如果这种观点正确无误，那么朝着共性发展的这一趋势似乎意味着像苹果公司这样的公司在分析或预测商业业绩时无须区别对待不同的国家。

具体说来就是，某种创新产品在一个国家的商业业绩应当大致能够反映它在其他国家的业绩。

然而，另外一些人对于世界正在快速趋向会合的观点表示质疑。他们指出，在 21 世纪的第二个 10 年内，在对全球不同地区进行比较时，依然极难发现它们之间具有极度相似性。在公民富裕程度、平均受教育水平、竞争程度、基础设施（公路、电力、宽带网络等方面）、政府结构、法律以及法律实施方面，国家之间常常存在明显差异。历史和文化因素也增加了持续到今天的各个民族和国家之间的差异。

在对不同国家进行比较时有可能发现巨大的差异。这种可能性表明，在评估进军全球市场的前景时，苹果公司，或者任何为此推出创新产品的公司，都需要考虑这些差异。这些差异有可能影响创新产品的扩散速度和客户管理的效率。因此我们可以预想到，从全球每一个地方获得的创新价值也是不同的，即使我们对每个国家的人口规模进行了控制。我们需要构建的可能不是一种、而应当是多种扩散模式以及客户终生价值。这看起来是一项艰巨的工作。我们应当从何入手呢？那就打好背包，穿上旅游鞋，准备开始绕世界旅行来解决全球创新价值这个难题吧。

从全球视角计算创新价值

我们在寻找答案的旅程中要提供更清晰的思路，评估全球化背景下的创新产品。这一旅途路线比较明确，直通本书介绍的主题，尽管我们当然希望这一旅程能够同时提供关于这一新现象和新概念的有趣“风景”。

说得更具体一些，我们将研究基本扩散模式和客户终生价值中的各种因素，尽量涵盖两个主要方面的内容：第一，我们将深入研究我们从各种研究中得到的这两种模式中的参数在全球不同地方的差异，并介绍一些有用的内容，归纳一下国家特性如何帮助预测各种变量。我们还将解释一下如何调整基本扩散模式，以及说明一些相关问题。第二，我们将通过例子提供一些实际指导，介绍一下如何把我们掌握的知识运用于将创新产品从本国市场向他国市场推广的过程中。

全球舞台上的扩散概况

规模差异。我们首先研究一下是否认为某种特定创新产品的长期市场潜力（到目前为止大家所熟悉的参数 m）——有时也被称作“扩散规模”，在不同国家中是不同的。显然，人们马上就会想到，从绝对数值来说，市场潜力可能受到一个国家人口规模的影响。然后，更有意思的问题是，对于特定的人口规模来说，不同国家是否具有不同的长期市场潜力。如果是这样的话，那导致差异的原因是什么？人们可能认为，比方说，人均收入会影响市场潜力，尤其是对那些价格昂贵的创新产品来说。另外一个问题与国家的基础设施有关，或者与配套商品和服务的接受水平有关，这些事物通常是消费者能否从创新产品中完全受益的先决条件，比方说，某个国家内个人电脑的累积渗透水平是软件产品和电脑附件销售数量的上限。在其他情况下，授权标准的累积渗透水平决定了新产品或新服务的市场潜力：安卓系统和苹果系统的市场潜力不同，这取决于在不同国家内这两种平台的受欢迎程度。

正如我们所指出的那样，不同国家的人口规模通常是不同的，这就是为什么研究人员常常发现，在研究全球范围内创新产品的扩散情况时，研究有望接受创新产品的人口比例比研究长期潜在接受者的决定数量更有意义。具体说来就是，在比较不同国家时，研究人员常常使用一种“渗透上限”参数。该参数代表的是与创新产品有关的人口百分比。在决定对某个国家使用什么样的渗透上限时，该参数自然取决于具体的产品或服务，也取决于这个国家的某些特性，比方说，20世纪90年代末研究全球移动电话服务发展的在设定每个国家的渗透上限时采用的是下面的标准：受过教育、住在城区并且收入足以支付基本电话服务费用的人口比例。以这些标准为基础，像美国、英国和德国这些国家的移动服务接受上限被定在50%以上，而在许多发展中国家，这一上限低于10%。对于在几乎20年之后的今天电话服务领域推出的创新产品，这些上限很可能会发生变化，因为每个国家的基础设施和公民人均财富已经发生了巨大变化。通常来说，研究似乎表明，一个国家的经济发展水平同预计的渗透上限密切相关，比方说，在一项针对多个国家、涉及几种家用电器（例如录像机、激光唱盘播放器、传真机、微波炉以及摄像机）扩散情况的研究中，发达国家的平均渗透上限是52%，发展中国家是17%。此外，该研究表明，发达国家和发展中国家在国际贸易或城市化水平方面每发生1%的变化，市场渗透上限就有可能分别增加0.5%和0.2%。

了解影响渗透上限的因素很有帮助。假如我们掌握了不同国家内这些因素的数值，那么就有可能调整国家与国家之间的上限。尽管如此，什么也比不上获得以实际扩散数据为基础的直接上限数据。对此类信息的分析能够进一步阐明全球化是否的确能够促进接受模式上的“一体化”，或者不同地方依然表现出显著的差异。这里有个很好的例子，是关于2001~2010年间欧洲经济合作与发展组织（OECD）成员国之间宽带连接扩散情况的一项研究。宽带的定义包括这样一些技术，例如：数字用户专线（DSL）、网线、光导纤维以及其他有线技术，其中下载速度至少是256Kb/s。先主要看一下表8–1里面的第一栏和最后一栏的内容（我们等一会儿再看中间两栏）。该研究使用的是公开的用户订购数据，采用的是基本扩散模式。渗透上限是用“每一百名居民中订购的人数”来表示的，事实上同我们在上面规定的数值是一样的。

表 8–1 欧洲经济合作与发展组织成员国的宽带扩散参数

国家	个人力量（p）	社会力量（q）	市场潜力（每一百名居民中订购的人数）
奥地利	0.09	0.42	24.6
比利时	0.13	0.18	35.4
捷克共和国	0.03	0.66	14.7
丹麦	0.05	0.83	37.5
芬兰	0.04	1.20	28.5
法国	0.07	0.46	34.8
德国	0.03	0.71	33.2
希腊	0.003	1.04	20.1
匈牙利	0.03	0.66	20.5
爱尔兰	0.02	0.82	21.3
意大利	0.08	0.49	22.7
卢森堡	0.05	0.63	35.5
荷兰	0.10	0.64	38.3
挪威	0.07	0.77	34.5
波兰	0.01	1.05	11.7
葡萄牙	0.11	0.20	23.1
斯洛伐克	0.01	0.84	13.0
西班牙	0.07	0.51	23.8
瑞典	0.04	0.89	32.2
英国	0.06	0.66	31.3
平均值	0.05	0.68	26.8

人们可能会推测，该研究中的所有国家都处于同一地理位置（欧洲），并且都是同一经济论坛的成员国，因此我们在它们之间几乎看不到差异。从数据和分析来看，这种推测似乎靠不住——它们之间存在很

大差异。我们可以很容易看到，尽管这20个国家中，每一百名居民中的平均宽带订购人数大约是27，但其中数量最低的是波兰，不到12，最高数量是荷兰，超过38——差别超过3倍。从家庭层面来看待这些数据也会有新的发现，假设每个家庭订购一份宽带服务。所列举的国家每个家庭的平均人数是2.44，因此当达到全部长期渗透水平时，这些国家大约65%的家庭会订购一份宽带服务。在荷兰，家庭平均人口只有2.1人，达到全部长期渗透水平就意味着80%的家庭已经接受这种服务了。

速度差异。市场营销和创新产品专家历来喜欢研究创新产品在不同国家的扩散速度。因此我们很有优势，我们手里有大量研究成果，可以让我们对接受力量进行比较，而接受力量反过来又会影响创新产品在每个国家的扩散速度。为了不让大家心生悬念，我们将直接公布结果：大部分研究都表明，创新产品在扩散速度方面存在极大的差异。我们再回到表8–1中去，这一次关注一下表格的第二栏和第三栏，我们从中发现了此类例子。从表格中的数据我们不难发现，这些欧洲国家之间的个人力量（p）数值表现出很大的差异。尽管平均值是0.05，但波动情况很明显：像希腊、波兰和斯洛伐克这样的国家数值不到0.01；而像比利时、荷兰和葡萄牙这样的国家数值超过0.1——差别超过10倍之多！对影响接受的社会力量进行比较时，也会发现类似的数量差异。

人们通常把有助于解释接受力量差异的因素分到三个“水桶”里：经济水桶、文化水桶以及跨国效应水桶。不难想象为什么经济因素能够影响扩散速度。比方说，如果可支配的收入较低，那么潜在接受者在购买前可能需要更多时间来攒钱，或者可能决定等待降价。

影响扩散速度的文化因素同一个国家内部信息的传递方式密切相关。具体说来就是，这一相关程度在人们做消费决定时，倾向于依赖他人的程度（通过口口相传或观察）这一方面显得非常突出。比方说，在最近的一项研究中，19%的美国受访者和14%的德国受访者把“朋友或家人”当作产品的主要信息来源。而对于巴西（4%）、中国（8%）

和意大利（6%）的受访者来说，这一信息来源不那么突出。我们下面讨论一下来自本研究领域的有关扩散速度的几点值得注意的总结概括。

同渗透上限以及它与一个国家公民的经济财富关系类似的是，人均国民生产总值越高，扩散速度就越快。在这里，受到影响的通常是个人力量（p）。直观地说，较低的人均财富水平使得潜在接受者看不到他们要承担的相对价格较高的产品的好处（根据他们的每年收入比例）。如果想要利用这种创新产品，就必须要购买配套产品或服务，那么情况将变得更加复杂（比方说，购买电脑或游戏机时你还需要购买软件或游戏）。低收入群体通常也不太能够接触到新产品（因为公司不会为这一群体花费太多精力进行沟通，也不太会有针对他们的零售点）。

尽管文化是个多层面的事物，其中的许多因素难以进行比较和量化，但它的作用却十分明显。比方说，数项研究表明，在集体主义文化中，或者在同质性较高的文化中，扩散速度更快。集体主义文化指的是强调成员之间相互依赖的社会，人们相信集体的福利和生存高于个人利益。集体主义文化以成员间的服从和合作为特征。在同质性文化中，个人常常同那些他们认为与自己相似的人交往。

相反，在那些崇尚个人主义的国家中，扩散速度通常慢一些。个人主义文化指的是以个人为导向，不认同从众心理的社会。社会成员把彼此之间的关系看得比较松散，把个人目标置于群体目标之上，强调的是个人成就。在异质性文化中，扩散速度也是比较缓慢的，也就是说，人们在他们之中以及社会其他人之中看到的更多的是差异性而不是共性。这些关系具有直观意义，尤其是当涉及社会力量（参数 q）时，因为越是侧重于服从，国家的每个公民越是把自己视作与他人相似的人，那么之前的每一位接受者就更有可能影响到尚未接受者，因此增加模仿昔日接受者的可能。大家可能还记得，这正是社会力量的作用。研究人员研发了用于测量这些文化特征的量表，并据此对国家进行分类。比方说，日本被列为集体主义高于个人主义的国家，而美国则恰恰相反。

与最后一个水桶——跨国家效应水桶——有关的扩散速度的影响因素应当更详细地阐述一下，因此我们单独在一小节中进行讨论。

跨国家效应：影响力、敏感性和起飞点。到目前为止，支持“世界没有趋于会合”观点的人看起来赢得了有关全球化的辩论，至少在创新产品扩散这一点上是这样的。我们已经举例说明过，不同国家，即使是处于同一大陆的国家，在基本扩散模式方面也呈现出较大差异。对这一问题深入研究之后，我们可以进一步将这些规模差异和速度差异同几个特点联系起来：人口统计特征、经济特征和文化特征。我们可以大致推测：任何两个国家在这些特征方面的差异越大，那么同一种创新产品在这两个国家的扩散规模和扩散速度上的差异可能就越大。但是，这两个国家的类型或者地理位置是否很关键呢？我们是否应当注意一下国家间存在的一些特殊的相互作用呢？

对于这些问题的研究表明——可能大家也能够猜测得到——地理位置的相邻性很重要。我们需要考虑两件事。第一个问题是，同彼此相距较远的国家相比，地理位置相邻的国家在经济发展和文化方面通常更为相似。因此，他们对于创新产品的反应可能也是相似的。当然，也有例外情况存在。但在地理位置上毗邻的丹麦和瑞典是这一“邻近原则”的绝佳例子（参见表 8–1，看一下两国的基本扩散模式参数是多么相似）。第二个需要考虑的问题与影响力有关。两个国家在地理位置上越是接近，在各种经济和文化层面上越是类似，那么我们就越可以预期其中一个国家的人们容易受到另外一个国家接受者的影响。比方说，如果两个国家的居民经常为了工作或娱乐而跨境旅行，那么我们就有理由认为这两个国家的人们会彼此影响。地图上存在的边界无法阻止接受的社会力量发挥作用。尽管这种跨国社会影响力——一个国家昔日接受者对另外一个国家尚未接受者的影响会比国家内部的社会影响力弱一些，但是在数项研究中已经发现了这种影响力。除了政治环境偶尔会参与进来产生影响之外，对于创新产品的扩散来说，边界的影响比较模糊。需要强调的一点是，虽说作为邻国常常能够增加社会影响力产生效果的机会，但产生类似效果不一定需要两个国家必须在地理位置上毗邻。只要这两个国家的人民之间存在某种程度的关联性，那这种影响力就会存在。这种跨国效应中的“边界模糊”表明“全球趋于会合”的现象在某种程度上依然在发生。尽管世界距离成为一个巨大的全球统一市场的目标还很遥远，但或许随着数字化媒体的高速发展，全球沟通速度的加快，我们将看到国家之间越来越多的相互依赖的现象，至少对于创新产品的扩散来说是这样的。

有趣的是，跨国社会影响力与国际扩散中的另外一种现象有关系：加速“落后”国家的扩散过程。具体说来就是，如果在另外几个国家已经开始接受某种创新产品之后，该产品才在某一个国家开始其接受周期，那么它在这一落后国家的扩散速度要比其他国家更快。在了解了跨国效应之后，我们不难想象为什么这一时机非常重要：当落后国家最终加入创新产品接受队伍之后，它受到了来自领先国家所有接受者的社会影响——所谓的领先国家指的是那些在更早的时期开始接受周期的国家。相反，那些领先国家没有（或者极少拥有）来自其他国家的现成的客户群体，无法引导他们的国民更快地接受新产品。这有点儿类似我们在第 6 章讨论过的跨品牌口碑效应：在谈及竞争对手进入行业的顺序时，我们发现晚一些进入行业的竞争者能够从早期竞争者现成的客户群中受益，搭乘他们的顺风车（只不过这里没有谈及国家间的竞争问题和客户流失问题）。

跨国社会效应可以用来解释那种“领先—落后”现象：接受产品较晚的国家扩散反而更快。然而，可能还有另外一些原因可以解释为什么会出现这种现象。或者，除了跨国效应之外，至少还有另外一些因素可以加快接受速度。最为明显的是，随着时间推移，创新产品的价格通常会降低。这可以让落后国家的扩散曲线比领先国家在更短的时间内达到最高渗透水平，因为领先国家开始接受产品时价格较高。同样，随着时间推移，创新产品的质量通常会得以提高或者变得更为可靠、完美，而领先国家则充当了小白鼠的角色。这就使得落后国家对产品的接受速度更快。

一个国家的产品扩散能够影响另外一个国家的扩散速度。从管理者的角度来看，这一点具有重要的战略意义。具体说来就是，如果这种跨国效应是不对称的那会出现什么情况呢？换句话说，如果国家甲中的创新产品接受情况对于国家乙中的潜在接受者群体产生强烈影响，但国家乙对于国家甲的影响却刚好相反，影响较少，那会出现什么情况呢？在这种情况下，生产创新产品的公司可能希望，相对于国家乙的消费者，当初应当对国家甲的消费者采取更强大的营销攻势（甚至采取专门的营销攻势）。

由于这一问题对于公司的全球新产品上市计划非常重要，就像我们早些时候提到的苹果公司面临的同步还是交叉推出苹果3G手机的困境那样，很多学者一直在研究这一问题。其中一些研究采用了一种被称作“起飞滑跑时间”的测量标准，以量化国家之间的相互依赖程度。起飞滑跑时间被定义成“从创新产品上市到销量超过某一限度所耗费的时间”。这时大家会想到关于曲棍球球棍的一个比喻：起飞滑跑时间是球棍扁平的那面，从与地面水平的部分的左侧到球棍开始几乎垂直击球的那一刻。

有一项此类研究针对50多个国家和地区展开调查，测算了其他国家（地区）对产品的接受情况对所研究的焦点国家（地区）起飞滑跑时间的影响程度，并反过来研究了焦点国家（地区）对其他国家（地区）起飞滑跑时间的影响程度。该研究涉及8种家用电子产品（激光唱盘播放器、电脑、录像机、数码相机、手机、互联网接入口、综合业务数字网数字通信标准以及DVD播放机），所用数据时间跨度将近

家中积攒起来的，可以产生跨国接受力量。跟以往一样，这种全球扩散模式的详细内容出现在附录中（第八个数学盒子）。需要注意的是，假如你认为一个国家的产品接受情况能够受到另外一个或几个国家的显著影响，那么只采用基本扩散模式进行预测有可能低估那个国家创新产品的发展速度。出于同样的原因，假如你有了扩散数据，试图反过来预测一下各种参数，那么采取基本扩散模式的做法会让你高估参数数值，因为接受方面的某些增长应当归因于外国的影响，而不是国内接受力量的影响。

全球舞台上的客户终生价值概况

同我们在扩散参数中发现的差异类似，不同国家的客户终生价值也可能是不一样的。你可能会想起此处需要考虑 3 种主要的变量：每一时期利润幅度、客户保留率和购置成本。对于每一个客户终生价值的组成部分，我们都需要从全球视角进行观察。结果再次表明，不同国家和文化中的各个参数呈现的是差异，而不是趋同。

每一时期客户利润幅度上的差异。全球不同地区每一时期客户的盈利能力可能受到几个因素的影响。从收入方面来看，购买创新产品的意愿和能力（这可能受进口关税的影响）、青睐外国品牌还是国内品牌、国内竞争的激烈程度在不同国家是不一样的。从成本方面来看，有些问题非常重要，比如人工成本、运输成本、调整产品以适应本国标准的需要所产生的成本，以及满足本地法规所需的花费。这些问题在不同国家是不一样的。

许多因素都能影响每一时期的利润幅度，因此难怪时尚消费品的价格在全球差别很大，甚至连那些上市多年的消费品也是如此。“巨无霸指数”充分体现了这一点。该指数是《经济学人》杂志公布的，它比较了主要城市之间麦当劳制作的巨无霸汉堡包的价格。这一指数表明，巨无霸汉堡包的名义价格和购买它所需的工作时间（考虑到不同地区的平均工资水平）在全球差别极大：比方说，巨无霸汉堡包在美国的售价比在中国的售价高出了63%（以美元计算）。在不同国家间，苹果第四代MP3播放器（iPod Nano）在名义价格和根据工资调整后的价格方面也存在巨大差异。尽管新产品和新服务项目在价格上的差异可能会影响需求变化（通过扩散模式参数），但这些差异显然会对客户每一时期利润幅度产生直接影响，因而影响到客户终生价值模式。

除了在创新产品接受上的花费之外，还需要记住的一点是，每一时期利润幅度常常来自与服务有关的或者与附加产品有关的收益，这些收益是在第一次购买之后产生的，在不同国家和文化中的收益数量可能各不相同。例如，据说像英国、德国、法国、西班牙和意大利这些欧洲国家的智能手机用户使用的智能手机服务项目要少于美国、中国、巴西和日本的手机用户。尤其是美国的消费者，他们大多使用7种或更多的额外服务项目（人数占美国所有智能手机用户中的61%），紧随其后的是中国（56%）和巴西（53%）。

客户保留率方面的差异。还有证据表明，全球在客户损耗率和保留率方面也存在巨大差异。大家可能还记得，损耗率包括流失率（转投竞争对手）和终止接受率（离开该行业，有可能是暂时离开）。因此，竞争激烈程度方面的差异以及可行的选择方面的差异对于不同国家间保留率的差异发挥着巨大作用。例如，诺基亚公司曾对全球移动电话行业进行过一项研究，研究的主要关注点是客户对于他们服务供应商的忠诚程度。结果发现，在新兴市场中，客户保留率较高，在成熟市场和发达市场中客户保留率要低很多。在这一研究中，竞争激烈程度以及在网络运营商之间转换的能力可能起到了关键作用。在这方面，较低的转换成本（比方说，可以随意更换供应商，并且解约罚金微乎其微）会导致较高的客户损耗，造成品牌背叛。

客户保留率方面的差异还可能来自跨文化差异。例如，对于公平和责任的不同理解可能影响不同文化中的消费者对于公司服务的补救措施和客户服务工作的评估方式。这些都可能影响顾客的满意程度，从而影响客户流失。

客户购置成本方面的差异。最后一点，客户购置成本在不同国家间差别极大。其中有些差别同用来吸引客户的价格促销中的预期变化有关，也同客户的最终反应有关。例如，如果某家无线服务供应商考虑通过资助手机来获取更多客户，那么为了达到某种市场需求程度而进行资助的规模就与客户愿意花钱购买手机和随后愿意花钱购买服务的数量有关（如果后者较高，那就需要进行更多资助）。其他问题还有广告效果（这在不同国家也不相同），以及获取新接受者的竞争程度有多激烈。跨国信息传递方式也能起到一定作用。当苹果手机进入接受较晚的国家时，那些国家的人们已经对它有所了解，无须太多宣传。因为人们对于该品牌的认识和期望都很高，所以这就降低了与市场营销工作有关的进行广告宣传的必要性，而在像美国这样的领先接受的国家中，则需要进行这样的广告宣传。

从全球视角计算创新价值：案例分析

你可能在想，我们如何用所积累的有关跨国扩散过程和客户终生价值的丰富知识来评估不同国家的创新价值。这种分析不但有助于决定产品进入每个国家的顺序或者在每个国家采取的市场营销力度和时机，而且有助于决定是否应当进入该国市场。下面，我们将提供一个例子，看一下如何进行此类分析。我们将借助我们熟悉的卫星广播行业，研究一下是否能为北美之外的市场提供类似的服务。

2005 年年底，天狼星公司和 XM 卫星广播公司的卫星广播服务发展到了加拿大，美国用户在墨西哥的部分地区也能接收到这一服务。2011 年，联邦通信委员会允许天狼星 XM 卫星广播公司（当时两家公司已经合并，并且把名字也整合到了一起。这一点在第6章结尾部分介绍过）在夏威夷和阿拉斯加设立中继转发器，同意其在那里进行信号传输。然而，天狼星XM公司一直没有把市场拓展到北美以外地区的打算。

对于像天狼星XM公司这样推出卫星广播服务的公司来说，国际市场有多大的吸引力呢？在思考这一问题时，请注意：此类服务需要基础设施方面的巨额投资（包括在轨道上运行的卫星和在密集城区设立的地面中继站）；需要取得具体国家的广播许可证；需要进行节目播放或制作的版权谈判；需要同汽车制造商和零售商打交道，确保潜在客户能很方便地得到卫星广播的硬件，并且需要进行市场营销活动，打造市场需求。因此，从用户数量和公司从用户那里能够获得的收益来看，卫星广播服务行业必须要有很好的发展前景，才能够让公司在合理的时间内收回成本，公司的付出才能够得到回报。

曾经有几家公司试图在美国之外的市场推出卫星广播服务项目，但是它们的惨淡经历让人望而却步。有必要讲一下其中一家公司——WorldSpace公司的故事。WorldSpace公司位于华盛顿特区，是由一位出生于埃塞俄比亚的律师创办的，此人希望能够主要为发展中国家提供卫星广播节目。WorldSpace公司于1999年10月开始在非洲转播信号。因此从开创卫星广播的时间来说，该公司早于XM卫星广播公司和天狼星公司。在那不久之后，WorldSpace公司开始向亚洲地区提供广播服务，其中公司的大部分用户来自印度市场。公司于2005年年中的时候在纳斯达克证券交易所上市，并且即将进入欧洲市场。公司计划于2009年年底在意大利推出服务，然后再发展到德国和瑞士。但这些欧洲发展计划最终没有实现。尽管2005年公司股票在第一天交易结束时的价格是22.36美元，但是到2008年10月，每股的成交价格低至0.18美元。WorldSpace公司不得不申请破产。

问题出在哪里呢？我们知道，卫星造价极高（WorldSpace公司有两颗卫星在轨运行，分别是“非洲之星”和“亚洲之星”），并且节目也不便宜（每一地区都需要当地自己的节目，这些节目需要WorldSpace公司获得节目许可或者由公司自己制作）。但最大的一个问题与那些国家（比如肯尼亚和印度）较低的人均国内生产总值水平有关——这些国家的创新产品接受能力较低，同美国相比，其接受能力更是低得多。另外一个相关问题是，在人均国内生产总值水平较低的国家，每一时期利润幅度通常也不高。因此对WorldSpace公司来说，在这些地区的利润幅度也相当低。说得更具体一点儿，尽管WorldSpace公司的卫星广播进行了将近8年时间，但到公司申请破产时，其累计的用户数量还不到20万。收益问题是另外一个难解之痛。像印度这样的国家，人们极不愿意花钱收听节目。因此基本订购费用的价格很低，相当于每个月不到3美元。公司不得不对收听广播的人进行高额补贴，还要投入其他市场营销费用，以此吸引消费者签约。这样一来购置成本就很高（据估计每位用户的购置成本大约是175美元——高于XM卫星广播公司的购置成本）。据估计WorldSpace公司投入的资金超过了25亿美元（临近破产前公司更名为1WorldSpace），这笔投入只回收了很少的一部分。

这是一个残酷的故事，但人们不得不反思：对于产品投放的首批国家的错误选择是不是这一残酷故事的罪魁祸首呢？或许，假如能够在打算进入非洲或亚洲市场之前，提早实施欧洲计划，那么WorldSpace公司的命运会不一样。我们的确可以有这样的思考，因为根据这一章前面的内容，欧洲的某些国家对可以点播的卫星广播服务有着强烈的需求。这些国家的可支配收入较高，在娱乐消费方面同美国类似。该服务项目的扩散数据和客户终生价值数据足以证明进入此类市场的正确性。此外，美国和欧洲几个国家之间可能还存在着跨国效应，可以提升接受速度。我们现在只剩下这样一个开放性问题：卫星广播是否能在欧洲，尤其是西欧取得成功呢？能否有另外一家公司继续 WorldSpace 公司的未竟事业呢？天狼星 XM 卫星广播公司可能是这样一家公司，或许有希望考虑采取行动，但其他公司或许也希望评估此次机会，比如 Solaris Mobile 公司。该公司位于都柏林，为欧洲提供卫星信号接入服务和移动通信陆地网络基础设施。Solaris Mobile 公司于 2013 年表示他们的技术可以被用来提供一个泛欧数字化广播平台。位于科罗拉多的一家上市公司 EchoStar Mobile 最近收购了 Solaris Mobile 公司。那么该公司是否应当抓紧实施泛欧卫星广播服务项目呢？要想回答这些问题，归根结底还是要评估一下这些欧洲国家是否具有足够的创新价值，是否能够支付得起所需要的昂贵成本。

下面，我们将就如何进行此类分析提供一些具体想法，其中以欧洲的 6 个国家作为例子，它们分别是：奥地利、比利时、丹麦、法国、意大利和荷兰。

跨越大西洋：把美国和欧洲的创新价值参数联系起来

如果你一直在关注本章中有关全球化的辩论，那么你可能意识到我们不应当盲目地把美国的扩散参数和客户终生价值参数应用到我们感兴趣的 6 个欧洲国家中去。如果认为这些参数同天狼星公司和 XM 卫星广播公司所使用的参数完全一样，那就是在自找麻烦，也不符合这些参数在不同国家的确存在差异这一事实。为了能够为欧洲的每一个国家确立量身定做的合理数值，从根本上说我们有两种方法。第一，我们可以在每个国家展开大规模市场调研。这种方法除了涉及关键的后勤保障问题和成本问题之外，还可以证明从消费者那里获取有效反馈是比较困难的，因为消费者极有可能不具备有关卫星广播的任何经验，难以把他们的反馈进行相应的量化，用于预测工作。第二，我们可以依靠来自昔日创新产品的信息，把这些信息加以调整，应用到美国之外的卫星广播行业。我们在此选择第二种方法，并解释一下如何运用这种方法。

我们先描述一下每个国家的基本扩散模式的特点，目的是找到一个（或者几个）衡量创新产品的标准，以此来了解每个国家的长期市场潜力和接受力量。我们认为不同国家相应参数之间的关系可以体现我们的目的。也就是说，尽管我们意识到昔日创新产品参数的绝对数值无法完全继续应用到卫星广播行业中，但我们依然可以认为不同国家的相对值能够做到这一点。比方说，如果一个国家的个人力量（p）比另外一个国家之前的创新产品标准高了35%，那么我们就可以认为这一关系适用于他们对卫星广播的个人力量。这样一来我们需要做的就是估计一下其中一个国家的卫星广播参数，然后运用我们发现的衡量创新产品的标准来解决其他国家的参数问题。这听起来或许有些复杂，但实际上相当简单，并且有望随着我们的阐述变得越来越清晰。

我们将用无线移动通信服务作为昔日的创新产品的例子。表8–3向我们展示了相关国家的基本扩散模式参数，这些参数是根据一项学术研究得出的，该研究采用了许多国家真实的接受数据（时间截止到1998年）。

表8–3 相关国家无线移动通信服务的扩散参数

国家	个人力量参数p	社会力量参数q	渗透上限c	人口规模（千人）	市场潜力m（千人）
奥地利	0.000 5	0.144	0.459	7 666	3 519
比利时	0.001 2	0.184	0.417	9 922	4 137
丹麦	0.001 8	0.167	0.702	5 133	3 603
法国	0.000 1	0.353	0.537	56 596	30 392
意大利	0.000 1	0.295	0.405	57 772	23 398
荷兰	0.000 7	0.304	0.576	15 022	8 653
美国	0.000 5	0.437	0.74	252 502	186 851

我们现在需要的是一个国家，让我们测算一下这个国家在卫星广播行业的基本扩散模式参数。这个国家当然是美国了。我们也统计了美国的无线服务扩散参数数值，因此就可以为欧洲所有这 6 个国家在这两种创新产品之间“搭建桥梁”。尤其是我们可以考虑一下个人力量参数（p）和社会力量参数（q）。我们在本书中所采用的美国卫星广播参数数值分别是 0.026 和 0.403（如果该分析是在卫星广播在美国扩散之后进行的，那么人们可以根据数据来更新这些数值）。用美国卫星广播的参数数值除以无线服务的数值，得到的结果就是个人力量和社会力量的比例，分别是：0.026/0.000 5=52；0.403/0.437=0.92。假如这些比例同其他国家十分近似，那么我们可以利用它们把无线服务数值转变成卫星广播数值。例如，对比利时来说，个人力量（p）的值就是 0.001 2×52=0.06，而社会力量（q）的值就是 0.184×0.92=0.16。

类似的办法可以用来计算预期的渗透上限。大家回想一下，评估出来的美国卫星广播的长期市场潜力是 2 800 万人，而该产品上市时美国人口规模是 2.85 亿人。因此，美国卫星广播行业的渗透上限就是 28 000 000/285 000 000=0.098，也就是说，从长远来看，美国有大约 10% 的人有望接受卫星广播。对于无线移动服务来说，当时的评估结果是 0.74（即美国有大约 74% 的人会接受手机服务）。这两种创新产品的渗透上限比例是 0.098/0.74=0.132，这反映出卫星广播行业的目标市场群体远远少于移动电话行业。我们再提一下，这一比例可以用来更新不同国家的渗透上限。我们继续以比利时为例：其渗透上限就是 0.417×0.132=0.055。

根据上面列出的办法，并采用美国在这两种创新产品中的信息作为连接桥梁，我们可以为欧洲 6 个国家卫星广播的预期扩散情况创建出一套参数，如表 8–4 所示。

表 8-4 相关国家卫星广播扩散模式参数评估结果

国家	个人力量参数 p	社会力量参数 q	渗透上限 c	人口规模（千人）	市场潜力 m（千人）
奥地利	0.026	0.133	0.061	8653	527
比利时	0.0624	0.170	0.055	11199	620
丹麦	0.0936	0.154	0.093	5794	540
法国	0.0052	0.326	0.071	63880	4554
意大利	0.0052	0.272	0.054	65207	3506
荷兰	0.0364	0.280	0.076	16955	1297
美国	0.026	0.403	0.098	285000	28000

在本质上，用与确立基本扩散模式参数类似的方法可以确立客户终生价值参数。遗憾的是，我们引用的关于移动电话服务的学术研究并没有提供客户终生价值方面的信息。因此，我们需要寻找其他信息，帮助我们在已有的美国卫星广播数据和预计的欧洲国家卫星广播数据之间搭建一座桥梁。办法之一是利用较为可靠、公开发表的数据，比如经济合作与发展组织的数据。经济合作与发展组织公布的统计数据是不同成员国内最终消费品的比较价格水平，人们可以根据统计数据来评估购买能力。比如 1 欧元在任何两个国家的购买能力。通过比较欧洲购买能力水平和美国购买能力水平，我们可以了解美国和其他国家在客户盈利能力方面可能存在的相对差异。具体来说，这些比例可以用来调整美国卫星广播行业客户终生价值的每一时期利润幅度和购置成本，以适应欧洲这 6 个国家的情况。比方说，据报道丹麦的价格水平比美国高 51%，因此我们可以用 1.51 的系数来调整美国卫星广播每一时期利润幅度（77 美元）和购置成本（95 美元），这样得到丹麦的两个数值分别是 116 美元和 143 美元。

至于客户保留率，不同国家的相对价格水平不一定十分准确地反映了客户在终止接受或流失之前可能坚持使用某种产品或服务的程度。

在这里我们可以使用公开发表的市场研究报告中的直接信息。这些报告是关于相关国家无线移动服务行业中的客户保留率。我们可以再次假设，相关基准行业中不同国家的客户保留率同卫星广播服务行业中的保留率类似。对于美国来说，无线电话服务行业的保留率估计是74%（这是以年度为基础的预测结果）。由于美国卫星广播行业的保留率是81%，两者的比例是0.81/0.74=1.09。在扩散参数方面，我们现在可以用这一比例乘以每个国家无线电话服务行业已知的保留率，得到的结果就是对于卫星广播行业的预测数据。表8–5展示的就是根据上述方法和信息得到的客户终生价值模式的全部参数。

表8–5　相关国家卫星广播行业客户终生价值模式参数预测结果

国家	预测的保留率（无线服务）	预测的保留率（卫星广播）	收益与成本的倍增系数	预测的每一时期利润（卫星广播，美元）	预测的购置成本（卫星广播，美元）
奥地利	0.82	0.89	1.14	88	108
比利时	0.54	0.60	1.19	92	113
丹麦	0.78	0.85	1.51	116	143
法国	0.78	0.85	1.16	89	110
意大利	0.85	0.93	1.12	86	106
荷兰	0.79	0.86	1.17	90	111
美国	0.74	0.81	1.00	77	95

现在我们掌握了这6个相关国家卫星广播行业的基本扩散模式参数和客户终生价值模式参数，可以开始进行创新价值评估工作了。表8–6呈现的是10年内每个国家的客户终生价值和创新价值。为了简便，我们采用了统一的资金成本，其数值为9.3%。这同我们在第2章使用折现率的做法一致（尽管更谨慎的做法可能是根据公司获得资金和资源的时间和地点来调整这一比例）。

表 8-6 相关国家的卫星广播创新价值

国家	客户终生价值（美元）	创新价值（时间：10 年，单位：百万美元）
奥地利	442	43.6
比利时	185	22.1
丹麦	480	108.3
法国	374	151.5
意大利	526	150.4
荷兰	394	28.0
美国	272	2400

把这些数字加起来得到的结果大约是 5 亿美元多一点儿。这就是我们当作例子的这 6 个欧洲国家的预计创新价值。我们可以把这一结果同 10 年内每年预期的服务成本和运营成本（需要合理折现）加以比较，以此作为支持或反对进入欧洲市场的证据。由于有此打算的公司在能力方面存在差异，这些预期的花费可能也不尽相同，所以最终的结论也可能不同。此外，我们可以想象得到，随着时间的推移，公司也可能考虑把其他欧洲国家作为产品首发地或增发地，比如英国和德国（因为卫星很可能覆盖这些国家，尽管需要增设陆地中继站），这将增加创新产品的创新价值。

正确理解我们所进行的分析是十分有用的：在这一过程中我们必须利用现成的数据做出一些假设。人们当然可以采用几种办法来详细阐述我们所进行的分析，对结果更加有信心。比方说，除了可以以（或者不但可以以）无线电话行业作为参照物推测卫星广播行业，也可以利用其他行业：可以进行市场调查，公开评估每个国家的参数，或者可以研究欧洲消费者在付费购买卫星广播的意愿方面同美国消费者的相似程度。比方说，人们可以在欧洲展开 XM 卫星广播公司曾经在美国进行的类似市场调查，并对本章涉及的一些表格进行调整。此外请注意，我们一直没有把可能产生的跨国效应包含进来。如果我们把这些因素加进来，那么创新价值的数值可能增加（因为扩散速度加快了）。有一个办法可以做到这一点，那就是利用现有研究中的信息，比如与表 8–2 的有关信息，同时利用全球扩散模式，因为这一模式把此类跨国效应考虑在内（参见附录中第八个数学盒子）。尽管如此，从概念上讲，我们这里所演示的这种简单的分析方法可以作为一个范例，用于指导如何研究在进入国际新市场时可能获得的创新价值。

在搜索数据中搜索有关发展趋势的信息

正如我们所看到的那样，获得信息、评估在目标国家上市的创新产品的财务价值是一件非常复杂的工作。从广义上来说，经常用到两种信息：（1）来自其他国家的关于同一种创新产品的信息（假设它已经开始在其他国家扩散，或者已经在这些国家展开市场调研，获得了预测数据）；（2）来自目标国家昔日创新产品的信息，这些信息有可能预示当前创新产品的业绩。然后人们需要针对目标国家当前的创新产品调整这些数值。

我们可以通过几个渠道来获取此类信息。研究创新产品全球扩散的学术文章是渠道之一。行业协会和市场调查公司发表的关于各个国家新产品发展趋势和客户盈利能力的数据是另外一个渠道。由相关行业组织发表的市场报告通常也是一个绝佳的信息渠道。这些报告通常会包含某家公司的数项关键业绩指数与各种国际市场中的竞争对手的业绩（或者行业平均水平）之间的比较。

上述的“传统”信息渠道代表了一直存在的——事实上已经使用了多年的信息渠道，问题的关键是要在评估我们现在所讨论的全球创新产品时找到这些渠道。然而，如果我们丝毫不提及某些新的有发展前途的渠道，那我们就是不负责任的，因为通过这些渠道我们可以获得与全球创新产品有关的信息：比如像谷歌趋势（Google Trends）和谷歌全球商机洞察（Google Global Market Finder）这样的网站。这些网站可以让用户通过任何单词或短语，非常精确地研究所进行的在线搜索模式。由于搜索通常与兴趣关系紧密，这些网站提供了前所未有的机会，来探索所有概念或产品中“感兴趣层面”的扩散情况，并且用户可以针对不同国家、在不同时间进行探索。

比方说，在谷歌趋势网站，其主要工具（目前所采用的模式）所设计的曲线图中的水平轴表示的是时间，垂直轴表示的是某一术语被搜索的频率，与搜索这一术语的最高次数相对应（最高搜索次数的分值是 100，其他搜索次数的分值是 0~100）。谷歌趋势网站提供了一套能够调查微调情况的辅助工具。例如，通过“地区兴趣”工具，人们可以比较不同国家和城市的搜索量模式；通过“相关搜索”工具，人们可以研究哪些用来搜索主要术语的关键词也经常被搜索。

谷歌趋势网站的一个明显不足是它对于某个特殊单词或短语搜索情况是根据相对数量而不是绝对数量（即它没有给出搜索总量）呈现的，并且用户只能获得 2004 年以后的数据。尽管如此，该网站依然可以成为一种有效的辅助手段，能够帮助获取关于新产品和服务扩散模式的信息。然而为了实现这一目标，搜索模式需要能够反映或预测实际行为，比如接受创新产品并愿意花钱购买该产品。有迹象表明，从一定程度上来说，谷歌趋势网站的数据可以放心使用，用来探索某些现象，比如某个群体中的疾病传播，或者不同国家的失业率。从新产品发展来看，某些证据表明，对于同创新产品有关的术语的搜索同该产品的实际销量之间存在较高的相关度。

谷歌全球商机洞察网站利用来自全世界在线搜索的信息，展现人们用 56 种语言搜索具体关键词的次数。这一工具同谷歌公司的关键词竞价广告工具（AdWords）一道，为每个关键词在不同市场和不同语言中提供了预估的竞标价格。这可以让经理们评估某一特定国家或地区的竞争程度、评估世界不同地区特定关键词或产品的知名度以及不同地区的广告成本。这些信息在几个方面有助于评估全球创新价值，比如不同国家预期的市场潜力和客户购置成本。

为了能够看清楚如何使用关于创新产品传播情况的这些有发展前途的新渠道，我们接下来讨论社交媒体领域的一个例子。具体说来就是，我们将展示一下如何把谷歌趋势网站同脸书网站在全球的扩散模式结合起来使用。

搜索全球趋势：脸书的案例

图 8–1 呈现的是从 2007 年开始到 2015 年年中用谷歌搜索知名社交媒体脸书的情况。这种搜索的全球模式中值得注意的一点是，它同我们在本书中所见到的许多创新产品扩散曲线一致，一开始发展速度显得较为缓慢，而后出现快速发展时期（大约是在 2008 年年初），接下来呈现出平稳状态，最后在 2013 年开始下滑。这种下滑趋势符合当时脸书在全球使用数量开始减少的有关报告，这可能同其他社交媒体平台和网络应用使用数量的增加有关，比如色拉布照片分享平台（Snapchat），该应用尤其在青少年之间非常流行。

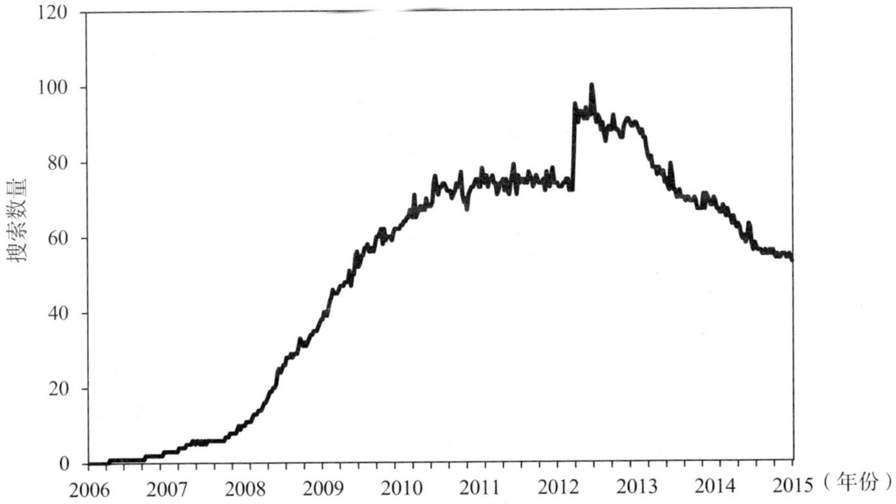

图 8–1　全球搜索“脸书”这一术语的情况

然而，如果把搜索数据分解到不同国家，我们可以发现不同国家在搜索数量方面存在显著差异。例如，使用谷歌趋势网站的“地区兴趣”工具采集到的一份2015年的结果表明，土耳其和突尼斯对于脸书的相对搜索密度非常高，这一点我们在表8-7中可以看到。相比之下，通过仔细研究这份表格，我们可以看到在那些其他社交媒体占据主流的国家，比如以前属于苏联的国家，脸书的搜索密度非常低。

表8-7 相关国家2015年关于脸书搜索的相对密度

1	土耳其	100
2	突尼斯	86
3	委内瑞拉	84
4	阿尔及利亚	77
5	秘鲁	76
6	厄瓜多尔	75
7	哥伦比亚	75
8	尼加拉瓜	69
9	萨尔瓦多	68
10	墨西哥	67

类似谷歌趋势网站这样的在线工具可以为学者和业内人士提供一种有用的工具，用以评估全球对于新产品和新服务项目兴趣的扩散情况。当然，我们也应当持谨慎态度。并不是在所有情况下关于搜索的信息都是有用的替代品，可以完全等同于接受意图。尽管如此，我们还是有理由认为，这些工具会继续发展，并在现有基础上增加新的功能，可以使我们在将来更好地理解全球扩散和全球客户管理工作。大家可能会想，如果能看一下这些新工具本身是如何被迅速接受的，看一下它们在什么程度上替代了传统信息渠道，那将是比较有意思的一件事。诸位的想法跟我们的想法不谋而合。

苹果（手机）如何从（美国市场的）树上落下？

在结束本章时，我们想再回顾一下苹果公司在2007年至2009年9月之间采取的苹果手机全球战略。通过回顾我们清楚地看到，苹果公司采取了一种“交叉销售”的方法。例如，第一代苹果手机最初在美国上市，然后4个多月后才让英国、德国和法国的消费者接触到这种产品，又过了大约4个多月，才轮到奥地利和爱尔兰的消费者购买产品。这些国家是“幸运的六国”。人们可能会说该产品首次公开亮相依次经历了三次“浪潮”。根据我们在本章所看到的内容，首先在美国推出该产品或许是有道理的，这主要是考虑到这个国家规模较大、人均GDP较高，并且非常认同苹果品牌。但是请注意，除了奥地利之外，其余的目标国家都处于外来影响力排名表的前20名（参见表8–2）。影响力这一衡量标准看起来对下一代苹果3G手机也是有影响的，该手机在1年后上市。苹果公司采用类似交叉销售的方式推出3G型号的手机，尽管在每次浪潮中，上市国家的数量都比之前要多出许多。这些浪潮的影响也更为深远，波及的不仅仅是美国和西欧国家。第一次浪潮中，苹果公司也在亚洲和拉美国家以及澳大利亚和新西兰发布了新产品。在那不久之后就轮到了东欧国家和印度。中东地区和东南亚地区的国家，比如沙特阿拉伯和印度尼西亚，一直等到2009年年初才得到该产品。尽管3G手机第一波浪潮在2008年7月就袭卷了中国香港地区，但中国，作为世界第二大经济体和人口最多的国家，却一直等到2009年年底才进入苹果手机家族（当时3G手机已经上市）。后来又有许多国家加入进来，令人不感到意外的是，这些国家的对外敏感性指数都很高。总之，通过事情发展过程来判断，史蒂夫·乔布斯及其管理团队非常了解跨国效应，并且懂得如何利用国家的不同特点创造巨大的创新价值。通过精心设计，苹果手机最终的确从美国市场的大树上落下，并且传遍四面八方——只不过不是一次性地落下。

还需要指出的一点是，苹果公司并没有在每一个国家中都采取千篇一律的市场营销方法，其中主要的差别在于公司同无线服务供应商达成的协议类型不同。苹果公司在有些国家签署的是独家代理协议，比如在美国是同美国电话电报公司签署的（该公司是唯一的苹果手机供应商，直到2011年年初）。尽管消费者对于没有其他选择感到不满，但苹果公司通常能从此类协议中获得丰厚回报。比方说，AT&T必须每个月从每位苹果手机用户的账单里支付给苹果公司大约10美元。这样一来，苹果公司不但能够从手机销售中直接获利，而且可以从每位用户那里重复获取每一时期的利润。消费者可以从服务提供商那里得到产品补贴，作为回报，提供商也就锁定了消费者接受服务的时间。不同国家的消费者得到的产品补贴不尽相同。对于产品补贴，必要时苹果公司毫不含糊，这反而也影响了接受率和预期的客户盈利能力。在某些没有提供产品补贴的国家，比如印度，对大部分消费者来说，苹果3G手机700多美元的价格高得令人望而生畏。尽管全球对于苹果手机好评如潮，该手机也被媒体广泛报道，有人甚至称赞它是“上帝手机”，但苹果公司依然一如既往地开展市场营销活动。苹果手机在不同地区的推广费用存在显著差异。2007年至2011年，公司在美国估计支出了将近6.5亿美元的广告费用，这比在任何其他地区的花费都要多出很多，更别提单独哪个国家了。这证明了两件事：（1）同其他国家的消费者相比，美国的消费者对于市场营销活动有多么敏感；（2）美国市场的竞争有多么激烈，或者说可能会变得多么激烈，以至于苹果公司认为理应持续进行广告宣传，做到未雨绸缪，防止客户流失。

我们提到了苹果从树上落下这件事，人们认为艾萨克·牛顿爵士从这件事中得到启发，发现了著名的万有引力定律。我们在本章开始时引用过联合国前秘书长科菲·安南的一句话。提到“全球化”，如果我们指的是所有国家在商业运作方式以及消费者对于公司行为的反应方面正在变得难以区分的话，那么就目前而言，创新价值中的所有要素都在“挑战万有引力定律”。

要点回顾

• 创新价值评估活动可能在不同国家有所不同（即使是对人口规模做控制变量研究之后），因为扩散模式和客户终生价值模式参数通常是不一样的。

• 创新产品的扩散规模和速度（分别指该产品的长期市场潜力和接受力量）受到具体国家具体因素的影响。这些因素包括该国的经济环境，比如GDP和商业运作成本，也包括该国的文化定位，比如人们之间的交往方式以及他们对自己在社会中所扮演角色的看法。

• 在比较不同国家间的长期市场潜力时，常常需要考虑与创新产品接受相关的人口份额，这一数值被称作"渗透上限"。在实践中，这一数值通常是通过评估满足一定标准的全国人口比例得出的（比方说，居住在城市地区，年收入在一定水平之上，受教育水平达到一定程度，等等）。

• 跨文化差异对于理解国家内部社会力量的差异非常重要。集体主义社会被定义为把集体利益置于个人利益之上的社会，而同质性社会被定义为社会中的个体倾向于与同他们相似的那些人发生联系的社会。

• 一些国家对于创新产品的接受可能会通过社会力量影响其他国家的接受。毗邻性（无论是地理上还是文化上）以及某些国家在历史上对其他国家的影响（或者外来影响力）决定了这种跨国社会力量的强度。我们可以构建全球扩散模式来阐述这些影响，并且结合作为衡量标准的创新产品在某些国家扩散方式方面的知识，为当前的创新产品在这些国家的扩散进行预测。

• 客户每一时期利润幅度在不同国家的差异常常与人均收

入、国内竞争激烈程度、监管环境、税收、销售成本以及劳动成本有关。客户保留率方面的差异常常与更换品牌的难易程度和对服务责任的文化理解有关。客户购置成本方面的差异常常与在不同国家内市场营销活动的效果、收入水平以及信息传递速度有关。

• 方兴未艾的在线信息渠道，比如谷歌搜索网站，能够帮助经理们更好地理解新产品和服务项目在不同国家的商业前景，并帮助他们获得替代性数据，完成对创新价值的评估。

第9章
创新价值备忘录：评估你的创新产品

[此处输入您的感悟]

到目前为止，我们希望大家能够相信评估创新产品价值的工作不再是一件胡乱猜测的工作，希望大家能够同意有某种办法可以用来解决看似愚蠢的预测创新产品单位销量发展的问题，可以评估客户接受产品之后公司获得的经济回报。我们希望创新价值理论体系能给大家以启发，让大家可以用不同的眼光来看待新产品和服务项目的商业前景。最后一点，也是非常重要的一点是，我们希望大家能够对本书提供的观点、模式和例子充满信心，随时准备利用这些内容来达到我们的目的。

本书最后一章将围绕这一主题，确保大家得到所需要的知识，能够把创新价值理论体系运用到实际工作中去。本章将提供指导，指出大家在实践中运用各种模式时应当采取的步骤。本章也将列出一些大家在运用概念时需要注意的问题，并引导大家找到有用的信息渠道。所有这一切都是为了让大家能够顺利成为创新价值方面的专家。

在考虑如何最合理地组织本章内容时，我们决定同大家，也就是各位读者进行虚拟对话，采用“常见问题”（FAQ）格式。这样可以让我们把实施过程中的各种小花絮设计成大家现在弄不明白的问题或将来可能遇到的问题。这里所涉及的具体问题都是我们多年来从其他学者、业内人士和学生那里收集到的疑问和意见。在几个例子当中，我们会把问题答案同本书前面某一章的内容联系起来，因此有时候我们的表述就起到了复习或回顾之前涉及的内容的作用。对于喜欢亲自动手实践的读者，我们建议大家查看本书同步网站（http://www.InnovationEquityBook.com）中的电子表格。这些表格可以让你亲自进行我们所介绍的各种分析，然后根据需要把它们运用到你自己的创新产品分析活动中。在参考书目和推荐阅读部分，我们提供了一些资料，或许有助于你查找其他信息，或者能够深度处理“常见问题”的答案。

为了能同本书风格保持高度一致，我们将把“常见问题”和答案分成几部分：属于创新产品扩散的一部分；属于客户终生价值的一部分；以及属于把这两个话题联系起来的理论体系的一部分。我们所研究的不同“专业”话题都采用合并的理论体系，包括综合营销活动、多派别的存在、竞争、下几代产品以及全球上市——这些话题将分布在我们给出的答案中。我们将用一份创新价值项目清单结束本章——该清单是对大家在应用该理论或具体运用材料时应当记住的关键步骤和要点的一次实践总结。此外，本章结尾处还包括总结性的几句话。

无论你是需要为上级领导制作一份经济预测报告，还是需要指导他人进行预测、回顾和评论第三方的预测，或者只是想要更准确地预测即将上市的新产品的商业前景，无论出于什么样的目的，我们都相信你一定会发现本章的内容十分有用。你要采用对你最有利的方法来使用它：一口气读完“常见问题”的全部内容，或者专注于那些你当前最关心的问题和最迫切了解的问题，然后回来解决其他需要解决的问题。

与创新产品扩散话题有关的常见问题

本书介绍的各种扩散模式为我们提供了一种办法，可以预测在客户同公司的关系中，客户获取阶段的情况。这些模式旨在把握创新产品渐进的接受过程。对于与基本扩散模式有关的根本性问题（所有其他模式都是建立在该模式的基础上），我们在第1章曾做过深入探讨。本书先后进行了多处润色，并增加了许多方面的内容。下面你将发现一些常见问题，这些问题都与创新价值理论中扩散方面的内容有关。

我是否可以把本书所涉及的各种扩散模式应用到任何类型的创新产品上？

“创新产品”这个术语的确含义非常广泛，因此自然会出现这样一个问题：扩散模式是否适用于每一种产品。你将很高兴地看到，简短来说，答案是肯定的。任何创新产品——只要其在本质上体现了某种新意，并且旨在从目标群体中获得接受，就完全适用于本书所介绍的创新产品扩散模式。

详细说来，上述问题的答案也是肯定的，只是有些创新产品与其他产品比较起来，“更适用”扩散模式一些。比方说，如果我们按照渐进式和激进式来对创新产品进行分类，那么越是渐进缓慢的创新产品，使用本书中的模式就越有意义。这是因为渐进式创新产品同市场中现有产品或服务比起来通常改进不大，因而对可能的接受者来说不确定因素也就较少。个人对于是否接受此类创新产品的考虑不太会依赖于其他人的决定或观点。因此，社会力量所起到的作用通常十分有限。尽管公司的市场营销工作可能非常明确，但这些工作对于接受的影响是可以轻松地预测得到的。我们可以根据已知的对现有产品的需求进行预测，或者根据对新产品进行的市场研究进行预测。

另外，激进式创新产品，或者突破性创新产品可能能提供更多或更新的优势，常常能够开创全新的行业。它们自然也能让潜在客户感受到更多的不确定因素，认为接受该产品可能需要冒一定的风险。对于这种创新产品来说，市场营销活动对个人力量或长期市场潜力产生的影响不是十分明显。社会力量，比如昔日接受者对于创新产品的看法、看到其他人使用该产品的感受、扩散过程中不同派别所发挥的作用（例如“有影响力的群体”和“追随者群体”，详细内容参见第 4 章对这些群体的介绍），对于理解和预测接受动态常常至关重要。

此外，对于这种渐进式和激进式的分类方法，学者们通常认为有些创新产品非常适合使用基本扩散模式以及各种扩散模式，比如比较复杂难以理解的产品、需要客户认真学习才能掌握使用方法的产品、需要客户支付变更产品费用的产品以及能够彰显客户社会地位的产品。然而，我们注意到，关于哪些行业更适合本书所介绍的模式，似乎没有一成不变的规定。比方说，人们可能会怀疑，这里所介绍的模式尤其不适用于那些被重复购买的超市商品——也经常被称作“快速消费品”（FMCG）。尽管对于现有产品的变体产品来说这可能是正确的，比如新的酸奶口味，但对于全新类型的快速消费品来说这可能就不正确，比如新上市的希腊酸奶。

本书介绍的许多例子涉及的都是面向消费者的创新产品，也就是说，其商业模式是企业对消费者的模式。如果我的创新产品是工业产品，或者其商业模式是企业对企业的模式，那么创新价值理论体系是否依然有效呢？

毋庸置疑，大部分经济活动，尤其是商业活动，都是围绕着公司与公司或公司与组织机构之间的商品和服务买卖展开的——不是在公司和个人之间进行的，并且大部分商业活动都涉及创新产品。比方说，新的企业应用系统软件在商业上的成功需要软件开发母公司说服其他公司采用并完善该软件，将其作为公司信息技术平台的组成部分。医疗器械公司可能需要依靠医院和诊所接受新设备（比如心脏支架）。此外，许多创新产品主要涉及企业对企业的销售模式，即使产品最终使用者是个人消费者。比方说，某种创新硬件设备的制造商（比如英特尔公司、超微半导体公司或者英伟达公司，这些公司设计生产处理器和显卡）可能需要说服电脑制造公司（比如戴尔公司或惠普公司）将其新的芯片安装到新电脑中，尽管是终端消费者最终在其购买的电脑中“内置”这种创新芯片。

当公司成为创新产品接受单位时，创新扩散模式和相关概念在很大程度上也是适用的。你在得知这一点时可能感到很高兴。事实上，多项研究都曾在不同的企业对企业环境中使用过扩散模式（第7章介绍的那个IBM公司大型计算机的例子就是以此类研究为基础的）。如果这对你来说有点儿深奥，那或许是由于你需要更好地理解此处的社会力量的作用。从某种意义上说，“社会”这个术语指的是成为某个群体或某个派别的一部分，与这些成员之间彼此互动的方式有关。但对于创新产品及其扩散来说，这个定义过于狭隘。大家可能还记得，从本质上说公司希望能够掌握社会力量，它指的是昔日接受者对剩余的潜在接受者产生的一切影响。因此，在企业对企业的背景下，社会力量的意义归根结底就是研究昔日企业或组织机构对于产品的接受是否会影响那些尚未接受该产品的企业未来的接受情况。研究分析单位也随之从单个消费者转向了公司或组织机构。

在研究社会力量运作机制时，我们突出强调了像“口口相传”和“观察”这样的事情。口口相传，或者广义上的那种公司间的信息传递，当然也存在于工业背景中。比方说，某家公司内部的决策人员在考虑接受某项新技术时，可能希望同已经接受这种技术的公司中的决策人员进行交流，目的是了解该技术到底有多好以及实施起来有多困难。在这种情况下，决策者会广泛利用他们的专业人脉资源。比方说，他们可以通过打电话或者在行业会议中展开讨论的方式进行交流。当然，推出创新产品的公司希望能够加速推进产品扩散，他们可能会主动想把昔日接受者和未来潜在接受者组织到一起。大家可能还记得，在第5章中，我们讨论了“推荐”这一概念。这一概念指的是高度评价昔日接受者的积极体验，以此作为未来接受者的接受依据。在企业对企业的领域，推荐是一种常见的做法，并且这种做法是有道理的：企业喜欢根据正确的分析进行决策，并希望很多来自公司内部各个层面的人能够参与进来。因此，如果一家类似的公司花费时间对某创新产品进行分析，最终认为该产品值得冒险一试，那么这就是个强有力的信号。这就是为什么你常常看到销售企业对企业的创新产品的公司会在公司网站和其他宣传资料中公开他们公司的客户群体的原因。在企业各个分部之间甚至也存在着微妙的社会力量。比方说，大型研究型医院可以充当新的医疗程序和医疗设备早期的验证机构，对许多小型医院和不那么先进的医院而言属于“影响者”，而那些医院则属于“追随者”的行列。

企业之间的竞争也能发挥巨大的“社会”作用。如果某家公司得到的竞争情报显示对手已经接受了某种新技术或新做法，从而对其战略定位和经济收益产生积极影响，那么这很可能会促使该公司也开始接受这种新技术或新做法。随着同一市场空间中越来越多的公司选择这一创新产品，落后公司一定会遭受“社会惩罚”，因为不接受创新产品能够导致各种竞争劣势。请注意，公司不一定通过交流沟通才能受到影响，“观察”也许就足够了。在企业对企业的竞技场中，可能存在着几种公司接受创新产品的信息渠道：它们可能出现在商业出版物中，可能在行业会议上被加以讨论，也可能被销售代表和客户经理所提及。

即便如此，市场营销类书籍和学术研究中的许多例子都是以企业对消费者的产品为主要内容的，这一点确凿无疑。造成这种现象的部分原因在于企业对消费者模式中的产品可以利用的公开数据更多（而在企业对企业的背景下，公司有时候出于战略原因会尽量对自己的接受决策保密），也有部分原因在于更多的人认可企业对消费者模式中的例子。但是不要让这种现象欺骗了你：扩散模式在企业对企业背景下发展迅速。并且，方程式中的客户管理一方也高度相关。

我对于分析某种（我自己的）具体品牌非常感兴趣。我应当从行业层面开始评估产品扩散还是直接从品牌层面开始呢？

在第6章中，我们提供了几种办法，用于在品牌层面分析创新产品的扩散情况。你可能还记得，有一种办法是从行业层面评估某类创新产品的整体扩散模式，没有区分不同品牌之间的销量分配情况。在确立了这一点之后，我们开始进行品牌层面的分析，评估每一种品牌的市场份额。人们可以使用几种方法，评估每一时期每种品牌可能获得的新接受者份额。如果研究人员了解市场中的或即将进入市场的竞争品牌（包括它们的品质和可能的价格），那么他就可以利用与客户研究有关的信息，预测市场份额。

与此相对的一种流行的方法是联合分析法。该方法用于研究客户对于行业内产品和服务的不同配置的反应。具体说来就是，研究产品关键属性的不同层面（包括价格和品牌），掌握消费者的偏好。利用这些结果，可以评估消费者个人选择某一竞争产品的概率。通过汇总对于各个研究对象的分析结果，可以预测每种品牌的市场份额。在采用这种方法时，向专业的市场调查公司咨询是个不错的主意。值得注意的是，随着时间推移，每种品牌的预期市场份额可能会发生变化，因为竞争态势在发生变化。比方说，假如某家公司降低产品价格或者给产品增加了一项消费者渴望的功能，但其他公司没有这样做，那么前一家公司的需求份额就有望增加，而其对手则会遭受损失。

在以下情况下，必须采用行业优先的分析方法。人们坚信，或者针对消费模式的研究表明，行业中客户的决策过程可能包括两个阶段，具体说来就是：潜在客户希望弄清楚他们是否想要“涉猎”一下这种创新产品；然后，只有在这个时候，决定最适合他们的是哪个具体品牌对他们而言才有意义。比方说，消费者可能首先想要了解发光二极管（LED）电视在图像质量和耐用性方面的优点，之后才会询问或仔细研究索尼、东芝、三星和 LG 公司产品之间的具体差异。在这种情况下，适合在行业层面运用合适的基本扩散模式。此外，如果无论昔日接受者选择哪一种品牌，大家都在口口相传，并且主要都是在宣传各个品牌的优点，那么也应当从行业层面分析扩散模式。

然而，如果我们希望消费者采取一步性行动，直接将接受创新产品类型（比如智能手机）的决定同他们感兴趣的某一具体品牌（比如苹果手机）联系起来，那么更合理的办法是从品牌层面直接进行分析。此外，如果推动接受的社会力量在品牌层面发挥作用，也就是说，昔日接受者影响潜在消费者去购买他们已经选择的相同品牌，那么也应当在品牌层面进行扩散分析。即使个别社会力量产生影响，帮助了行业中的竞争对手，或者产生了我们所谓的“跨品牌效应”，那也应当从品牌层面进行分析。最后，如果我们预计在同一市场空间中推出创新产品的公司之间的竞争趋于激烈，他们就会争夺同一批潜在接受者，从而可能造成客户流失（也就是客户从一种品牌转投另外一种品牌），那么更恰当的做法应当是采用在品牌层面解释扩散情况的模式。

在创新产品扩散过程中，公司彼此之间的多种互动方式形成了几种模式，这使得各个公司相互影响。各模式中既有每个品牌自己拥有的独立的扩散参数（包括公司从中获取接受者的客户群），也有融合品牌之间联系的模式（比如共同的接受群体、跨品牌口碑效应以及客户流失率）。所有这些选择，尤其是综合竞争扩散模式，在第 6 章中有过更详细的介绍。

值得一提的是，我们所了解的创新产品扩散模式中的大部分内容都是在行业层面上的内容。这主要是因为关于新产品发展的信息主要是在这一层面上获得的。但是，这种情况正在发生变化：可以利用的信息渠道越来越多，并且在我们生活的数字化世界中难以对公司计划和业绩数据进行保密。这就意味着我们在将来有望获得更多公司层面的数据，因此，有可能需要进行更多品牌层面的分析。关于这一话题我们有望看到更多深刻的见解出现。

针对当前用户数量的有关数据（这些数据常常是由公司报道的）进行扩散分析是否会造成偏差？因为当其他人开始接受创新产品时，某些昔日用户可能已经停止使用该产品。这一问题能否得到解决呢？

答案是肯定的。这一问题尤其与服务项目有关。在服务项目中，有关客户群发展的上报数据通常是以现有客户数量为基础的，反映了当时客户数量的净变化，即那些新近接受的客户同那些由于损耗而离开的客户之间的差额。然而，我们介绍的创新价值理论体系依靠的是每一时期新接受者的数量，因此我们需要一种办法，从当前用户中的净变化转到实际的新接受者数量上去。

在第 6 章，我们讨论了在竞争背景下这些问题中的某些内容。我们区分了两种损耗——客户流失和终止接受，并提出了一种综合方案来处理这种差异。如果研究相对简单的行业层面的情况足以应对，那就有进行较为直接的分析的可能性。我们可以利用客户终生价值中使用的保留率来进行分析。我们可以计算出每一时期获得的新客户数量（即新接受情况），把损耗率用到上一时期结束时上报的客户数量，把结果加到两个时期之间的用户净变化上。

下面我们思考一个简单的例子。假设在第 4 年开始时，某家公司用户数量是 10 万，在第 5 年开始时，用户数量是 12 万。每年的保留率估计是 90%。根据这些信息，在第 4 年一年，公司实际增加了 3 万新接受者，因为出于损耗的原因，它可能失去了 1 万之前的客户（损耗率 =1– 保留率，在这个例子中就是 10%）。公司用户整体净变化为 2 万人。要想评估创新价值，在第 4 年应当使用的接受数字是 3 万。为了能够调整这些数据，适应获得的新客户的实际数量，而不是客户数量的净变化，应当在所有时期内都进行类似分析。

尽管我们现在讨论的是用于扩散分析的数据——比方说，预测扩散模式参数或比较产品上市前的扩散预测数据，但是我们注意到在使用单位销量数据时需要谨慎一些（这些数据同每一时期增加的新客户准确数量截然不同）。具体说来就是，不同扩散模式是用来掌握每一时期首次客户数量或新接受者数量（以及如果可能的话，那些终止接受者可能再次进入行业的数量）的。因此，如果销售数据包括同一批消费者重复购买或反复购买——该行业的特点可能就是如此，消费者在接受产品之后会经常购买产品或服务，因为有些人希望能拥有不止一套产品，或者需要更换坏掉的产品——那么这些销售数据就不能算作反映新接受情况的数据。在这种情况下，这些数据或许需要“净化”——去除此类销售数据。或者，可以确定扩散模式预测数据，把它转变成单位销量预测数据，用已经接受的客户数量乘以反映平均重复购买或多次购买率的系数（然后把结果加到这一时期新接受者的预期单位销量中）。

在制定某种创新产品的扩散预测数据时，如何能够计算出长期市场潜力的参数（m）?

任何理性的公司在计划推出创新产品时必须关注公司新产品的“市场潜力”。的确，未来的收益、市场份额以及盈利能力都取决于“市场潜力”的数量。然而，这一数量在实践中所指代的内容通常比较模糊，因为它并不总是与具体的投资期限有关，或者它的表示方式不尽相同（收益、单位销量或者潜在群体——满足某种标准的人群，根据这一标准，这些人同该创新产品关系最为紧密，或者可以很容易被影响到）。

在现在介绍的扩散模式中，我们想得到的市场潜力数量意义非常明确，尽管我们也承认在产品上市前或许难以确定其准确数量。大家可能还记得第1章中的内容，我们需要评估将接受某种创新产品的预期人数。因此请记住，我们寻找的这个数量在未来的某个时间点上可以实现，并且我们可能捕捉到那些能够接受这种被研究的产品或服务的客户的全部数量。重要的是，即使同一个人会反复购买或消费这种产品或服务，我们也依然把此人算作一个接受者（因为扩散模式计算的是创新产品第一次被接受的数量）。

那么如何得到这一数量呢？从我们的经验来看，这需要整合不同的信息渠道，并且加上管理者的判断。让我们详细阐述一下这一点。首先，可以征求分析师、行业专家、顾问以及类似人员的意见，帮助了解对当前创新产品可能感兴趣的客户类型。这些人对于行业内近期推出的创新产品的经验可能会进一步帮助弄清楚这一点。搞清楚关于创新产品所有可能使用的案例是非常重要的一步，这有助于发现所有潜在的相关接受群体。

在发现了所有客户群体之后，需要进行一次市场调研，采用这些群体中的代表性例子，评估他们中哪部分人有可能接受，以及对于某些市场营销混合变量的依赖程度——比如价格。经验告诉我们，同对他们之后的实际行为观察结果相比，消费者在市场调查中常常会夸大他们的购买意愿（举例来说，在调查时表示“极有可能”购买创新产品的比例会很高）。在解读这些结果时研究人员应当把这种情况考虑在内，也应当采取办法，调整这些口头上的购买意向。

测算长期市场潜力的另外一个方法是以其他创新产品作为衡量标准。其他创新产品的扩散数据可以随时得到，并且如果已经知道了它的参数 m，就可以准确地测算出来。这种方法经常被称作“类比猜测法”，因为你实际上是在根据一种创新产品推测另外一种创新产品。类比的对象可以来自同一市场中昔日的创新产品或者上一代产品，并且同所研究的创新产品相关或者属于同一类创新产品，只不过后者是早些时候在其他国家上市的。

比方说，美国录像机接受者的长期市场人数可以作为一个基本参考数字，用来评估数码影碟机的市场潜力。但正如我们在第 7 章介绍的那样，在这样做的时候要十分谨慎。第一，我们建议采用之前创新产品达到的渗透水平（比如说占美国家庭总数的比例），然后根据其间发生的相应人口统计变化调整这一数字：人口规模、平均收入、渗透能力或者配套商品（举例来说，电脑、宽带连接、高清电视机）等。第二，由于之前的产品为市场接受铺平了道路，或许应当更主动地把整个行业考虑进去。第三，如果已经有了相关的法律或法规——例如医疗改革方面的法案［比如平价医疗法案（Affordable Care Act）］或者机动车能源标准新规定（大家熟知的美国燃料使用效率标准）——那它有可能影响某些创新行业（比如可能分别影响远程医疗行业和电动汽车行业）以及相关群体。在这种情况下就需要以其他创新产品作为衡量标准来调整长期市场潜力。

在依靠来自其他国家或地区的同类创新产品的接受水平时——这通常被称作“国家间类比”——人们在对相关国家进行预测时也需要谨慎一些。具体说来就是，正如我们在第 8 章中所介绍的那样，不同国家的人均国民生产总值以及技术成熟度等特征不尽相同，这种差异可能影响扩散模式参数。因此，在推断不同国家预期接受人口比例时（被称为“渗透上限”），可能需要进行调整。

市场潜力也可能成为推出创新产品的公司所采取的市场营销活动的一个函数。公司可以在产品上市前采用市场调研的方法来预测不同营销活动对预期长期市场潜力的影响。具体说来就是，价格能够对市场中考虑接受创新产品的群体产生相当大的影响。比方说，XM 卫星广播公司曾进行过一次调研，研究有多少人愿意接受卫星广播服务，人们愿意接受的接收器价格和每月订购费用分别是多少。不出所料，价格越高，“购买意向”就越低。

最后一点，管理层需要决定，根据其掌握的所有信息，哪种长期市场潜力是最合理的。通常最终考虑的有2~3种数值，每一种都有得出这些数值的假设的支持，然后，行业内经验丰富的管理者要决定采用的最终数值。对其他扩散模式参数来说也是如此。我们提供了一个例子，用以弄清楚接受力量（p和q）的数值，作为对后面一个“常见问题”的答案。

如果市场潜力不断变化，是否需要解决这一问题？

本书介绍的各种扩散模式中使用的长期市场潜力反映的是最终接受创新产品的总人数，这就意味着这一人数的时间跨度非常大。在这一时间跨度内，许多事情都可能发生变化：创新产品本身的质量可能得到提升或者变得更加可靠；可能会出现新的变量以满足新的客户群体的需要；产品上市之后采取的市场营销活动可能让更多消费者认识该产品；经济环境、政治环境或者社会环境也可能跟以前不同。因此，事实上市场潜力极少有一成不变的。如果这些变化不是太大，那为了避免把事情复杂化，我们在扩散过程中通常还是使用同样的长期市场潜力（如果要根据数据估算另外一种创新产品的长期市场潜力，那就假设在整个估算时期内参数m是不变的）。

然而，在有些情况下，这种假设太过于理想化，因此可能需要对长期市场潜力的数值不断调整。当某种新产品的市场潜力取决于另外一种产品的扩散时，就可能出现这种情况，比方说，某款在线视频游戏的市场潜力取决于游戏机的扩散。在这种情况下，该游戏的市场潜力就同游戏机接受者的总数呈现正相关。因此，如果游戏机的市场潜力在某一时间发生变化——比方说，价格大幅下降（索尼公司的PlayStation 3游戏机就是这种情况），或者增加了某种新功能（Xbox360游戏机就是这种情况，当时它增加了Kinect动作传感器），那么该视频游戏的市场潜力也有可能发生变化，即使游戏本身或者游戏价格没有发生变化。另外一种情况是，新的竞争对手影响了长期市场潜力，比如其通过提高消费者对于创新产品价值的认识和信任，鼓励更多的配套产品生产商加入进来。

最后一点，正如我们已经提到的，我们所研究的创新产品上市之后在综合市场营销手段方面的变化也可能影响其长期市场潜力。大幅提价或降价、广告活动、销售活动、对零售商的支持或者其他市场营销工具可能会改变市场潜力，超出公司最初的设想。第3章用了大量篇幅讨论了基本扩散模式下综合市场营销变量对于市场需求的影响，其中的观点可以用来思考如何评估不断变化的长期市场潜力。

实践表明，如果希望市场潜力群体不断发展，需要采取灵活的方法进行扩散分析，目的是尽可能准确地预测每一时期新接受者的数量。例如，用于预测的电子表格可以有不同的分界点，在分界点处累积的接受者数量在一定程度上可以当作一个假设的数量，从那之后的长期市场潜力与之前假设的是不同的。

在确定创新产品扩散的预测数据时，如何计算接受力量参数（p和q）？

通常来说，获取接受力量p和q的预期数值要比获取长期市场潜力的数据复杂得多，这主要是因为管理人员对这些变量程度的直觉（以及管理者处理这些数据的经验）要少得多。这里介绍的最常见的办法是同其他创新产品做类比，并且采用同一市场中其他创新产品的数据或者其他国家或地区相同创新产品的已有数据（同计算市场潜力类似）。例如，弗兰克·M.巴斯（大家可能还记得此人，他是创建扩散模式的先驱）和他的研究团队在20世纪90年代初预测卫星电视的渗透水平时曾采用过这种方法。当时，用于类比的一套昔日相关创新产品的数据被提供给了新企业（直播电视集团，DIRECTV）的管理层，他们在考虑后决定把有线电视作为最相关的类比产品（相关程度超过其他类比产品，比如彩色电视）。因为在当时，有线电视的渗透已经进行了大约10年，其扩散参数p和q可以利用基本扩散模式轻易地从现有数据中预测出来。顺便提一下，至于长期市场潜力（m），巴斯和他的同事把拥有电视的家庭数量作为基线数据，然后根据针对购买意愿的调查结果（用以校正调查反馈的偏差）来调整这一数据，为管理层提供了几种选择，按比例缩减那个基线数据。

需要提醒的一点是，根据第7章的内容，如果当前的创新产品是现有技术或行业的新一代产品（比如新一代视频游戏机或新一代心脏支架），那么合理的选择应当是采用上一代产品的接受力量参数（前提是上一代产品上市时间并不长，而且没有出现大的市场变化）。

为了能够采用猜测—类比的方法，我们有两种获取昔日创新产品接受力量的预测数据的方法。第一种选择是利用专家学者和业内人士已经完成的预测数据。在附录中，我们列出了p和q的样本数据。这些数据涉及1980年之后进入美国市场的各种创新产品。

如果你无法找到含有接受力量参数的相关创新产品的数据库，那就选择第二种方法。这就意味着要找到那些看起来高度相关、可以进行类比的创新产品，获取它们在某一时期内的实际扩散数据，然后采用合适的模式预测扩散参数。在这种情况下经常采用的一种数据预测方法被称作“非线性最小二乘法”，可以在Excel表格中采用求解函数进行运算。实际上，你需要做的是找到扩散模式中的参数数值，这些数值要尽可能地体现创新产品的实际接受轨迹（即尽可能符合实际数据）。在本书的同步网站中，我们介绍了这一预测过程，并提供了一份Excel表格，可以让你把数据代入进行运算。正如我们在其中所介绍的，你需要掌握有关类比产品的足够的历史数据，才能够准确地预测其参数，具体说来就是，必须等到单位销量已经达到顶峰（也就是超过了通常钟形扩散曲线的顶点），才能够预测长期市场潜力。然而，如果单位销量还没有达到顶峰，那么市场潜力m应当根据外部数据源来决定，就像我们在回答早些时候的一个“常见问题”时介绍的那样，并且我们要把分析数据作为特定参数代入。在这种情况下，我们依然可以预测接受力量 p 和 q 的数值。此外，如果现有数据是以收益形式呈现的，那我们建议用产品价格相除，这样得到的就是每一时期单位销售数量。如果价格随时间变化波动很大，这一点就更为重要了。显然，假如这种经验性分析太过困难，难以在内部实现，那么你当然可以把该任务外包给第三方来完成，比如包给一家市场调查公司。

请注意，如果我们所研究的创新产品已经上市，而过了几年之后我们才准备进行预测（但该产品距离扩散完成还相当遥远，否则这就不是真正的预测了，对吧），那么我们可以针对这些数据采取被推荐使用的回归分析法，以获取所分析的创新产品参数 p 和 q 的初步预测数据。然而，由于这种方法存在一定的局限性，因此我们建议把实际接受的信息与从其他创新产品处获得的信息结合起来，以做出有效的预测（根据不同渠道的信息进行合理统计分析）。

关于创新产品发展模式的信息正逐渐增多，这样一来就可以进行上述的统计分析，决定参数数值。较为重要的信息渠道包括市场研究报告、公司提供的财务报告、涉及某种市场的博客以及关注某些产品和服务行业的行业团体。我们在第 8 章提到过，谷歌趋势网站这种工具或许能够帮助评估参数 p 和 q 的数值，尤其是当人们觉得在线搜索能够很好地代表消费时。

在进行扩散分析时应当采用什么样的时间期限——是按年、按季度还是按月进行分析呢？

在采用类似创新产品“现成的”参数数值进行预测时，或者在对采集来的数据进行数据分析得出预测结果时，会出现采用什么样的时间标度或时间间隔的问题。重要的是不管是时间标度还是时间间隔，都要保持一致。具体说来就是，扩散参数 p 和 q 体现的是特定时间段内的个人力量和社会力量。如果你感兴趣的时间单位是“年”，那么所有的分析都应当在这一时间标度内进行。你需要确保手头使用的参数数值以及你打算用于预测的数值都是年度数值。如果你感兴趣的时间间隔是“季度”，道理是一样的：你要确保使用的是季度数值（以此类推）。

如果你在想，假如你手头的参数数值是根据某种时间标度分析得来的数据，而你希望采用另外一种时间标度进行预测，此时该怎么办呢？无须担心：事实证明，可以采用线性转换规则，将根据一种时间单位进行的分析转换成根据另一种时间单位进行的分析，最终可以得出合理的假设。举个例子来说，采用年度数据得到的扩散模式参数大约是采用按月表示的参数数值的 12 倍，是按季度表示的参数数值的 4 倍（采用其他方式表示时，应当采取相关的换算系数）。

请注意，月度数据通常比年度数据“更繁杂”，这可能影响预测结果，而采用年度数据则会消除这些细微影响。使用月度数据的人也应当留意季节性影响。在某些行业中，在一年中的某些时期内市场需求较多（例如，美国和欧洲 11~12 月的节日季节），而在其他时期需求较少（例如夏季）。可以采用统计方法来“净化”数据分析，解释这些情况中的季节性因素。如果这可能成为一个问题的话，那最好是向专家咨询。

社会力量参数（q）是否一直是正的？是否存在社会力量对某种创新产品的扩散产生负面影响的情况？

在基本扩散模式及其各种拓展模式中，社会力量（q）与这样一种可能存在联系：某个潜在接受者之所以接受，是因为他受到已经接受的某些客户的影响。通常的观点认为，这一参数应当是非负的。但是请记住，即使 q 的值是正的，也不意味着不存在某些人传播的消极信息口口相传的情况。通常它只意味着所有昔日接受者对潜在新接受者产生的社会影响净效应是积极的。

尽管如此，在有些情况下，应当考虑到可能存在的消极社会影响。具体说来就是，当社会群体中存在多个派别时，派别之间的动态互动可能产生不对称的社会影响。比方说，如果某个派别中的成员在决定接受创新产品时表现得“勇于引领时尚”“炫酷”“富有创新精神”，那么这可能对其他派别的成员产生积极的社会影响，这些人也希望能够效仿这些时尚引领者，希望他们自己也能显得炫酷。然而，一旦这些时尚引领者感觉到该创新产品正在变得稀松平常，不再专属于他们，这个群体中的那些尚未接受者就会打消购买念头，许多已经购买该创新产品的人可能会终止接受或停止使用。这可以根据第 4 章介绍的多派别扩散模式进行调整，通过修改该模式让跨派别社会影响力对某一派别产生积极影响，对其他派别产生消极影响。在奢侈品和时尚品市场中，这种社会力量是很常见的，在多个家用电子产品市场中也可以看到。

另外一种可能产生消极社会影响的情况同客户的不满或失望有关。有些客户在接受创新产品之后可能会出现这种情绪。正如我们无数次强调过的那样，消费者在决定接受时会心存疑虑。这种疑虑可能与该创新产品宣传的优点有关，也可能与合理使用该产品有可能存在的麻烦与花费有关。由于客户想要完全解决这些问题需要一定时间，在一开始的时候，社会影响可能是积极的（当人们看到或得知其他人最近已经接受该产品时，这有可能诱使他们也开始购买）。然而，一旦客户开始意识到他们在消费过程中得到的基本上是负效用时，来自他们的反馈就是不利于创新产品的，会降低未来接受的可能。当然，如果这种负面口碑效应非常强大，那就可能导致该创新产品在大卖之前就遭遇大败，永远不会出现那种成功的创新产品所具有的典型的滚雪球效应。

我们知道，有些客户会离开公司或者终止接受创新产品。这些人的社会影响力会发生什么变化呢？

我们把终止接受创新产品的情况融入了竞争背景下的扩散理论体系中（参见第6章），区分了客户流失（转而接受竞争对手的品牌）导致的损耗和退出行业导致的损耗（也就是不再使用该创新产品的任何品牌），其中后一种损耗被称作“终止接受”。然而，即使是对整个行业进行分析，或者在分析中只有一种相关品牌，人们也能发现终止接受的情况。从根本上说，有一种终止接受力量能够减少每一时期累积的接受者群体数量。我们在附录中的第九个数学盒子中提供了形式化建模的详细内容。

大家回忆一下，客户终生价值模式已经考虑到了不能够从终止接受的客户那里继续获得收益的情况，反映在损耗率的计算上。因此，你或许在想，为什么非要把终止接受创新产品的情况融入到基本扩散模式中去，即使不存在竞争也要如此。其原因与社会影响力有关，因为社会影响力同产品的社会接受力参数 q 和产生社会影响力的人数成正比。如果某个终止接受者不再对潜在的新接受者产生社会影响，例如，不再看到此人使用该产品，或者因为此举减少了公司吹嘘的“活跃的”客户数量，或者终止接受者不再议论这种创新产品，那么我们就不再把这些终止接受者归入继续发挥社会影响力的群体。因此，通过阐述扩散模式中的终止接受情况，我们可以确保只有当前活跃的客户才与社会影响力有关。事实上，我们在第3章曾对这一问题有过介绍，当时还介绍了增加客户保留率的重要性（参见图3-3）。

在此介绍的与这一常见问题和上一个问题有关的社会影响力能够引起许多现象，比如某种创新产品可能会成为风行一时的热门货，会出现在扩散过程的早期单位销量激增，而后接受数量同样快速下降的现象。在这种情况下，人们可能期望时尚引领者的个人力量极高，期望他们对于追随者（或“狂热仰慕者”）产生极大的、积极的跨群体影响力，然而追随者对于其他潜在的时尚引领者产生的扩群体影响力是消极的。此外，随着追随者接受数量的增多，这些已经接受了该创新产品的时尚引领者中可能会出现大批终止接受者（据推测是因为他们希望自己同追随者撇清关系）。这会导致恶性循环：一段时间之后，时尚引领者（也就是能够产生积极社会影响的活跃用户）成为当前客户的数量会越来越少。这样一来，余下的潜在追随者的接受动力就会越来越少。

或者，如果有人认为终止接受者会继续产生积极的社会影响力——比方说，假如他们终止接受不是因为对创新产品不满意，而且还继续积极宣传该产品，那么此时就可以继续使用基本扩散模式，因为同创新价值评估相关的只有在终止接受者身上直接损失的收入（并且可以使用客户终生价值模式进行解释）。

与客户终生价值和客户管理话题有关的常见问题

我们除了需要预测每一时期接受创新产品的新客户数量之外，还要根据不同扩散模式评估每位客户的盈利能力，作为财务预测的一部分。有关评估客户终生价值的基本原则我们在第 2 章讨论过。大家可能还记得，评估时需要 4 个关键数据：每一时期利润幅度、客户保留率、折现率和购置成本。下面是一些常见问题，与创新价值理论体系中的客户管理有关。

你给出了有关客户终生价值分析的许多例子，采用了一个适用于长线分析的简单公式。如果所进行的分析在时间跨度上较短，那该怎么办呢？

那个简短的客户终生价值公式（大家如果需要复习，可以回顾第 2 章中的公式 2–9）的魅力就在于它非常简单，而且几乎适用于所有时间跨度。这是因为该公式中使用的损耗率（1– 客户保留率）指向的是未来各个时期逐渐减少的关联性，因此“无限时域”可以产生十分接近的近似值。比方说，如果保留率是 80%，那么 5 年之后，依然是客户的人可能就不到 1/3（0.8^5=0.328）了；再加上需要对未来收益进行折现计算（为的是符合当前价值），这就导致 5 年之后其地位变得相对不重要了。因此，尽管可能有些高估，但通过使用这个简单的无限时域公式，在大多数情况下可以合理地预测出 5 年期限内的客户终生价值。

然而，如果保留率很高（比如 95%），且（或者）相关时间跨度较短（比如 3 年），那么这个简单的公式就可能出问题。在这种情况下，需要借助每一时期对于客户盈利能力的计算结果，然后把这几年需要计算的结果加起来（参见公式 2–8）。此外，如果客户终生价值模式中的任何数据在各个时期都发生变化，那么还使用那个简单的无限时域公式——该公式假设所有数据都是不变的——得出的近似值就会相去甚远。因此我们需要对每一个时期进行分析。

采用有限时域、对每一时期进行分析的方法无疑是可行的，并且事实上这也是第 4 章中针对新药品上市分析的基础。但为了使之对各位更实用，我们在本书同步网站中提供了一个采用 Excel 表格的例子。在提供的例子中，每一时期都有自己的保留率、每一时期利润幅度以及必要的客户购置成本。大家可以轻松地根据各自情况使用该工作表，计算未来每一时期从每一个客户那里有望获得的利润以及每笔利润适当的折现数值，然后把得到的当前价值的总数计算出来，这样就可以算出有限时域内的客户终生价值。

我们网站中提供的 Excel 工作表可以被用来研究采用无限时域公式和采用根据每一时期进行计算这两种方法之间的差异。比方说，假设年保留率是 80%，折现率是 12%，那么为期 7 年的有限时域客户终生价值分析得到的结果大约是采用无限时域公式进行分析得到的结果的 90%。

管理层的考量常常会决定进行客户盈利能力评估的相关时间跨度。通常来说，在研发创新产品时，公司常常会投入巨额资金和人力物力，希望能够在较长一段时间内持续得到补偿。因此，他们希望能够从未来较长时间内考虑自己可以从创新产品中斩获的价值。这种想法是合乎情理的。然而，有时候公司希望能够清楚自己未来几年的财务状况，或者可能需要对没有耐心的股东进行解释。在这种情况下，考虑相关时间跨度之外可能出现的现金流没有什么意义。在这些例子中，采取有限时域客户终生价值分析的方法更为恰当。最后一点，当未来几年模式数据中含较多不确定市场因素时，恰当的做法是采取有限时域客户终生价值分析的方法。当有了更多信息，解决了不确定因素之后，可以采取长期预测的方法。

如何能够获得合理的客户终生价值预测参数？在进行预测时，应当注意哪些问题？

每一时期利润幅度。推出新产品或服务项目的正确战略计划的核心问题是所要采用的商业模式，因为它体现了公司计划采用什么样的方式把自己推出的创新产品兑换成现金——换句话说，公司计划如何赚钱。事实上，这意味着规划收益渠道，无论是直接来自最终用户的收益，还是来自行业价值链中的其他实体。这些实体可能从创新产品中受益，愿意花钱购买产品或向最终用户购买（依靠广告获利的商业模式就是如此）。这还意味着计算在创造收益过程中可能需要付出的成本。根据所要采用的商业模式，应当有可能推断出每一位客户每一时期的平均利润幅度。我们已经不止一次地提到，不但应当考虑从首次购买中获得的利润，而且应当考虑之后从服务、附加产品或第三方付款中可能获得的利润。在有些情况下，商业模式有意识地建立在反复购买的基础上，比方说，新的剃须刀可能卖得很便宜（甚至赔本出售），但卖给消费者的刀片很昂贵，消费者需要不断购买刀片。再比方说，打印机的售价可能比较合理，但墨盒或硒鼓很昂贵。通常情况下，为公司进行规划活动的分析师和投资者会就即将上市的产品发布尽职调查报告，提供有关预期收益和成本的详细内容，从中可以推断出每一时期的利润。

值得展开讨论的一个问题是有关每一时期利润幅度中包含的费用类型的问题，尤其是可变费用和固定费用之间的差异问题。可变费用通常与服务每位客户时产生的费用有关，其中包括所提供的任何实体化产品的单元化制造费用、提供服务的直接人工费用或者有针对性的营销推广费用。可变费用同客户数量的关系非常紧密。固定费用的产生与客户群体的规模没有关系——比方说，管理层的间接费用或大众传播的费用。尽管从理论上说，可以根据每一时期客户规模来分割固定费用，但这样做不合适，可能会让分析变得复杂化，原因在于客户群体一直是在不断变化的。因此，即使固定费用在每一时期都保持不变，它们每位客户的级别也会发生变化。因此，在进行客户终生价值分析、计算每一时期利润幅度时，我们建议只计算可变费用。这并不是说应当忽略固定费用。相反，必须对其进行计算，并同计算出的创新价值进行比较。这样比较有助于决定产品上市与否，有助于判断需要多少年能够收回所有的固定费用（包括前期研发费用），有助于评估进行市场推广活动的可行性，或者有助于弄清楚是否需要、何时需要投入更多资金继续运作。

客户保留率。要想掌握采用的合理保留率，我们建议采用类似于预测扩散模式参数时所使用的“类比猜测法”的方法。具体说来，通常的做法是研究相关行业多年来一直报道的保留率，或者是研究相关行业中当前发现的保留率。在有些行业中，比如无线通信行业或互联网服务行业，保留率会定期公布。对于其他行业来说，通常会在市场报告中提供评估结果。贝恩咨询公司（Bain & Company）进行的研究表明，所有行业的平均年保留率大约是80%。然而，不同行业的客户保留率可能差别很大。比方说，在线应用和移动软件应用行业的保留率通常远远低于 80%。

有时候，公司在打算评估某个创新产品大概的保留率的时候，手头上可能掌握了客户购买其他产品或服务的数据，例如，他们掌握了客户比例，这些客户在一个时期内购买或订购某种产品，并在下一个时期内继续购买或订购。在这种情况下，该公司可以适当地举一反三，通过其他领域中的客户行为来推测相关创新产品领域中的客户行为（假设这些客户极有可能购买这种创新产品）。

请记住，客户终生价值模式中使用的客户保留率决定了损耗率的数值——它应当同扩散模式中用来计算终止接受率和（或）流失率（如果有关的话）的保留率一致，因为它们都反映了同一种现象。的确如此：在竞争扩散情况下解释损耗这个问题（在第 6 章曾介绍过）以及在非竞争扩散情况下解释损耗这个问题（我们在先前回答一个问题时曾连同行业层面的终止接受一起介绍过，并且在附录中第九个数学盒子里也会详细介绍）时都是这样的。

另外，如果损耗不是扩散过程的组成部分，只是客户管理分析的内容，那么人们通常认为离开公司的客户就成了“永远流失的客户”，也就是说，该客户永远不会再接受该产品了。此外，在这种情况下，离开的客户会继续被算作昔日接受者中的一部分，具有社会影响力。这无疑会简化建模过程，本书前几章曾介绍过这种方法。这种假设并非没有道理，但很可能会出现这样一种情况：停止为公司创造现金流的客户也不再为公司创造社会力量。对于这件事，没有明确的解决方法，尽管终止接受的原因或许能提供些许线索。比方说，如果客户终止接受是因为他们的情况发生了变化，不再需要该创新产品，但在当时需要该产品时得到了很棒的体验，那么这些客户可能会继续积极宣传该产品。然而，如果他们终止接受是因为对产品感到失望或者发现了产品的不足之处，那么终止接受者一旦结束同公司的关系，可能就不再说它的好话。

折现系数。我们在第 2 章提到过，加权平均资本成本（WACC）可以作为折现率很好的近似值使用，目的是把未来的收益用当前的价值进行计算。折现率在各个行业、不同时间是不同的。有几种资金来源可以提供折现率的数值。我们在参考书目和推荐阅读部分列出了其中的几种。从历史上来看，美国一直采用的折现率在每年 10%~15% 之间，用以计算与客户有关的现金流，不过最近几年的折现率要低于这一数字，原因在于全球经济萎缩，美联储采取了降息的应对手段。

客户购置成本。我们再强调一次，要想获得产品上市前关于客户购置成本这一变量的预测数据，最好的办法是研究同一行业内以往创新产品的客户购置成本，或者是研究相关行业内最近推出的创新产品的购置成本。市场调查可能有助于理解不同营销沟通手段的有效程度，由此，可以弄清楚需要努力的程度或促销力度，把潜在客户转变成真正客户。我们可以根据实际花费更新产品上市后的预测数据。尽管一段时期之后，各种购置成本常常会下降，但竞争可能会改变这一态势，阻止购置成本大幅下降，因为公司会斥巨资吸引潜在接受者，出台慷慨的激励措施（就像我们在卫星广播行业中所看到的那样）。

今天许多商业计划都提出了一种“转化漏斗”概念，把潜在客户的份额融入其中，这些客户可能对某些营销活动做出反应。我们可以根据转化过程中所需要的预期花费（比方说，从对产品的认识到考虑购买），推断出获得每一位客户实际所需的成本。需要记住的一点是，那些花费在没有转化成最终客户身上的成本也很重要：必须将其包含在已经转化成客户的成本之中。

最后请注意，如果某笔花费无法直接同已经获取的或潜在的客户联系起来，那么应当用全部花费除以所有已经获取客户的总人数。很多情况下公司会直接计算出会计季度或会计年度中所有获取客户的花费，然后除以这一时期内增加的客户数量，从而评估每位客户的实际购置成本。当然，这样做可能会忽略市场营销工作可能产生的滞后效应，比如，几个月之后消费者在准备购买产品时可能依然会想起当初通过大众媒体开展的广告推销活动。

关于这个常见问题我们最后再提一点，就像扩散参数的情况那样，各种客户终生价值数据的时间标度在所有参数中必须一致。比方说，如果当时用于计算的时间标度是年，那么每一时期利润幅度、客户保留率以及折现系数都同样应当使用年作为时间标度。

某些客户终生价值参数是否有可能随着时间推移而发生变化？如果可能，它是如何变化的？

我们曾经提到，由于宏观经济形势变化，折现系数会随着时间变化而变化。其他客户终生价值数据也会随着时间变化而变化，尤其是每一时期利润幅度和客户保留率。我们将逐个进行分析。

关于每一时期利润幅度的变化，贝恩咨询公司进行的研究表明，客户的盈利能力在他们同公司保持关系期间通常会增加。这种盈利能力趋于增加的原因在于，随着时间推移，客户常常会从公司购买更多的商品，而服务成本会减少，或者他们愿意花更多的钱（这通常意味着不太需要提供折扣或者免除费用）。随着时间推移，公司对其客户越是熟悉，就越能够根据他们的喜好为其量身定做更多的附加产品，也就越能够获得更多的客户价值。然而，这种现象并不是在所有行业中都可能出现，我们所看到的客户盈利能力的增加通常并不呈现时间上的线性发展趋势。

同样，关于客户保留率的变化，本领域内的大量研究也表明它通常会随着时间变化而增加。对这一趋势的一种合理解释是，客户对公司和创新产品变得更加忠诚。另外一种解释是，随着时间推移，客户会产生惯性，从而使得所有客户倾向于形成较高的保留率。然而，还可能有另外一种解释：如果获取的客户成分混杂，有些人的保留率从一开始就比另外一些人高。随着时间推移，保留率较低的那些人离开公司的时间通常要远远早于保留率高的那些人。因此，发挥作用的是“自然选择”的过程：对创新产品不满意的客户（也与产品成本有关）或者品牌转换成本较低的客户可能会早早离开。随着时间推移，留下来的那些客户通常是那些更适应新产品或新服务的人，因而他们继续到下一个时期的可能就会更高。因此，我们在研究接受者群体时，最初几个时期的保留率一般比后几个时期剩余客户的保留率低。这并不是因为剩余客户变得更“忠诚”了，而是因为剩余的这些人从一开始就比较“忠诚”。

尽管如此，为了简便，在计算客户终生价值时，我们还是经常使用固定的保留率和不变的每一时期利润幅度。更常见的一种做法是采用观察到的（或预测到的）平均值，作为合理时间段内所有客户（至少是派别层面的客户）的数据。这也正是我们在本书许多例子中所采用的方法。尽管如此，当这些参数随着时间推移而发生变化时，我们还是有可能计算出客户终生价值的。这需要从那个简单的无限时域公式转化到根据每一时期进行计算的有限时域公式。在之前一个“常见问题”中我们曾提到过，在本书同步网站中我们提供了一种 Excel 表格分析法，可以帮助解决这一问题。

与融合扩散模式和客户终生价值模式（又名创新价值）有关的常见问题

应当如何看待创新价值理论体系对于不同商业模式的意义呢？

创新价值理论体系可以用于公司采用的任何商业模式类型，尽管可能有人会说，该理论更适用于客户保留期间存在反复收益的情况。我们一直在强调，如果创新产品是某种服务，比如在金融领域的新型投资产品、信用账户、与银行的沟通方式或者在娱乐领域的有线电视、卫星广播或者在线视频点播，由于存在月费或年费，该理论的意义更为明显。但我们给出了大量的例子，涉及许多产品制造业不间断的收益来源，比如游戏机，它可以不断地创造版税收入；比如电子书阅读器，它可以从电子书、应用软件甚至广告的不断销售中赚钱；比如电动汽车，它在第一次购买之后就可以通过各种手段创造额外收益，例如延长保修期、认证服务以及提供零部件，比如易耗品；或者配置易耗组件、需要反复购买的商品（例如包装食品或剃须刀）。对许多创新产品来说，交叉销售的机会也是能够创造收益的。

当代经济中存储信息和解决方案的大规模数字化增加了反复收益的机会，因而也增加了从客户那里获得的未来预期收益。大量数字化免费增值产品（比如 Dropbox 的云存储服务）的出现，证明了公司越来越把最初接受决定视为同客户长期关系的开始。事实上，市场营销专家越来越鼓励经理们把所有产品看作“实际上的服务项目”。所有这些发展趋势都十分符合本书所讲的主要内容，符合创新价值理论体系的本质。

需要注意的是，即使在客户接受某些产品，比如像新冰箱这样的耐用品（尽管有传闻说“智能”冰箱马上就会上市，但谁会知道它们能带来“多少”反复收益！）时，公司可以从客户那里获得不菲的收益，组合式理论体系也依然十分有用。第一，扩散模式依然不可或缺，可以用来预测较长时期内的客户获取模式。第二，从未来每次接受中获得的收益依然需要合理折现，使之符合当前价值。第三，这一点也十分重要，对基本扩散模式进行的各种润色加工对创新产品的整体价值具有重大影响。比方说，我们曾介绍过如何考虑多派别的情况以及获取收益的时机选择问题。随后几代创新产品的推出能够产生不同效果，例如吞噬效应和跳级现象。这会影响创新价值，因为它们能左右某一群体中接受某一代产品的人数和时间。即使客户可能在接受产品时就“缴纳接受费用”，假如他停止使用该产品（即终止接受），那么这也依然能够影响未来收益，因为终止接受会对社会力量产生影响（我们在前面几个常见问题中讨论过这一点）。

在之前的一个常见问题中，你解释了消极社会影响会如何毁掉创新产品。是否还有其他导致创新产品失败的原因？这种现象是否可以用当前的理论体系来解决呢？

把创新产品的业绩划分为“成功”或“失败”的想法是十分自然的——这可以更容易评估它们的结果，并告诉你应当把哪些创新产品看成是表现“最佳的”，因而你可以知道哪些做法是正确的，并加以仿效。这也可以告诉你应当把哪些创新产品看成是表现“不佳的”，因而你可以知道哪些做法是错误的，并加以避免。现实可能更为复杂。即使我们根据明确的测算标准来衡量业绩，比如盈利能力或投资回报，创新产品也会处在这一系列阶段中的某一种，从彻底失败（巨额财务亏损）到一般性亏损，再到略有盈余，最后到大获成功（巨额财务利润）以及可能处于这四个阶段的任何两个阶段之间。

创新价值理论体系可以捕捉到多种可能的结果。某种创新产品可能取得稳健的累积渗透水平，在相对短的时间段内大量销售，但由于预期客户盈利能力较低，根据对客户终生价值的分析，整体创建价值欠佳。可以将这同持续不断的固定投资和所有未偿还的债务进行比较，看到的前景可能比较暗淡。相反，扩散模式参数可能表明长期市场潜力适中，接受力量也不太大，但预测创新价值相当可观，因为预测得出的客户盈利能力水平极高（这种情况在企业对企业市场中很普遍：虽然接受速度缓慢、接受范围有限，但每个接受者都可以给公司创造丰厚利润）。的确，我们在实践中所发现的扩散模式参数和客户终生价值模式参数之间的显著差异表明，各种创新产品在市场中的业绩是各不相同的。

即便如此，你可能依然在想如何能够掌握创新产品彻底失败的数据。还记得在第 5 章中我们讨论了这样一些情况：创新产品一开始呈现出勃勃生机，渗透到早期接受者群体中，即创新产品激进派。但等到产品向主流市场群体渗透时却遭遇彻底失败。出现这种结果的原因可能是不同群体之间缺乏紧密的社会联系。此外，有些创新产品在评估时被认为感知利润有限，并且（或者）接受障碍较大，例如，根据第 1 章介绍的要素（相对优势、复杂性、试用性、兼容性、可观测性）进行评估时，这些创新产品的接受力量参数可能就会较低。而这反过来又会对创新价值造成负面影响，甚至可能产生公司还没有来得及将花在创新产品上的成本（研发费用、推广费用以及未来的花费）收回就出现资金断流的情况，从而导致创业公司的破产或创新项目的终结。此外，如果公司事先低估了可能遇到的任何障碍，那它可能不得不追加市场营销费用，或者“停止援助”该创新产品。从具体情况来看，后一种选择或许更明智。

值得注意的是，用于创新产品类比方法的扩散参数，比如附录中提供的那些参数，都是基于成功案例的数据。这是很显然的，因为这些创新产品在市场中经受住了严峻考验，提供了足够的数据来测算它们的扩散参数。这表明公司必须仔细研究，分析一下他们是否需要调整在计划研发和推出创新产品时，用来进行比较的相关产品的参数。这常常需要确定情况是否乐观，需要确定造成某种情况的原因，并提出符合每一种情况的参数数据（在这期间需要采用进行类比的创新产品作为衡量标准）。

如果出现没有预见到的“意外”或者出现意想不到的情况该怎么办？能否把这些情况融入其中？

一定不要把创新价值的数字想象成“一成不变”的，而是应当将其视为不断变化的评估数据。比方说，随着产品上市日期的临近、与客户可能的反应相关的信息越来越多，随着公司对于自己要采用的商业模式越来越肯定（例如价格战略、市场营销活动），随着公司对形势的认识越来越清晰（竞争情况、法律法规、失业情况、GDP 增长情况等），之前的有关创新价值的分析可能会从更新的信息中受益。我们应当调整可能受到影响的综合理论体系中的所有参数。

任何创新价值评估都可能受到产品上市之后出现的意外情况的影响，即使那些精心进行的评估也不例外。举例来说，XM 卫星广播公司当年无法准确地预测到霍华德·斯特恩会加入天狼星公司，也无法预测出这件事可能造成的实际影响（第 6 章详细介绍过此事）。再举一个例子。医疗设备制造商根本预见不到在创新产品药物涂层心脏支架上市几年之后，会有研究结果表明他们的产品增加了在病人体内形成致命血栓的风险（或者预测不出人们对于这件事的关注会持续多长时间）。在 21 世纪初推出创新产品的公司中，没有几家（如果有的话）会预见到全球经济衰退，此次危机重创了当时的经济。当然，也可能会出现对创新产品的命运产生积极影响的事件。比如，1997 年，美国食品药品监督管理局放宽了对直接面向消费者的广告的管理，使得医药公司能够更有效地通过电视推销他们的新药。

我们应当如何解释这种情况下出现的这些重要事件和重大变化呢？我们把我们的反应分成事件发生前和事件发生后两种。毋庸置疑，想要预测出所有不超出公司控制范围的情况绝非易事，因为这就类似于"凝视着水晶球进行预测"。有一种办法是分析历史数据，尽量预测出大致的平均盈利数据，同时考虑到主要的经济因素、竞争因素和法律法规因素，指出参数数据（比如接受力量和每一时期利润幅度）可能受到的影响，最终形成多种预测数据或根据可能出现的不同情况进行权重分析（比方说，计算每一时期的平均盈利能力，这期间可能会发生消极或积极的意外事件，然后要将其融入其中）。

至于重要事件发生之后如何应对，我们的做法就更直接了。我们必须弄清楚此次事件对理论体系中所有参数的影响。通常的做法是分析一下新情况对数据走向的影响，或者迅速进行市场调查，评估其影响并相应地调整各种模式（扩散模式和客户终生价值模式）。修改后的创新价值评估数据必须进一步认可已经发生的、有关客户接受的情况。具体说来就是，当前客户群体应当是社会力量的组成部分，而这些已经获取的客户终生价值应当是总体创新价值的一部分。我们还需要评估形势的变化或重要事件的发生对模式参数的影响是永久性的还是暂时性的，一段时间之后其中有些数据是否可能恢复到以前的水平。

本书所进行的大多数分析都是以总体统计数据为基础的——比如行业层面上的年销售额或客户保留率。我可能能够对消费者进行个人层面的数据分析，尤其是在数码产品或在线销售产品领域。这样做是否值得呢？

的确，本书所介绍的理论体系大部分都是以总体统计数据为基础的，尽管构成该体系的微观基础是以个体在创新产品接受和使用方面的表现为基础的。尤其是本书介绍的扩散模式，其目的是提供某一时期预期的接受者总数，而不是提供具体接受个体的身份。在使用这些模式来预测已经上市的创新产品的扩散参数时，使用的是每一时期总体单位销量的数据。对于客户终生价值参数来说，通常采用的是各种因素的客户平均值，原因是通常只有在这个层面上才能获得相关数据。

即使是现在，许多公司也难以获得更精细的相关参数数据，尤其是在涉及大量客户的时候。并且，这种极其琐碎的“大数据”有时候容易出现测量误差。还需要大家注意的是，为了测算创新价值理论体系的合适数据，我们常常必须依赖同其他产品、行业，有时候是其他国家进行的类比。获取此类数据绝非易事，因此最好是在总体层面进行。

如果能够收集到公司自己客户个体层面的数据，那这种数据价值更高，尤其对于客户终生价值参数来说更是如此。个体层面的数据有助于更好地理解和评估未来的客户保留率、每一时期利润幅度以及购置成本。此类数据还能够更好地识别客户派别，能够更详细地分析从获取的每位客户那里得到的利润（而不必依赖单独的平均值）。

个体层面的数据还有助于评估如何通过市场干预产生对扩散过程最有利的影响。比方说，我们曾讨论过用新产品培育市场，从而促进扩散进程的可能性，也讨论了如何利用舆论引领者来帮助实施这件事。假如我们获得了关于社会影响力的个体层面的数据，比如公司可以购买的有关公司客户群在线影响力的 Klout 分数（http://www.klout.com），那么这些数据就可以帮助进行此类预测工作。有关下面这些方面的数据——哪些具体客户相对较早地接受了新产品，或者某些客户对于市场营销刺激手段有何反应，以及这些特点同个体层面的终生价值有何关系——肯定有助于对创新价值评估数据进行微调。

越来越多的商业文章把“顾客契合”称作一种重要的战略目标。顾客契合与这里介绍的创新价值理论体系有什么关系呢？

“顾客契合”是最近的一个流行词，指的是客户同公司及其产品或者同其他客户之间的互动程度。参与互动的客户被认为是积极参与产品品牌建设，直接和间接帮助产品在市场中发展壮大的一群人。客户的互动程度可能体现在他们的购买行为中，但并不在购买行为完成时结束。参与互动的客户通常对公司产品进行正面宣传，在社交媒体上撰写正面评价，支持其他客户的行为，并回击别人的抹黑行为。互动程度高的客户通常在与产品行业有关或者与具体品牌有关的在线社区中表现积极。他们还可能提供想法和反馈意见，帮助公司创造新产品。

顾客契合能够从几个方面影响创新价值。显然，它能够影响客户终生价值。参与互动的客户可能愿意花更多的钱或购买附加产品，他们的客户保留率也通常比较高。他们的活动以及对品牌的宣传能够增加其他客户的保留率，降低购置成本（就像第 3 章给出的 Dropbox 公司的例子那样，参与互动较多的客户会大量使用这一服务，并有可能向朋友和同事广泛推荐，从而获得更大的存储空间）。在扩散模式中也可以考虑参与互动客户的宣传行为以及他们在社交媒体中的活动，甚至可能证明采用多派别扩散模式以及区别对待参与程度高和参与程度低的客户的做法是恰当的。

尽管在商业媒体中有关顾客契合的讨论越来越多，但对许多公司来说，想要量化其产生的货币影响依然比较困难。本书介绍的创新价值理论体系能够为此提供一个有用的步骤，因为这是一种综合理论体系，考虑到了顾客契合中的不同副产品，并将其转化成了经济预测数据。该理论体系还可以用来进行假设分析，分析不同的客户参与程度对盈利能力的影响。将来的研究有望进一步阐明参与程度较高的客户同其他客户之间的区别，这体现在他们的行为方式和影响他人的方式上。

创新价值备忘录

读到此处，你或许认为自己对本书内容读的够多了，已经掌握了本书内容，现在可以利用所学到的知识进行自己的创新价值评估活动。为了方便起见，我们在下面提供了大家进行评估时应当遵循的系列步骤。简而言之，这 5 个步骤为大家提供了准备创新价值这道“大餐”所需要的关键“食材”。每个步骤下面的小圆点突出强调了在进行每一步时应当考虑的问题。这份备忘录可以被当作一份快速查询指南。当然，如果你需要任何一个步骤当中更具体的信息，或者你认为你的情况涉及某一章中详细讨论过的问题，那么一定要回顾本书的具体内容，丰富你的评估结果。

备忘录中的第一步到第三步可以让你“启动引擎”，对某种新产品或服务进行初步评估，这主要针对的是尚未上市的产品；第四步全部是关于充分利用你的评估结果的内容，“检验轮胎”并理解调整不同假设的意义；第五步指导你在产品上市后需要进行的活动，打个比方说就是当“橡胶轮胎上路后”的活动，并解释了如何更新你的最初评估结果，把已经实现的条件考虑进去。如果你计划进行计算，你可以在本书的同步网站（http://www.InnovationEquityBook.com）中找到一份Excel工作表，该表格会帮助你根据你的具体情况完成各个步骤。言归正传，我们马上奉上这份备忘录。

1. 为你的创新产品创建预测扩散轨迹

• 分析你计划评估的创新产品的特点，思考一下它最符合哪种相关行业或市场空间。你的创新产品想要解决或满足消费者当前想要解决的什么问题或满足什么需要？

• 找到与你的产品类似的创新产品，这样的创新产品可以帮助你用公式表达你的创新产品的个人力量和社会力量。你可以使用之前已经上市的产品或服务，或者已经在其他国家扩散的同一种创新产品。

• 考虑一下你找到的类似创新产品和你自己的创新产品之间的差异，调整这些参数，运用到你的具体情况中。采用一定的标准（比如第1章中介绍过的标准）来思考一下，同其他创新产品相比，你的创新产品如何能够被迅速接受。别忘记考虑一下潜在的接受障碍：对你的创新产品的潜在客户来说可能遗漏了什么？为了能够将其融入他们的工作、生活中，他们必须要采取什么样的不同行动？考虑一下影响接受的口碑营销和其他社会影响（比如网络效应）的作用。

• 评估你的创新产品的长期市场潜力。区分有可能接受的潜在客户：该创新产品为哪些客户带去了最大价值，产生的接受障碍最少？对哪些客户来说该创新产品难以接受？可以参考昔日相关创新产品长期累积的渗透水平进行评估。

• 尽可能多地采集信息，对扩散参数进行微调。与组织之外的专家和公司内部经验丰富的员工进行交流，收集一下他们的看法，看一下他们认为哪些类似的创新产品最为相关，看一下他们认为客户会对你心目中的创新产品有何反应。开展市场调查活动，评估不同客户派别对该创新产品特点的接受能力。如果合适的话，采用多派别方法来研究扩散过程（详细内容参见第4章）。调整从市场调查中获得的数据，反思一下可能存在的反应偏差，比如夸大购买意向。

• 根据预期的竞争本质和客户行为（是单级决策还是二级决策）决定是直接预测品牌扩散过程，还是最好在行业层面进行预测。在这种情况下，或许需要另外一些参数（具体内容参见第6章）。

• 如果你计划在多个国家推出创新产品，或者在某个你没有可以用来直接类比的参照物的国家推出创新产品，那就需要确定国家特点对接受速度和接受规模可能产生的影响程度。对你得到的不同国家的参数进行必要的调整，如果有必要就把跨国效应包括在内（具体内容参见第8章）。

2. 为你的创新产品进行客户终生价值预测

• 弄清楚将要采取的商业模式，并据此评估当前创新产品从每一位客户身上获得的预期每一时期利润幅度。一定要考虑到直接来自客户以及第三方（比如广告商）的所有收益渠道的可能性。同时，一定要匹配所有成本，比如生产成本和服务成本，并关注服务每位客户可能需要承担的不同成本。

• 计算出合理的客户保留率。研究同一行业或相关行业中针对现有产品和服务的客户行为，从中计算出损耗率，并对你的创新产品进行调整。根据你采用的具体扩散模式——竞争模式或是行业层面模式，你可能还需要用公式表示出预测的流失率。

• 计算出需要采用的合理折现率。可以参考外部金融渠道的信息，会有定期公布的相关的折现率（比如加权平均资金成本）。尽量确定折现率，使之可以应用到你的行业，尤其是可以应用到你的公司。如有必要，可以向你们公司的财会专家进行咨询。

• 采用无限时域公式（参见第 2 章）或者根据不同时期的数据进行相关有限时域分析（例如，采取 Excel 表格），计算出每位客户的终生价值。

• 仔细思考一下，要想迅速、高效地使客户接受你的创新产品或者从使用现在的产品转为使用你的产品（包括那些由于惰性原因现在什么产品也没有接受的人），需要做什么样的工作。想让他们冒险尝试新技术或新方法，需要哪些手段？你们公司是否计划在产品上市时和上市后展开市场营销活动，以此获取客户呢？我们该期望此计划中针对目标市场的工作（比方说在有影响力的客户中培育创新产品）和大众市场的工作（比方说在电视上做广告）之间达到何种平衡？要想了解与该计划有关的成本，需要研究多家公司在该行业或相关行业中的类似市场营销项目中的投入。你可以参考行业研究报告，这些报告涉及各种客户获取活动中的市场营销回报数据。

• 想要获取每增加一位客户时最终的购置成本预测数据，需要把每位客户的直接费用，比如补贴或返利，以及为了吸引新客户而展开的更广泛的市场营销活动的费用包括进来（用所有客户购置费用除以新接受者的预期数量，把新接受者转变成每次获取客户数量的基准）。从客户终生价值数据中减去购置成本，得到的就是预期的客户终生价值预测数据。

3. 进行创新价值评估

• 把预测的扩散轨迹同预测的每一位客户的终生价值结合起来。具体做法是，用每一时期可能的新接受者数量乘以预期的每一位客户的终生价值。

• 根据当前情况，对未来每一时期客户预期价值进行折现计算。在这样做的时候必须采用计算客户终生价值时使用的折现系数。

• 把所有固定费用和投资合并起来（不包括已经考虑过的购置成本的那部分费用）。使用折现系数计算出这些费用的净现值。

• 开始研究你的分析结果，把评估出来的创新价值同先前的研发费用进行比较。能够收回这些费用吗？持续支付的固定费用是否会阻碍在合理时间段内盈利的能力呢？该创新产品需要多长时间达到收支平衡？是否可能需要额外资金投入？如果需要，何时投入？

4. 进行敏感度分析

• 分析你的各种假设。认为在创新价值评估中使用的一些参数会随着时间推移而发生变化的想法是否合理？如果合理，变化程度有多大？对这些参数来说，最好的情况和最糟的情况是什么？反过来讲，乐观的创新价值评估结果和悲观的创新价值评估结果是什么样子的？

• 思考未来的多种可能性。如果市场经济形势发生重大变化，你的创新价值评估结果会怎样？消极或积极的意外事件会产生多大影响？

• 考虑一下产品上市后采取具体行动的可取性。强化市场营销活动会产生什么影响？产品质量提升或客户服务质量提升对创新价值会产生什么影响？

• 运用扩散模式和客户终生价值模式中的参数进行假设分析，思考一下各种情况和处置措施，评估一下每一次操作对创新价值的意义。

5. 产品上市后再次回顾你的创新价值评估活动

• 产品上市后可以开始汇总数据，其中既有单位销量数据，也有客户反应数据。现在可以再次评估各种模式的不同数据。每一时期的客户利润幅度是高于预期还是低于预期？同预期相比，客户获取工作是比较有效还是不大有效？客户最初的行为体现的忠诚度是高还是低？产品上市前使用的接受力量预测数据同上市后的数据是否相符？

• 以观察到的市场实际数据为基础，修改产品上市前你做的创新价值评估数据，利用更新的参数数据重复第一步到第三步的做法。

• 把当前客户（已经获取的客户）的终生价值加到还在继续变化的修改后的创新价值评估数据中，因为现有客户会继续创造预期利润。也应当把当前客户数量加到能够产生社会影响力的、昔日相关接受者数量中。

• 再重复第四步的做法，理解修改后创新价值评估数据的含义，把各种假设情况当作合理情况进行思考。

到此为止你已经得到了这份备忘录的全部内容，可以利用这 5 个直接的步骤来评估某种创新产品的价值，更好地利用它来实现商业成功。我们鼓励大家使用这些步骤以及全书介绍的许多观点，用于评估你们公司计划研发的、准备上市的或者已经推出的创新产品。或者，可以利用这些资料更好地研究你所感兴趣的新产品或新服务项目，看一下它们将如何发展。透过创新价值的镜头，通过研究这些新奇事物，我们必将大有收获，无论是无人驾驶汽车、商用或个人使用的无人机、智能手表（比如苹果手表）还是智能眼镜（比如谷歌眼镜）。

最后几句话

在本书开篇，我们邀请你同我们一起踏上了探索丰富的知识宝库和经验宝藏的旅程。这些知识和经验是逐渐积累起来的，涉及创新产品扩散和客户管理两个主题。我们邀请你同我们一起探索把这两个主题结合起来、整合成一个系统理论体系所产生的影响。现在，是“回家”的时候了（或者是回到办公室的时候了，这要视情况而定），把你所学到的知识运用到实践中去——让创新价值理论体系为你服务。现在如何填写“[此处输入您的感悟]”完全取决于你了。

附　录

不只是数学

正如本书一再呈现的那样——希望您现在已经接受了这一观点——通过把创新产品扩散的概念和客户终生价值的概念结合起来，我们可以计算出创新产品的价值——换句话说，可以计算出其货币价值。在附录中，我们提供了一些“额外的”信息，可以让感兴趣的读者进一步研究该理论体系其他方面的内容。

我们介绍的许多与创新价值理论体系有关的内容——尤其是全书介绍的各种模式和公式，可以通过各种正式的公式进行表达。在附录开始部分，我们提供了与这些模式和公式相对应的数学表达式。在随后的部分中我们详细阐述并证明了在本书介绍的卫星广播的例子中使用的各种参数。最后，我们列出了过去 30 年里美国某些优秀创新产品的接受力（p 和 q）的表格。

从数学角度来定型公式

创新价值的理论和实践可以通过各种等式从数学角度进行表述，可以描述特定市场中创新产品的扩散过程以及接受该产品的那些客户的终生价值。我们在这里提供这些等式，将其组织在“数学盒子”中。

本书曾在不同章节中提及这些数学盒子（每个数学盒子的数字同与之相关的章节对应）。

数学盒子 1：基本扩散模式（又被称作巴斯模型）及其“流行病学式的起源”

图 1–2 为我们提供了创建基本扩散模式数学表达式的方法。该模式具有几部分内容。首先，让我们对那些在某一特定时间点上接受创新产品的消费者以及尚未接受该产品的消费者做一下规定（当前新的接受活动正是从后一个群体中开始的）。我们将使用下面的符号。

- N（t）表示的是在 t 时间段内已经接受创新产品的消费者总人数或累计人数。
- N（t–1）表示的是前一时间段（即 t–1）结束时创新产品接受者的累计数量。他们可以通过社会力量影响那些当前时间段（即 t）尚未接受的消费者。
- n（t）表示的是在 t 时间段内新接受者的数量，可以表示为：

$$n(t)=N(t)-N(t-1)$$

确定了这些符号之后，我们现在开始讨论该模式中的三个关键参数，它们通常被标记成 m、p 和 q。参数 m 指的是创新产品的长期市场潜力，代表了将来接受该产品的相关群体。该模式中另外两个参数 p 和 q 分别表示的是驱动接受的个人力量和社会力量，如表 1–2 所示。p 和 q 一起说明了新产品的预期接受速度以及扩散曲线的形状。

为了更好地理解个人力量和社会力量——也被称作“外部力量和内部力量”背后的机制，我们有必要参考一下流行病学中提出的几种模式。这些模式事实上是引发创新产品扩散模式的主要因素。流行病学中最简单的模式是易感染—感染—消除感染模式（SIR）。我们可以考虑一下特定群体感染诸如霍乱之类的传染病的情况。由于缺乏对抗霍乱的自然免疫方法，因此整个群体都有可能感染这种疾病。感染途径有两种：一是通过外部感染源，通常是遭到污染的水；二是通过与病人的身体接触。一旦某人被感染，有两种办法可以脱离该群体：死亡或康复。在前一种情况下，此人在感染过程中被消除；在后一种情况下，此人有可能再次被感染——就好像他从来没有得过这种病一样，因而又回到易感染群体中。尽管这种SIR模式由来已久、非常简单，人们依然在采用它的各种变体模式来消灭和控制各种疾病的爆发，无论是哥伦比亚麦德林市小学生的水痘还是荷兰的禽流感。

把这一模式同创新产品模式相比较，相似之处非常明显：m，也就是创新产品的长期市场潜力相当于“易感染疾病的”总人口；$N(t-1)$，也就是t时间段之前累计的接受者人数，相当于那些“感染者”的人数。因此，t时间段内能够接受的剩余市场潜力就是$m-N(t-1)$，相当于那些“健康者”。由独立的外部力量引发的当前时间段内剩余的未开发潜力对于创新产品的接受（“感染疾病”）及其规模就是$p\times[m-N(t-1)]$，其中p相当于通过外部感染源感染疾病的可能人数。而由社会的内部力量引发的当前时间段内剩余的未开发潜力对于创新产品的接受略微复杂一些：如果接受者的累计人数是$N(t)$，那么相关群体内所有潜在接受者的比例就是$N(t)/m$。已经接受者的比例越高（相当于被感染者的比例），人们就越容易受到社会力量的影响——相当于同被感染者接触。因此，当前由于社会力量影响而接受创新产品的人数就是$\frac{qN(t-1)}{m}\times[m-N(t-1)]$。其中$q$相当于通过内部感染源感染疾病的可能人数。请注意，在两种接受途径中，我们只计算新“转变过来的”个体数量，用接受力量（或者对每一种影响的感染可能）乘以那些尚未接受者的数量。这一特点类似于智能手机的接受情况，比如苹果手机：两位苹果手机接受者见面后，他们最多可能互相祝贺，称赞自己多么明智地接受了苹果手机。但这种会面不会带来新的接受。要想出现新的接受情况，至少需要一个病人和一个健康的人见面并“交换病菌”。与此类似的是，一位苹果手机用户需要遇到一位非苹果手机用户，并交换信息（视觉上的，语言上的，或者兼而有之），这样才能出现新的接受苹果手机的情况。

把这两组接受术语结合起来就产生了下面的等式，它表示的是在每一个 t 时间段内新接受者的数量。这通常被称作“巴斯等式”：

$$n(t)=\left(p+\frac{qN(t-1)}{m}\right)\times[m-N(t-1)]$$

假如每个接受者就买一件产品，那么这些等式描述的就是该创新产品的销售增长情况，其曲线呈倒转的 U 形或钟形，而累积函数呈经典的 S 形。

除了在销售中的运用，巴斯等式也可以被运用到产品渗透中。为了看清这种等效性，我们先确定一下下面的变量。

• $F(t)=N(t)/m$，表示的是累积渗透水平，即在 t 时间段内已经接受创新产品的消费者比例（相比于整体市场潜力）。

• $f(t)=n(t)/m$，表示的是在 t 时间段内新接受者的比例（相比于整体市场潜力），可以表示为 $f(t)=F(t)-F(t-1)$。

用市场潜力 m 除以 $n(t)$ 的等式，得到的就是产品渗透水平的巴斯等式：

$$f(t)=[p+q\times F(t-1)]\times[1-F(t-1)]$$

数学盒子 2：客户终生价值分析和创新价值评估

创新产品上市 T 年之后，公司希望计算其价值。我们用于分析的时间单位是"年"，因此保留率、折现率以及损耗率都是以年来表示的。我们使用下面的符号：

- g—单个消费者的年利润幅度
- r—年保留率
- i—公司的资本成本（年折现率）
- a—新客户的获取成本

如果公司在这一时段有某个客户，那么该客户在下一时段依然留在该公司的概率就是 r；从现在开始的两个时段之后这种概率就是 r^2；进一步说就是，从现在开始到 t 年的时候该客户依然留在该公司的概率就是 r^t。与此类似的是，假如 n 个客户目前在使用公司的新产品或服务项目，那么从现在开始到 t 年的时候 nr^t 的客户会继续使用该产品。

我们可以很直观地通过下面这个公式看到保留率为 r 的客户留在公司的预期时间段数量——也被称作平均停留时间：

$$平均停留时间 = \frac{1}{1-r}$$

因此，举例来说，如果保留率是 0.8 或 80%，那么客户在该公司的平均停留时间就是 1/（1−0.8）=5 年。计算某个客户终生价值暂时使用的方法是用该客户每年带来的毛利率乘以他的平均停留时间。

当然，$g/(1-r)$ 的值是客户终生价值的最大值，因为它没有把折现计算在内。加上折现，可以用下面公式表示：

$$CLV = 当前客户终生价值 = \frac{g}{1+i-r}$$

出于同样的原因，假设 a 表示的是客户获取成本，那我们可以得到下面这个公式：

$$\text{PCLV}=\text{当前预期客户终生价值}=\frac{g}{1+i-r}-a$$

同我们在基本扩散模式中的做法一样，我们做出如下规定。

- $N(t)$ 表示的是在 t 时间段内已经接受创新产品的客户总数或累计人数。
- $n(t)$ 表示的是在 t 时间段内新接受者的数量。

扩散过程可以用下面的公式表示：

$$n(t)=[p+q\times N(t-1)/m]\times[m-N(t-1)]$$

由于我们进行的是产品上市后 T 时间段内的评估，因此我们需要分别计算当前客户和未来客户数量（需要注意的是，T=0 的情况等同于产品上市时只有未来获取的客户）。当前客户终生价值——那些在 T 时间段已经获取的客户用 $N(t)\times CLV$ 来表示。这一数值不需要进行折现处理，因为它是在当前的 T 时间段计算出来的。在 t 年内（$t>T$）有望获取的未来客户的终生价值用 $n(t)\times PCLV$ 表示。要用当前价值表示这一数值，我们需要采用财务折现的方法，以符合 T 年之后未来的时间段数量——换句话说，用 $\frac{1}{(1+i)^{t-T-1}}$ 乘以它。这样一来，创新价值就可以用下面的公式来表示：

$$T\text{ 时间段内的创新价值}=N(T)\times \text{CLV}+\sum_{t=T+1}^{\infty}\frac{n(t)\times \text{PCLV}}{(1+i)^{t-T-1}}$$

数学盒子 3：多派别扩散模式

单一派别的基本扩散模式在数学盒子 1 中介绍过。那部分内容告诉我们如何用公式来表示和整合它的三个主要因素：个人力量（p）、社会力量（q）和长期市场潜力（m）。从这一基本模式转移到经过拓展的双派别扩散模式相对来说比较简单。再强调一下，我们希望用一个特定的时间点来区分已经接受的消费者和那些尚未接受的消费者。除此之外，我们还需要区别两个不同派别之间的接受者。因此，我们将使用与数学盒子 1 中类似的符号，但还要给各种变量加上下标，目的是要标明它们分别属于第一派别还是第二派别。关于创新产品激进派，我们使用下标 1，关于创新产品温和派或主流派，我们使用下标 2。据此，我们将采用下面的符号。

• $N_1(t)$ 表示的是在 t 时间段内已经接受该产品的创新产品激进派的数量。

• $n_1(t)$ 表示的是在 t 时间段内创新产品激进派内部新接受者的数量，可以表示为 $n_1(t)=N_1(t)-N_1(t-1)$。

• $N_2(t)$ 表示的是在 t 时间段内已经接受该产品的创新产品温和派的数量。

• $n_2(t)$ 表示的是在 t 时间段内创新产品温和派内部新接受者的数量，可以表示为 $n_2(t)=N_2(t)-N_2(t-1)$。

我们可以用下面的公式来表示每一派别的扩散模式：

$$n_1(t)=\left(p_1+\frac{q_1N_1(t-1)}{m_1}\right)\left[m_1-N_1(t-1)\right]$$

$$n_2(t)=\left(p_2+\frac{q_2N_2(t-1)}{m_2}+\frac{q_{21}N_1(t-1)}{m_1}\right)\left[m_2-N_2(t-1)\right]$$

从这两个等式中可以看到，对于第一个派别来说，产品接受要么是个人决定的结果（受 p_1 的影响），要么是来自第一个派别的其他接受者的社会力量决定的结果（受 q_1 的影响）——这同基本扩散模式完全一致。但对于第二个派别中的个人来讲，他们还可能受到第一个派别中接受者的影响，其参数是 q_{21}。如果同 p_2 相比 p_1 非常高，而同 q_2 相比 q_{21} 非常低，那接下来要发生的就是该创新产品的体现为时间函数 $n_1(t)+n_2(t)$ 的总体接受情况会出现一开始快速上升（受到第一个派别的驱动）的局面，随后新接受者数量急剧下降，直到出现第二个派别接受的临界量，这样该派别内部的社会力量就开始发挥作用。这种模式相当于我们在第 4 章讨论的鞍状曲线。

数学盒子 4：竞争扩散模式

借助于图 6–3（参见第 6 章），我们可以更好地理解决定竞争市场中品牌扩散模式的等式。我们以竞争中的两家公司为主要研究对象，确定如下的变量和参数。

- $N_1(t)$ 表示的是 t 时间段内品牌 1 的用户总量。
- $n_1(t)$ 表示的是 t 时间段内品牌 1 的新接受者数量。
- $N_2(t)$ 表示的是 t 时间段内品牌 2 的用户总量。
- $n_2(t)$ 表示的是 t 时间段内品牌 2 的新接受者数量。

该模式中的扩散过程参数 p_i 和 q_i 表示的是品牌 i 的个人力量和社会力量。两家公司从长期市场潜力为 m 的同一个群体中获取客户。口碑效应产生在品牌层面，在用户和非用户之间传播，但可能出现跨品牌社会效应 q_{ij}。其中的下标表示的是品牌 j 的接受者对品牌 i 新接受情况的影响。公司 i 的客户流失率和终止接受率用 c_i 和 d_i 表示。决定两家公司市场发展的这两个等式如下所示（为了表述方便，没有采用时间参数 t 和 $t-1$）：

$$n_1=\left(p_1+\frac{q_1N_1}{m}+\frac{q_{12}N_2}{m}\right)(m-N_1-N_2)-c_1N_1+c_2N_2-d_1N_1$$

$$n_2=\left(p_2+\frac{q_2N_2}{m}+\frac{q_{21}N_1}{m}\right)(m-N_2-N_1)-c_2N_2+c_1N_1-d_2N_2$$

我们看一下等式 n_1 中最左边括号里的内容：第一个术语（p_1）代表的是个人影响力，很像基本扩散模式中的那样。这个括号中第二和第三个术语（函数 q_1 和 q_{12}）分别代表品牌内社会力量和跨品牌社会力量。这些力量促使可以利用的市场潜力，即当前不是任何一个品牌的客户的人——（$m-N_1-N_2$）接受公司 1（请注意，可以利用的市场潜力既包括那些尚未接受任何品牌的个人，也包括那些曾经接受过但在过去终止接受的个人）。下一组术语 c_1N_1 和 c_2N_2 分别表示那些投入对手怀抱的流失客户和脱离对手怀抱的流入客户。最后一个术语（d_1N_1）表示的是公司的终止接受客户，也就是彻底离开的那部分人。等式 n_1（t）可以用来计算 T 时间段内任何时间内品牌 1 的创新价值，方法就是将其代入数学盒子 2 中给出的创新价值公式（同样可以计算出品牌 2 的创新价值）：

$$\text{T 时间段内品牌 1 的创新价值} = N_1(T) \times CLV_1 + \sum_{t=T+1}^{\infty} \frac{n_1(t) \cdot PCLV_1}{(1+i)^{t-T-1}}$$

其中 CLV_1 和 $PCLV_1$ 是品牌 1 的客户终生价值和未来客户终生价值，i 是折现率。请注意，一般来说，每一种品牌的 CLV 参数是不同的。因此一定要保证在 CLV 和 $PCLV$ 公式中使用的用户流失率（$1-r$）要同 n_1（t）公式中的流失率一致。因此，$c_1+d_1=1-r_1$。

数学盒子 5：下一代产品扩散模式

我们看一下图 A–1。这个图是图 7–4 的副本，但增加了一些要在这个数学盒子中使用的符号。假设在 t 时间段内市场中存在两代创新产品，分别用 1 和 2 表示（第三代产品尚未推出），则各种变量表示如下。

- N_1（t）表示的是在 t 时间段内已经接受第一代创新产品的客户总量，这些人还在继续使用这一代产品（即他们尚未升级到第二代)。

• n_1 (t) 表示的是在 t 时间段内第一代产品的净新接受者数量。

• N_2 (t) 表示的是在 t 时间段内已经接受第二代产品的客户总量。

• n_2 (t) 表示的是在 t 时间段内第二代产品的新接受者数量。

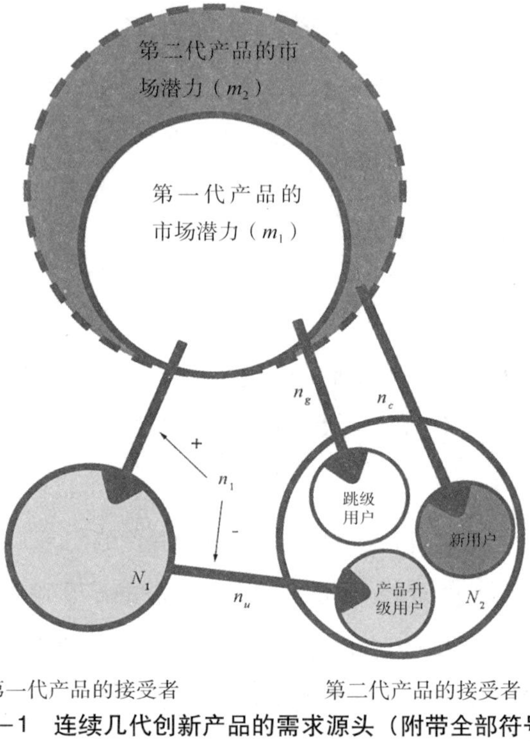

图 A–1 连续几代创新产品的需求源头(附带全部符号)

通过上面的符号我们可以看到，有关第一代产品的接受情况，我们需要解释一下那些昔日接受这一代产品的人为什么要升级到第二代产品。具体说来就是，在 n_1 (t) 中，我们注意观察每一时期新接受者的数量，但要减去升级到第二代产品的那些人(因此定义中会出现“净”这个词);这一点也体现在 N_1 (t) 的定义中(因此出现了“这些人还在继续使用这一代产品”的说明)。

在第二代产品上市之后，老一代产品继续从 m_1 群体中的剩余者那里获取客户，但是 m_1 中的一些潜在接受者可能会选择“跳级”——跨过第一代产品直接购买第二代产品。第二代产品的升级用户指的是转而接受新一代产品的第一代产品的客户。新用户指的是因市场潜力从 m_1 扩张到 m_2 而产生的第二代产品的接受者。因此，第二代产品从三个方面获取接受者：（1）决定升级的第一代用户；（2）第一代产品的潜在接受者，但他们决定直接跳级到第二代产品；（3）来自扩张后的市场潜力规模 m_2-m_1 的新接受者。

我们有了下面这些新的定义。

- N_u（t）表示的是 t 时间段内从第一代升级到第二代全部产品升级用户数量。
- n_u（t）表示的是 t 时间段内新产品升级用户数量。
- N_g（t）表示的是跳级用户总数量，即在 t 时间段内第一代产品的潜在接受者中接受第二代产品的客户。
- n_g（t）表示的是在 t 时间段内新跳级用户的数量。
- N_c（t）表示的是在 t 时间段内接受第二代产品的新用户总数量。
- n_c（t）表示的是在 t 时间段内新的新用户数量。

利用这些符号，在 t 时间段内第一代产品剩余潜在接受者群体可以表示为（$m_l-N_l-N_u-N_g$）；而对第二代产品来说，跳级者数量为（$m_1-N_l-N_u-N_g$），升级者是 N_l，新用户是（$m_2-m_l-N_c$）。

一般情况下，每一代产品都可以用自己的接受力量参数（p 和 q）来表示。重要的是，每一代产品都有独特的现有接受者，分别是 N_l 和 N_2，它们能产生相应的（以每一代产品为特色的）社会力量。

因此，对于 t 时间段内第一代产品的净新接受者，我们给出的等式是：

$$n_1(t)=\left(p_1+\frac{q_1N_1(t-1)}{m_1}\right)\cdot\left[m_1-N_1(t-1)-N_u(t-1)-N_g(t-1)\right]-n_u(t)$$

这个等式中需要注意的是，尽管第一代产品可以从其剩余市场潜力中获得新的接受者，但也会流失一些升级到第二代产品的接受者。

我们把第二代产品在 t 时间段内新的接受情况按 3 个方面的来源划分，然后将其结合起来。正如下面这套等式所表示的那样（为了表述方便，没有采用时间参数 t 和 $t-1$）：

$$n_u=\left(p_2+\frac{q_2N_2}{m_2}\right)\cdot N_1$$

$$n_g=\left(p_2+\frac{q_2N_2}{m_2}\right)\cdot\left(m_1-N_1-N_u-N_g\right)$$

$$n_c=\left(p_2+\frac{q_2N_2}{m_2}\right)\cdot\left(m_2-m_1-N_c\right)$$

$$n_2=n_u+n_g+n_c$$

对于后续多代产品，我们发现 $p_1 \approx p_2$，$q_1 \approx q_2$，就像第 7 章所讨论的那样。（还需要大家注意的是，一般来说，参数 p_2 和 q_2 在每一种需求来源中会有所不同。为了简便起见，我们假设它们都是相同的。）

数学盒子 6：全球扩散模式

为了理解和分析多个国家之间创新产品的扩散情况，我们可以将基本扩散模式拓展成一种新模式。在该模式中，创新产品在一个国家的发展能够影响到同一产品在其他国家的发展。尽管多个国家彼此影响的全球模式可能在构建过程和评估方面非常复杂，但是我们可以顺势而为，考虑采用一种涉及两个方面的模式。这两个方面可以是两个国家，可以是一个国家和“其余国家”，或者可以是一个国家和某个地区（比如，“其余西欧地区”）。

比方说，假设我们有两个国家，国家 1 和国家 2，各变量如下所示。

• N_1（t）表示的是在 t 时间段内国家 1 中接受该创新产品的客户总数。

• n_1（t）表示的是在 t 时间段内国家 1 中新接受者数量。

• N_2（t）表示的是在 t 时间段内国家 2 中接受该创新产品的客户总数。

• n_2（t）表示的是在 t 时间段内国家 2 中新接受者数量。

我们用 q_{12} 来表示国家 2 中接受者对国家 1 中潜在接受者的跨国影响，并用类似的方法来表示国家 1 中接受者对国家 2 中潜在接受者的跨国影响。可以用下面的等式来表示创新产品在 t 时间段内在这两个国家中的发展：

$$n_1(t)=\left(p_1+\frac{q_1\cdot N_1(t-1)}{m_1}+\frac{q_{12}\cdot N_2(t-1)}{m_2}\right)\cdot\left(m_1-N_1(t-1)\right)$$
$$n_2(t)=\left(p_2+\frac{q_2\cdot N_2(t-1)}{m_2}+\frac{q_{21}\cdot N_1(t-1)}{m_1}\right)\cdot\left(m_2-N_2(t-1)\right)$$

通过这两个等式，我们可以借助某种创新产品在一个国家的扩散情况来评估其在另外一个国家的扩散前景。它尤其有助于人们理解如何评估跨国扩散参数 q_{12} 和 q_{21}。正如我们在第八章所解释的那样，这种效果的产生可以是因为两个国家人们之间的直接交流（在这种情况下，地理位置相近以及旅行便利尤为重要），也可以仅仅是因为得知该产品在另外一个国家的接受情况——这可以作为该创新产品预期优点的一个指标。无论是哪种情况，我们都可以想象到，一些国家的影响力要高于另外一些国家。因此，跨国参数很可能是不一样的。

上面这种模式也适用于两个国家之间的任何滞后效应，这一点我们在第 8 章也讨论过。领先国家的扩散比落后国家的扩散开始得要早一些。在这种情况下，领先国家一开始会遵循基本扩散模式，等到落后国家开始扩散时它已经累积了一定数量的接受者。此刻，我们可以转而利用上面的等式，利用领先国家已经累积起来的接受者——这一数量还会继续增加。另外，我们必须考虑到这样一种可能性：跨国效应并不是对称的。如果国家 1 是领先者，国家 2 是落后者，那么体现国家 1 对国家 2 影响的 q_{21} 可能就要大于体现国家 2 对国家 1 影响的 q_{12}。

如果产品扩散时间足够长，那么将有足够的来自领先国家的接受者对落后国家的扩散过程产生社会影响。如果 q_{21} 真像预期的那样高，那么这种跨国效应将非常强大。因此，一旦落后国家的人们开始接受创新产品，我们就有望看到快速的扩散过程。

数学盒子 7：终止接受者的基本扩散模式

在这个数学盒子中，我们描述的是行业层面的扩散模式。此时在基本扩散过程中，终止接受者被直接考虑在内。这也可以被当作第六个数学盒子介绍的“单一品牌”模式。但在这种情况下请注意，我们没有计算客户流失率，因此终止接受事实上代表了所有的损耗率（其数值一般来说也应当同客户终生价值分析中采用的损耗率一致）。这样一种模式也可以让我们解释终止接受者为什么不再产生社会影响力。

同基本扩散模式中的情况一样，参数 p 和 q 分别代表个人力量和社会力量。公司从长期潜力为 m 的市场中获取接受者。N（t）代表当前客户数量（从昔日接受者中创除因终止接受离开的人后剩余的数量），参数 d 代表行业产品的终止接受率。决定每一时期净新接受的情况的等式可以表示如下：

$$n(t)=\left(p+\frac{qN(t-1)}{m}\right)\cdot\left(m-N(t-1)\right)-d\cdot N(t-1)$$

第一个术语表示的是新客户数量，这部分客户由于受到来自未开发的（可以利用的）潜力（$m-N$）中接受力量的影响而接受创新产品。其中包括那些从来没有接受产品的人，也包括那些昔日的终止接受者。第二个术语计算的是当前已接受创新产品，但决定在当前这一时期终止接受的客户数量。因此，n（t）表示的是进入这一行业的净新接受者数量（如果没有竞争，那就是单一品牌的净新接受者数量）。需要进一步注意的是，n（t）这个数学表达式所假设的是终止接受者被重新置于剩余潜在接受者群体之中，将来他们有可能再次接受。

XM卫星广播公司和天狼星公司用于上市前预测的各种参数的来历

在分析卫星广播行业时，我们通常会使两个竞争对手之间以及不同章节之间的各种创新产品扩散的参数数值同客户终生价值模式保持一致（那些特意标出来的除外）。我们在这样做的同时也非常清楚，对于这样一个相对年轻的行业来说，这些数值一直在不断变化，而我们在不同章节中提出的问题与产品生命周期的不同时间段相呼应。因此，举个例子来说，有关补贴的问题是产品上市前的决定，而签下霍华德·斯特恩这一两难决定出现在天狼星公司加入行业后的几年。我们保持这些数值一致是为了各个章节之间具有逻辑性和一致性。（就像在各个章节中提到的那样，所有这些数值以及预测数据都是我们采用各种公开的信息渠道，自己进行评估得到的。）

至于创新产品扩散参数（p和q），我们选择的是三种类似产品（激光唱盘播放器、车载电台和手机）的平均值，其（舍入）数值是p=0.026，q=0.403。

至于市场潜力，我们借助的是XM卫星广播公司进行的市场调查，其结果是汽车广播接收器的价格定在300美元和200美元时，用户数量分别是2 480万和3 150万（每月订购价格为12美元）。为了使用基本扩散模式，我们折中选定的市场潜力（舍入）值 m=2 800 万。

我们在第 2 章介绍过，这些简单的上市前的预测数据完全可以用来预测行业的发展情况。因此，举例来说，在 2011 年年底，天狼星 XM 卫星广播公司的用户数量是 2 190 万，而根据这些参数数值预测出来的用户数量是 2 110 万。（我们希望提醒大家注意的是，为了实现预测的目的，我们把 2001 年当作产品上市后的第一个完整年度，尽管 XM 卫星广播公司的实际上市时间是当年的第三季度。这样做简化了分析过程和解释难度，并且对结论影响不大，同时避免了计算每年第三季度之间的年度发展情况。这种办法也可以捕捉到所有被抑制的需求，这种需求可能在产品上市之前就累积起来，并能够很快得以实现。）

至于计算终生价值所需要的财务价值，我们主要借助的是李白、穆勒和佩雷斯撰写的一篇论文，并在必要的时候利用 XM 卫星广播公司和天狼星公司 10-K 表格中的数据加以补充。我们要再次强调的是，为了阐述方便，也为了保持各个章节之间的一致，我们一般保持不同年度的数据和这两个竞争者各自的数据不变（那些特意标出来的除外）。这些数据呈现在表 A–1 中，其中客户终生价值可以轻松计算出来，结果是 272 美元。而未来客户终生价值为 177 美元。

表 A–1　XM 卫星广播公司终生价值参数

年保留率	81%
资本成本	9.3%
毛利润幅度	77 美元
购置成本	95 美元

美国优秀创新产品的接受力量参数（p 和 q）表格

下面列出的是美国 30 种家用电子产品的扩散参数，可以将其作为各章所介绍和使用的类比法的基础。

表 A-2　美国优秀创新产品的接受力量参数

	开始年份	p	q
录像机	1974	0.002 2	0.237
售后市场电脑显示器	1980	0.001 4	0.184
电脑打印机	1980	0.001 8	0.195
无线电话	1980	0.002 0	0.256
个人文字处理器	1982	0.032 8	0.211
电话应答设备	1982	0.008 5	0.141
掌上液晶显示器（LCD）黑白电视机	1983	0.032 3	0.134
专用激光唱盘播放器	1983	0.003 2	0.298
模拟投影电视	1984	0.003 7	0.400
调制解调器 / 宽带网关	1984	0.002 3	0.170
标准无线电话	1984	0.000 6	0.305
掌上液晶显示器（LCD）彩色电视机	1985	0.014 7	0.157
摄像机	1985	0.009 5	0.143
激光唱盘播放器	1985	0.017 8	0.533
液晶显示器（LCD）电视机	1985	0.000 2	0.482
直播卫星业务（DBS）卫星接收器	1986	0.001 5	0.275
便携式激光唱盘设备	1987	0.007 6	0.330
模拟电视组合装备	1990	0.011 5	0.373
售后市场遥控器	1991	0.015 2	0.210
数码相机	1996	0.005 8	0.394
数字多功能光盘（DVD）播放机 / 录像机	1997	0.021 5	0.299

（续表）

表 A-2 美国优秀创新产品的接受力量参数

	开始年份	p	q
家庭无线设备	1997	0.039 8	0.282
机顶盒网络接入设备	1997	0.143 0	0.502
数字电视机和显示器	1998	0.005 5	0.413
数字投影电视	1999	0.039 6	0.637
等离子数字电视	1999	0.007 5	0.492
MP3 播放器 / 媒体播放器	1999	0.010 1	0.486
便携式导航仪	2000	0.005 5	0.641
高清数字电视	2003	0.026 1	0.376
蓝牙适配器	2003	0.044 9	0.604

致谢

如果没有众多人士的无私帮助和鼎力支持，我们是不可能完成《创新的价值》这本著作的。这些人包括许多出色的合作作者，他们非常体贴和蔼，同我们一道研究学术论文，进行案例分析，这些内容构成了本书的主干；还有我们的同事，他们毫不吝惜自己的时间，在各种会议、研讨会和无数次午餐用餐期间讨论有关创新产品、市场营销和客户管理各个方面的内容；其中还包括我们的研究助手，他们不知疲倦地进行各种分析；还有许多博士生，他们提的问题十分尖锐，使得我们可以不断改进和完善我们的思维方法；还有许多经理和工商管理学硕士，我们把自己的想法提供给他们，他们向我们提出疑问，使得我们可以更好地把我们的工作同商业实践结合起来。

尽管我们无法在此逐一提及所有这些人的名字，但我们还是想要特别感谢几个人，因为他们的启发和智慧确实让我们认识到什么是创新价值以及如何最有效地来阐述它。他们分别是：吉尔·阿佩尔、戴维·格德斯、雅各布·戈登堡、迈克尔·亨莱因、雷纳纳·佩雷斯、罗恩·沙哈尔、维贾伊·马哈詹和彼得·维克沙姆。

我们还想要感谢达尼埃尔·利维和米里亚姆·埃雷兹，非常感谢他们对本书初稿提供的帮助和建议。我们还要向芝加哥大学出版社的编辑们表达我们诚挚的谢意。他们是：戴维·佩尔温（前编辑，他从一开始就认可本书的潜在价值）、乔·杰克逊（他接手后依然坚信此书的价值）、伊林·徐和詹妮·弗赖伊（他们帮助解决了出版最后阶段的问题）。

最后，向我们的家人致以特别的感激之情：迈克尔·佩尔、达纳、塔利亚·奥菲克，约纳、亚芬、伊大和阿萨夫·穆勒；希拉、亚拉和奥默·利柏。他们在此次神奇之旅中一直陪伴在我们左右，无论顺境还是逆境，自始至终给我们坚定的支持、鼓励和诚挚的建议。